스마트 자치경찰론

이건수 · 박종선

청목출판사

머리글

이 책은 2020년 1월 「형사소송법」과 「검찰청법」의 개정에 따라 수사와 기소 권한을 분리하였으며, 이에 따른 수사권 조정으로 우려되는 경찰권의 비대화를 불식시키기 위한 자치경찰 도입에 맞추어 성공적인 제도를 위한 로드맵을 제시하고자 하는 마음으로 시작하였다.

이 책을 집필하면서 다음과 같은 점을 염두에 두었다.

첫째, 외국의 자치경찰을 빠짐없이 소개하려고 하였다. 이를 위해 영국의 자치경찰제도를 비롯하여 미국, 독일, 일본, 스페인, 이탈리아, 프랑스 등의 자치경찰제도의 구성과 운영 및 사무처리에 대한 내용들을 자세하게 소개하였다. 이를 통해 독자들은 외국의 자치경찰제도를 좀더 분명하게 이해할 수 있으리라고 생각한다.

둘째, 제주도 특별 자치경찰제도를 이해하려고 하였다. 2006년부터 시행된 제주특별자치도 특별법에 의해 전국에서 처음으로 도입되어 시행하고 있는 자치경찰제도를 자세히 소개함으로 인하여 향후 전국적으로 시행될 자치경찰제도의 시행착오를 줄일 수 있도록 도움을 주기 위해서 노력하였다.

셋째, 2020년 12월 9일 국회를 통과하여 2021년 7월부터 시행될 한국의 자치경찰제도의 자리매김을 위하여 구체적인 운영방향 및 제주도의 자치경찰제도의 운영사례 등을 들어 앞으로 각 광역자치단체(시・도)에서 시행될 자치경찰제도의 성공적인 출발을 위한 로드맵을 제공하고자 하였다.

넷째, 앞으로 시행될 자치경찰제도의 성공적인 정착을 위해 먼저 경찰부패의 원인을 이해하는 것에 초점을 맞추어 외국의 부패통제 제도를 소개하였으며 이를 토대로 우리나라의 자치경찰제도의 부패방지를 위한 개선 방안을 반영하려고 한 점이 본 집필진들이 고민한 부분이다.

문현미 시인의 詩, 「첫」에 나오는 시구다.

"처음의 첫과 마지막 첫 / 그 입술의 떨림은?"

시의 제목이 붙드는 '첫'의 만남과 떨림은 이 책의 집필진에게도 그대로 전달되었다. 집필진의 첫 떨림의 시작은 독자들의 비판적이고도 유쾌한 입술로 마지막 떨림이 이루어질 것이다.

이 책을 출간하면서, 자치경찰제도의 이해를 위한 집필진들의 시각도 넓어졌다. 또한 풍부한 자료들을 이 책에 반영하려고 노력하였음은 물론이다.

그리고 흔쾌히 출판을 맡아 주신 청목출판사의 유성열 사장님께 감사의 말씀을 드리고 싶다.

자치경찰제도의 시행을 앞두고 공동작품을 내놓는 집필진들의 심정을 가슴 설레면서도 이 졸작을 어떻게 봐줄 것인가에 대한 우려도 크다. 독자 여러분의 애정 어린 지도와 편달을 기대하며 감히 이 책을 출간한다.

머리말

주변에서는 "자치경찰이 우리나라에 적용이 될 수 있을까?" 의문과 우려를 가지고 있다. 그 동안 우리나라는 중앙집권적 국가경찰제도에서 경찰의 역할만을 보아 왔다.

경찰의 인력은 고급화되어 왔다. 그러나 이와 반대로 경찰의 역할, 조직, 권한 등은 과거에 머물러 있었다. 영국과 미국, 독일, 프랑스, 일본 등 모든 경찰은 수사권한, 영장청구권 등을 통해 경찰의 역할을 다해 왔으나, 우리나라는 검찰중심의 수사, 영장청구, 기소권 등 막강한 권한을 검찰이 가지고 행사해 왔다.

이번 경찰과 검찰의 수사권한 변화를 통해서, 경찰은 국가경찰, 수사경찰, 자치경찰로 조정되면서 지역주민의 경찰, 국민의 경찰로 변화를 시작하는 단계이다.

향후 적극적으로 자치경찰과 수사경찰의 본연의 모습으로 발전하리라 기대한다. 이를 위해서는 수사경찰이 영장청구권 등 수사권한은 경찰이 행사하고, 검찰은 기소만을 담당하고, 자치경찰은 지역주민들을 위해 봉사하고 헌신하는 민중의 지팡이로서의 역할을 기대해 본다.

2022년 저자 올림

차 례

제 1 장

자치경찰제도

제 1 절 자치경찰제도 개념

1. 자치경찰제도 의의 및 경찰제도 역사

경찰법 제3조(경찰의 임무) 경찰의 임무는 다음 각 호와 같다.

1. 국민의 생명 · 신체 및 재산의 보호
2. 범죄의 예방 · 진압 및 수사
3. 범죄피해자 보호
4. 경비 · 요인경호 및 대간첩 · 대테러 작전 수행
5. 공공안녕에 대한 위험의 예방과 대응을 위한 정보의 수집 · 작성 및 배포
6. 교통의 단속과 위해의 방지
7. 외국 정부기관 및 국제기구와의 국제협력
8. 그 밖에 공공의 안녕과 질서유지

자치경찰제도는 국가경찰과 다르며 지방정부 소속하에 이루어지는 경찰행정제도이다. 즉 자치경찰제도는 지방분권의 사상에 기초하여 지방자치경찰이 지방

자치정부의 권한과 책임하에 지역주민의 의사에 따라 주요 치안업무를 자주적으로 수행하는 제도이다. 지방자치는 조직 및 운영에 있어서 주민이 지방자치행정 참여하는 등 방자치행정을 민주적이고 능률적으로 수행하고, 지방을 균형 있게 발전시키며, 대한민국을 민주적으로 발전시키려는 것을 목적으로 하고 있다.

자치분권은 주민의 자발적 참여를 통하여 지방자치단체가 그 지역에 관한 정책을 자율적으로 결정하고 자기의 책임하에 집행하도록 하며, 국가와 지방자치단체 간 또는 지방자치단체 상호간의 역할을 합리적으로 분담하도록 함으로써 지방의 창의성 및 다양성이 존중되는 내실 있는 지방자치를 실현함을 그 기본이념으로 한다. 자치경찰제란 지방분권의 이념에 따라 지방자치단체에 경찰권을 부여하고, 경찰의 설치·유지·운영에 관한 책임을 지방자치단체가 담당하는 제도를 말한다. 자치경찰제도는 지역 생활안전, 지역경비, 지역교통 임무를 중심으로 방범 및 순찰근무, 사회적 약자를 대상으로 보호조치, 기초질서 위반사범을 단속, 교통의 원활한 관리업무, 지역행사 경비 등 지역주민을 위한 치안서비스를 제공하게 된다.

1897년 대한제국의 성립을 전후하여 근대적인 경찰제도가 도입되었다. 1899년 경무청장을 경무대신으로 격상하고, 전국의 치안 업무를 관장하게 하였다. 1901년에 내부 산하의 경무청으로 개편되어 내무대신이 경찰 업무를 관장하였다. 1910년대 일제강점기의 경찰조직은 조선총독부 총독 직속기관으로, 중앙에는 경무총감부를, 지방에는 경무부를 두었다. 경무총감은 일본 헌병사령관의 간섭을 받지 않는 헌병사령관이 경무총감을 겸임하여 한반도의 경찰 업무를 총괄하였다. 경무총감부는 경성부를 직할로 관할하였다. 각 도의 경무부장은 각 도의 헌병대장이 겸임하여 도 내의 경찰사무를 담당하였으며, 경찰서장은 군 단위의 경찰사무를 담당하되, 헌병분대장 및 헌병분견소장이 경찰서장과 동등한 권한을 지니면서 경찰서장의 권한이 미치지 않는 지역을 담당하였다. 면단위에는 순사주재소·순사파출소·헌병파견소·헌병출장소를 두어 경찰사무를 보조하였다. 경찰은 대체로 개항지 등 주로 질서유지가 필요한 지역에 배치되었고, 헌병은 군사적 요충지나 국경, 의병 출몰 지역에 배치되었다.

1919년 3.1운동으로 수립된 대한민국 임시 정부는 내무부 산하에 경찰 기능을 수행하는 경무국(警務局)을 설치했다. 초대 경무국장은 내무부장인 안창호의 추천을 받아 1919년 8월 12일 김구가 선임되었다. 경무국은 정보 및 감찰, 경찰 업무를 담당하였고, 일제의 밀정 검거 활동을 하였다. 김구는 여순근을 경호부장에 임명하고, 다수의 한인 청년들을 고용하여 그 중 20여 명을 경호원으로 두었다. 김구는 경무국장으로서 경찰 업무를 총괄하였을 뿐 아니라, 재판소가 없는 임시정부에서 재판장으로서 재판을 수행하였다. 경무국장 김구는 일제 밀정이었던 선우갑·강린우를 추방하고, 일본 영사관 첩자였던 김도순을 총살했으며, 독립운동가를 독살하려고 했던 황학선을 체포하여 처형했다.

1945년 8월 15일 광복 이후 10월 21일 미군정청에 경무국이, 각 도에 경찰부가 설치되었다. 1946년에 경무국을 경무부로, 각 도 경찰부를 관구 경찰청으로 개편하고, 철도 관구 경찰청을 설치하였다. 1948년 9월에 미군정청에서 대한민국 정부로 경찰권이 이양되었으며, 내무부 산하에 치안국이 설치되면서 각 시·도관구 경찰청이 경찰국으로 변경되었다. 1949년에 철도 관구 경찰청을 철도경찰대로 축소하였으며, 1953년 12월 23일에 해양경찰대를 설치하였다. 1963년에 철도경찰대를 폐지하면서 교통국으로 이관하였다. 1974년에 치안국이 치안본부로, 1991년에 치안본부를 경찰청으로 확대하면서 시·도 경찰국을 지방경찰청으로 변경하였다. 1996년에 해양경찰청이 해양수산부로 산하 조직으로 분리되었다.

우리나라는 그동안 전국적인 신속한 치안유지와 긴급사태에 따른 대처 등으로 경찰 창설 이후 국가경찰제도를 유지해 왔다. 국가경찰제도란 경찰권이 중앙국가권력의 일부로서 행사되는 제도를 말한다. 그러므로 국가경찰제도하의 경찰역할은 개인의 생명, 신체 및 재산의 보호뿐만 아니라 국가의 시책을 추진하기 위하여 필요한 행정까지 포함되며, 경찰은 국가권위의 대표라고 인정하고 있다. 그러나 국가경찰제도는 긴급한 질서위기대처, 일원화된 질서유지 등에 장점이 있지만, 반면에 지역특성에 따른 불합치 치안유지, 관료주의화 업무처리, 권위의식, 불신의 확대, 경찰을 위한 경찰, 정치권력의 편향성 등 논란을 가지고 왔다. 경찰이 정치권력과 연계가 될 경우에는 무서운 결과로 나타난다. 그 대표적인 경우가 박종철 고문치사사건이다.

"사건 당시 박종철 학생은 서울대학교 인문대학 언어학과 재학생이었다. 1986년 청계피복노조 합법화 요구 시위를 한 이유로 구속되어 징역을 선고받은 바 있고, 출소 이후에도 학생 운동에 적극 참여하였다. 이후 1987년 1월 13일 자정경 하숙집에서 치안본부 대공분실 수사관 6명에게 연행되었다. 당시 연행 명목은 대학문화연구회 선배이자 '민추위' 지도위원으로 수배받고 있었던 박종운에 대한 정보를 파악하기 위한 것이었다. 취조실에 연행해간 공안 당국은 박종철에게 박종운의 소재를 물었으나, 박종철은 순순히 대답하지 않았다. 이에 경찰은 잔혹한 폭행과 전기고문, 물고문 등을 가하였고, 박종철은 끝내 1987년 1월 14일 치안본부 대공수사단 남영동 분실 509호 조사실에서 요절했다. 사건 다음 날 1월 15일 오후 6시가 넘어 한양대 병원에서 부검이 실시되었다. 부검 결과 온몸에 피멍이 들고 엄지와 검지 간 출혈 흔적과 사타구니, 폐 등이 훼손되어 있었으며 복부가 부풀어 있고 폐에서 수포음이 들렸다. 다시는 이러한 일이 발생하지 않아야 할 것이다."

수사권은 현재 영국과 미국의 경우 전적으로 경찰이, 기소권은 검찰로 분업화되어 있으나, 그동안 우리나라 경찰은 검찰의 지휘명령을 따르도록 되어 있었다. 일본의 경우만 하더라도 수사개시권과 수사진행권은 경찰이 주도적으로 하고, 검찰은 보완적으로 이루어진다. 영장청구권과 수사종결권은 경찰과 검찰이 대등하게 권한이 있으며, 기소권은 검찰이 독점적으로 행사하고 있다.

우리나라는 2020년 1월 13일, 「형사소송법 일부개정법률안과 검찰청법 일부개정법률안 등」 검·경 수사권 조정 법안 2건이 국회 본회의에서 의결되었다. 이 법안들은 정부 이송 후 대통령의 서명을 거쳐 공포 후 6개월 이후 1년 이내에 대통령령으로 정해진 시점에 효력을 발휘한다.

〈형사소송법〉

경 찰
• 검찰-경찰은 수사, 공소제기 및 공소유지에 대해 협력 관계로 명기 • 제한적 수사종결권 부여 • 고소인이 경찰의 불송치 결정에 이의를 제기한 경우 지체없이 검찰에 사건 송치 • 각 고등검찰청에 영장심의위원회 신설(경찰이 신청한 영장을 검찰이 정당한 이유 없이 기각한 경우 경찰의 신청에 의하여 이를 심의)

검 찰
• 검찰의 경찰에 대한 수사지휘권 폐기 • 보완수사 요구권 신설(검사의 보완수사 요구 시 사법경찰관은 정당한 이유가 없는 한 지체없이 이행 후 통보) • 경찰 수사과정에서 위법 등이 의심되는 경우 검찰로 사건 송치 요구 가능, 검찰의 경찰에 대한 징계요구권 신설 • 기존의 경우 검사의 피의자 신문조서가 적법한 형식절차만 거치면 피의자의 부인에도 재판에서 증거능력이 인정되었으나, 경찰조서와 마찬가지로 피의자 및 변호인의 인정이 있을 경우에만 증거로 재판에서 증거로 인정

〈형사소송법 검찰청법 대통령령 시행령〉

- 검사는 6대 범죄사건이 아닌 사건에 대한 고소, 고발, 진정이 접수되었을 경우 다른 수사기관에 해당 사건을 이송한다. 또한 사건 수사 중에 범죄혐의가 6대 범죄가 아니라고 판단한 경우에도 다른 수사기관에 이송한다.
  ※ 단 검사는 6대 범죄사건을 수사 개시 후 압수·수색·검증·구속 영장을 발부 받으면 사건을 이송하지 않아도 된다(금액이나 공직자 급수 수사범위에 따른제한 없이 수사가능, 수사개시를 6대 범죄로 한정시킨 것으로 시작된 수사는 6대 범죄가 아니더라도 계속 진행할 수 있다. 예를 들어서 경제범죄인지 알고 수사를 시작 했는데 수사를 하다 보니 환경범죄이다. 이런 경우 환경범죄는 6대 범죄에 해당하지 않더라도 수사를 계속 진행할 수 있다).
- 수사준칙 대통령령은 법무부 소관으로 한다. (즉 검사의 6대 범죄에 해당하지 않는 범위도 법무부가 원하면 범위를 무제한으로 수사범위를 늘릴 수 있거나 더 줄일 수도 있다)
- 검사 직접 수사 시 피의자 해당범죄 및 동종 범죄 수사 가능
- 마약범죄 6대 범죄 내에 추가(경제범죄에 속한다고 판단)
- (령의 해석 및 개정) 법의 해석 및 개정은 법무부장관이 행안부장관과 협의해 결정한다.
- 경찰에서 수사 중지한 모든 사건을 검사에게 송부하여야 한다.
- 지방검찰청장에게 수사 개시여부 판단권 부여
- 검사의 재수사 요청에 따라 경찰이 재수사한 이후 검사가 사건의 송치를 경찰에 요구할 수 있도록 하고 재수사 요청 기간 90일이 지난 이후 검사가 언제든지 경찰에 재수사를 요청할 수 있도록 했다. 검사의 경찰에 대한 재수사 요청 1회로 한정하되 재수사 결과가 여전히 불송치이고 그 결과에 오류가 있다고 판단 시 사건 송치 요구 가능
- 검사와 경찰이 한 사건을 동시 수사하면 해당 사건을 검사에게 지체없이 넘겨야 하며 경찰은 영장을 신청하면 해당 사건을 계속 수사할 수 있다

〈검찰청법〉

- 검사의 직접 수사 개시 범위 축소(6대 범죄: 부패범죄, 경제범죄, 공직자범죄, 선거범죄, 방위사업범죄 등 대통령령으로 정하는 중요범죄 및 경찰공무원의 범죄)
- 6대 범죄와 경찰이 송치한 범죄와 관련하여 그 범죄와 직접 관련성 있는 인지한 범죄가 있는 경우 직접수사개시가 가능

간략하게 정리하면, 검찰의 직접 수사범위는 검찰청법상 6대 범죄로 축소되었다. ① 부패범죄(주요공직자 뇌물, 특정범죄가중법상 뇌물·알선수재, 정치자금, 배임수증재), ② 경제범죄(특정경제범죄법상 사기·횡령·배임, 공정거래, 금융증권범죄, 마약수출입), ③ 공직자범죄(주요공직자 직권남용, 직무유기, 공무상 비밀누설 등 직무상 범죄), ④ 선거범죄(공무원의 정치관여, 공직선거·위탁선거·국민투표 등), ⑤ 방위사업범죄, ⑥ 대형참사범죄(대형 화재·붕괴·폭발사고) 등이다.

부패 범죄의 경우 특가법 적용 대상이면서 뇌물액수 3,000만원 이상인 경우, 공직자 범죄는 대상자가 4급 이상일 때만, 경제 범죄 가운데는 피해액 5억원 이상의 횡령·배임·사기만 검찰의 직접 수사가 가능하다. 또한 기존에 포함되었던 사이버범죄는 기존엔 검찰의 주장을 반영 대형 참사에 포함시켰지만 이후 경찰의 반발이 반영되어 최종적으로 검찰의 직접수사에서 제외되었다. 대신 마약 범죄는 기존 그대로 검찰에서 수사를 관할하는 것으로 확정되었다.

경찰에 대해 검찰은 여전히 보완수사/재수사를 요구할 권한은 있지만 이제 법리 위반 및 기소할 수 있을 정도의 명백한 채증(증거수집) 법칙 위반 등 때만 예외적 송치 요구가 가능하고 그 외엔 1회에 한해서만 재수사를 요구할 수 있다. 검찰의 수사지휘권이 폐지되었다. 경찰에는 1차 수사종결권이 주어졌다. 경찰은 혐의가 인정된 사건만 검사에게 송치하고, 혐의가 인정되지 않는다고 판단한 사건은 경찰 단계에서 자체 종결할 수 있다. 하지만 경찰이 송치를 하지 않기로 한 사건의 경우, 검사가 사건 기록과 관련 증거를 90일 동안 들여다보고 재수사를 요청할 수 있다. 검사가 경찰이 신청한 영장을 정당한 이유 없이

판사에게 청구하지 않으면 경찰이 각 고등검찰청에 설치된 영장심의위원회에 심의를 신청할 수 있다. 그 외에도 검사가 작성한 피의자신문조서를 피고인 또는 변호인이 동의할 때만 증거로 쓸 수 있다. 검사와 사법경찰관이 중요한 수사절차에 대해 의견이 다를 경우 의무적으로 사전 협의를 하도록 하는 한편, 협력 활성화를 위해 대검찰청과 경찰청, 해양경찰청 간에 정기적인 수사기관협의회를 두도록 한다.

심야·장시간 조사 제한, 변호인 조력권 보장, 내사 단계의 소환조사 및 영장청구 제한, 전자정보의 압수수색 절차 및 사건과 무관한 전자정보 삭제 의무화가 규정되었다. 검사가 수사 중인 범죄와 관련 없는 범죄를 수사하지 못하도록 하는 규정(부당한 별건수사 금지) 신설. 직접 연관된 범죄, 동종·유사범죄, 여러 사람이 공동으로 범한 범죄, 범죄은닉·증거인멸·위증죄 등을 제외하고는 수사 도중 단서가 나오지 않는다는 이유로 다른 범죄 혐의점을 찾는 것은 금지된다. 구속영장을 청구할 때, 사건을 종결할 때, 수사가 지나치게 장기화될 때도 관할 고검장에게 보고하도록 했다. 부적절하거나 법을 어겼다고 판단될 경우 해당 수사에 대한 감사를 실시한 뒤 법무부장관에게 보고한다. 형사부 검사의 직접수사 최소화 규정을 통해 특수부 축소로 인해 형사부 검사들이 주요 범죄 수사에 동원되는 일은 금지한다. 피의자, 피해자, 참고인의 출석을 요구할 때 고려해야 하는 사항을 구체화하고, 출석 요구 시각, 사유 등 관련사항을 수사보고서로 작성해 기록에 첨부하도록 했다. 또 형사사건에 대한 공개, 출석일시 등 조사 관련 사항에 대한 공개는 금지한다. 압수수색 영장의 압수할 물건은 구체적으로 특정해 기재하고, 압수수색 대상자, 변호인 등에게 압수수색 전 과정에 대한 참여권을 충실히 보장하고, 압수한 물건을 압수를 계속할 필요성이 없으면 돌려준다. 국회의원, 지방자치단체장, 5급 이상 공무원의 직무 관련 범죄, 30대 대규모 기업집단 소속 회사의 중요 기업 범죄 등에 대해서는 검사가 수사 개시 전 고검장에게 사전 보고하도록 의무화하였다.

경찰법 제4조(경찰의 사무) ① 경찰의 사무는 다음 각 호와 같이 구분한다.

1. 국가경찰사무: 제3조에서 정한 경찰의 임무를 수행하기 위한 사무. 다만, 제2호의 자치경찰사무는 제외한다.
2. 자치경찰사무: 제3조에서 정한 경찰의 임무 범위에서 관할 지역의 생활안전 · 교통 · 경비 · 수사 등에 관한 다음 각 목의 사무

가. 지역 내 주민의 생활안전 활동에 관한 사무

1) 생활안전을 위한 순찰 및 시설의 운영

2) 주민참여 방범활동의 지원 및 지도

3) 안전사고 및 재해 · 재난 시 긴급구조지원

4) 아동 · 청소년 · 노인 · 여성 · 장애인 등 사회적 보호가 필요한 사람에 대한 보호 업무 및 가정폭력 · 학교폭력 · 성폭력 등의 예방

5) 주민의 일상생활과 관련된 사회질서의 유지 및 그 위반행위의 지도 · 단속. 다만, 지방자치단체 등 다른 행정청의 사무는 제외한다.

6) 그 밖에 지역주민의 생활안전에 관한 사무

나. 지역 내 교통활동에 관한 사무

1) 교통법규 위반에 대한 지도 · 단속

2) 교통안전시설 및 무인 교통단속용 장비의 심의 · 설치 · 관리

3) 교통안전에 대한 교육 및 홍보

4) 주민참여 지역 교통활동의 지원 및 지도

5) 통행 허가, 어린이 통학버스의 신고, 긴급자동차의 지정 신청 등 각종 허가 및 신고에 관한 사무

6) 그 밖에 지역 내의 교통안전 및 소통에 관한 사무

다. 지역 내 다중운집 행사 관련 혼잡 교통 및 안전 관리

라. 다음의 어느 하나에 해당하는 수사사무

1) 학교폭력 등 소년범죄

2) 가정폭력, 아동학대 범죄

3) 교통사고 및 교통 관련 범죄

4) 「형법」 제245조에 따른 공연음란 및 「성폭력범죄의 처벌 등에 관

한 특례법」 제12조에 따른 성적 목적을 위한 다중이용장소 침입행위에 관한 범죄

5) 경범죄 및 기초질서 관련 범죄

6) 가출인 및 「실종아동등의 보호 및 지원에 관한 법률」 제2조제2호에 따른 실종아동등 관련 수색 및 범죄

② 제1항 제2호 가목부터 다목까지의 자치경찰사무에 관한 구체적인 사항 및 범위 등은 대통령령으로 정하는 기준에 따라 시 · 도조례로 정한다.

③ 제1항 제2호 라목의 자치경찰사무에 관한 구체적인 사항 및 범위 등은 대통령령으로 정한다.

2020년 12월 9일 「국가경찰과 자치경찰의 조직과 운영에 관한 법률(이하 자치경찰법)」이 제정됨으로써 2021년 1월부터 시범실시를 거쳐 2021년 7월 1일부터 본격적으로 자치경찰이 전국적 단위로 시작되었다. 지역 주민이 필요한 곳에 경찰이 있어야 하고, 주민의 신뢰를 받는 경찰이 필요한 시대에 와있는 것이다. 헌법에도 우리나라 국민은 자유민주주의에 의해 보호받고 있다. 자유민주주의제도는 자치경찰의 기본이념이고, 실질적인 민주주의의 실현에서 자치경찰의 근거를 찾을 수 있다. 헌법에 의해 국가권력은 견제와 균형에 의해 유지되며, 경찰력도 이러한 권력분립의 원칙에 의하여 권력으로부터 자유로운 정치적 중립성이 보장되어야 한다. 따라서 자치경찰의 올바른 정착을 위해서는 헌법적 가치를 유지하고, 자치단체에서 운영할 수 있는 재정 건전성, 운영에 적합한 입법화, 민주적인 통제화 등이 이루어져야 한다. 이러한 부분이 부족한 상태에서 출범하는 자치경찰제도는 치안권력에 대한 분산, 지역적 특성에 따른 치안에 대한 민주적 운영과 통제라는 의미가 있다고 보아야 한다. 자치경찰의 직무수행은 상관의 지휘 · 감독을 받아 직무를 수행하고, 그 직무수행에 관하여 서로 협력하여야 한다. 주민주권에 기초한 주민자치의 토대를 위하여 평등한 주민자치, 평등한 주민참여권, 지방적 특성에 따른 치안서비스 등이 중요하다.

주관적 공권으로서 평등권은 1987년 제9차 개헌 헌법에서 대거 신설된다. 헌법상의 평등권 규정을 보면 근로관계에 있어서 여성 노동자 차별 금지,(제32조

④항) 혼인관, 가족생활에서 양성평등(제36조 ①항), 교육기회의 균등(헌법 제31조 ①항), 평등선거의 원칙(헌법 제41조 ①항), 경제생활에 있어서 평등(헌법 제 119조 ②항)을 명시해 헌법 제11조의 평등권의 실현을 구체화하고 있다.

향후 지방자치정부의 책임과 권한이 강화됨으로써 생활안전, 여성청소년 분야, 교통업무 처리 등이 자치경찰의 주요업무로 볼 수 있다.

〈자치경찰 사무〉

지역 내 주민의 생활안전 활동에 관한 사무	1) 생활안전을 위한 순찰 및 시설의 운영 2) 주민참여 방범활동의 지원 및 지도 3) 안전사고 및 재해·재난 시 긴급구조지원 4) 아동·청소년·노인·여성·장애인 등 사회적 보호가 필요한 사람에 대한 보호 업무 및 가정폭력·학교폭력·성폭력 등의 예방 5) 주민의 일상생활과 관련된 사회질서의 유지 및 그 위반행위의 지도·단속. 다만, 지방자치단체 등 다른 행정청의 사무는 제외한다. 6) 그 밖에 지역주민의 생활안전에 관한 사무
지역 내 교통활동에 관한 사무	1) 교통법규 위반에 대한 지도·단속 2) 교통안전시설 및 무인 교통단속용 장비의 심의·설치·관리 3) 교통안전에 대한 교육 및 홍보 4) 주민참여 지역 교통활동의 지원 및 지도 5) 통행 허가, 어린이 통학버스의 신고, 긴급자동차의 지정 신청 등 각종 허가 및 신고에 관한 사무 6) 그 밖에 지역 내의 교통안전 및 소통에 관한 사무
지역 내 다중운집 행사 관련 혼잡 교통 및 안전 관리	지역 내 다중운집 행사 관련 혼잡 교통 및 안전 관리
다음의 어느 하나에 해당하는 수사 사무	1) 학교폭력 등 소년범죄 2) 가정폭력, 아동학대 범죄 3) 교통사고 및 교통 관련 범죄 4) 「형법」 제245조에 따른 공연음란 및 「성폭력범죄의 처벌 등에 관한 특례법」 제12조에 따른 성적 목적을 위한 다중이용장소 침입행위에 관한 범죄 5) 경범죄 및 기초질서 관련 범죄 6) 가출인 및 「실종아동등의 보호 및 지원에 관한 법률」 제2조제2호에 따른 실종아동등 관련 수색 및 범죄

자치경찰사무와 시·도자치경찰위원회의 조직 및 운영 등에 관한 규정 제2조(생활안전·교통·경비 관련 자치경찰사무의 범위 등)에 따르면, 경찰의 임무 범위에 따른 생활안전, 교통, 경비 관련 자치경찰사무의 범위를 준수해야하고, 관할 지역의 인구, 범죄발생 빈도 등 치안 여건과 보유 인력·장비 등을 고려하여 자치경찰사무를 적정한 규모로 정해야 한다. 또한 기관 간 협의체 구성, 상호협력·지원 및 중복감사 방지 등 자치경찰사무가 국가경찰사무와 유기적으로 연계되고 균형이 이루어지도록 하는 사항을 포함하고 있다. 무엇보다도 자치경찰 사무의 내용은 국민의 생명·신체 및 재산을 보호하고 공공의 안녕과 질서를 유지하는 데 효율적인 것으로 정하여야 한다.

자치경찰법의 중요한 내용은 시·도자치경찰을 시·도자치경찰위원회가 지휘·감독한다는 부분이다. 독립된 지위를 보장받은 시·도자치경찰위원회는 주민 친화적인 치안 사무를 관장하고 행정적으로 지원 할 수 있다. 시·도자치경찰위원회는 자치경찰사무에 대한 지휘·감독이 실시간으로 이루어질 수 있도록 미리 경찰청장과 협의하여 시·도경찰청장에게 위임되는 자치경찰사무 지휘·감독권의 범위 및 위임 절차 등을 시·도자치경찰위원회의 의결을 거쳐 정해야 한다.

정부수립 당시의 우리나라 경찰은 내무부 치안국으로 출발하였다. 1991년 경찰법의 제정으로 내무부장관 소속하에 경찰청을 두도록 함으로써 관청으로서 시대를 맞이하게 되었다. 우리나라 경찰조직에 그 동안 자치경찰법의 제정과 실시는 많은 어려움이 있었다. 1990년대 지방자치제 실시와 함께 자치경찰제가 본격적으로 논의되기 시작했다. 2004년도에는 지방분권특별법에 의해서 제도 도입이 최초로 명문화되었다.

우리나라 최초 자치경찰제도는 2007년도 3월 1일 제주특별자치도에만 자치경찰제도에서 시행되었다. 이유는 법적 미비와 제도적인 어려움이 산재했다. 중앙부처에서 지방자치정부로 재정과 권한 분산이 어려웠으며, 행정업무도 반복적이고 중복행정으로 지방자치행정의 특성을 고려 할 수가 없었다. 지방자치에 대한 수요와 요청은 늘어났지만 실질적으로 이루어지는 주민들의 체감도는 크지 않았다. 선거에 의하여 지방자치 단체장과 지방의회를 구성하였지만 교육과 경찰이 일반자치의 영역 외에 포함됨으로써 실질적으로 지방자치의 영향과 성과에 대하여 체감할 수 있는 부분이 크지 않았다.

향후 지방자치경찰제도의 출범으로 자치경찰사무가 지방정부의 사무로 포함됨으로써 치안행정과 지방행정을 연계하고, 지방자치정부의 효율성을 제고할 수 있게 되었다. 가장 의미가 있는 것은 지방자치경찰행정의 민주적 통제가 가능하게 되었다.

1894년 갑오경장 이후 포도청이 폐지되고 내무아문 소속에 경찰청이 설치되면서 우리나라에 경찰제도가 도입되었다. 우리나라 경찰의 부정적 이미지는 일제 강점기와 독재정권을 통해 경찰은 자유를 억압하고 권력유지를 위한 치안질서의 이미지를 가지고 왔다. 그러나 자치경찰제도를 통하여 권력기관이라기보다는 민주적 통제, 주민 밀착형 치안 서비스의 제공, 지역특성에 적합한 실질적인 치안서비스와 민원를 처리하고, 실질적이고 효율적인 치안을 강조할 수 있게 되었다.

그동안 우리나라는 지방자치에 경찰력이 분산 될 경우 남북한 분단으로 인한 안보, 전국적인 치안사건에 대한 대처 약화, 각 시·도간 경찰서비스의 질적 불균형, 재정의 불완전성 등을 이유로 중앙집권적 국가경찰제도를 유지해 왔다. 그러나 지방자체경찰제도 도입으로 지역주민 중심, 지방특성에 적합한 치안서비스를 제공할 수 있다는 점에서 큰 의미가 있다.

실질적인 지방자치경찰제도가 정착되기 위해서는 자치경찰관은 경찰청 소속이 아닌 해당 지방자치단체 공무원으로 소속되어야 한다. 업무부분도 다른 행정조직과 중복되지 않도록 조정이 이루어져야 한다. 자치경찰은 자치단체 주민의 생명과 재산을 보호하기 위하여 운영되는 제도이다. 따라서 자치경찰사무는 자치단체가 가장 우선시해야 하는 사무인 것이다. 주민이 직접 참여하여 정책을 결정하거나 주민의 통제 속에 이루어져야 한다.

2. 자치경찰제도 법적근거

우리 헌법은 지방자치에 대하여 민주주의 확립을 위하여 제도적인 보장조항으로 규정하고 있다. 헌법 제117조 제1항은 지방자치단체는 법의 범위 내에서 자치에 관한 규정을 제정할 수 있다고 규정하여, 지방자치단체에 자치권을 보장하고 있다.

헌법 제117조 제1항에 지방자치단체는 주민의 복리에 관한 사무를 처리하고 재산을 관리하며, 법령의 범위 내에서 자치에 관한 규정을 제정할 수 있음을 규정하고 있다. 지방자치단체는 지역 내에 있는 지역주민의 복리를 증진하고 그들의 재산을 관리할 권한과 책임을 가지고 있다. 자치사무를 수행하기 위하여 지역민에 대하여 의무를 부과할 수 있으며, 의무를 부과할 경우에도 일정한 제한이 따르고 있다.

지방자치단체의 사무는 그 자체의 사무로서 실시하는 고유의 '자치사무'와 법령에 의해 지방자치단체에 위임되어 있는 '단체위임사무'와 사무의 집행이 지방자치단체의 장에 위임되어 있는 '기관위임사무'로 배분되어 있다.

〈단체위임사무〉

1. 지방자치단체의 구역, 조직, 행정관리 등에 관한 사무 가. 관할 구역 안 행정구역의 명칭 · 위치 및 구역의 조정 나. 조례 · 규칙의 제정 · 개정 · 폐지 및 그 운영 · 관리 다. 산하(傘下) 행정기관의 조직관리 라. 산하 행정기관 및 단체의 지도 · 감독 마. 소속 공무원의 인사 · 후생복지 및 교육 바. 지방세 및 지방세 외 수입의 부과 및 징수 사. 예산의 편성 · 집행 및 회계감사와 재산관리 아. 행정장비관리, 행정전산화 및 행정관리개선 자. 공유재산관리(公有財産管理) 차. 가족관계등록 및 주민등록 관리 카. 지방자치단체에 필요한 각종 조사 및 통계의 작성 2. 주민의 복지증진에 관한 사무 가. 주민복지에 관한 사업 나. 사회복지시설의 설치 · 운영 및 관리 다. 생활이 곤궁(困窮)한 자의 보호 및 지원

라. 노인 · 아동 · 심신장애인 · 청소년 및 여성의 보호와 복지증진
마. 보건진료기관의 설치 · 운영
바. 감염병과 그 밖의 질병의 예방과 방역
사. 묘지 · 화장장(火葬場) 및 봉안당의 운영 · 관리
아. 공중접객업소의 위생을 개선하기 위한 지도
자. 청소, 오물의 수거 및 처리
차. 지방공기업의 설치 및 운영

3. 농림 · 상공업 등 산업 진흥에 관한 사무
가. 소류지(小溜池) · 보(洑) 등 농업용수시설의 설치 및 관리
나. 농산물 · 임산물 · 축산물 · 수산물의 생산 및 유통지원
다. 농업자재의 관리
라. 복합영농의 운영 · 지도
마. 농업 외 소득사업의 육성 · 지도
바. 농가 부업의 장려
사. 공유림 관리
아. 소규모 축산 개발사업 및 낙농 진흥사업
자. 가축전염병 예방
차. 지역산업의 육성 · 지원
카. 소비자 보호 및 저축 장려
타. 중소기업의 육성
파. 지역특화산업의 개발과 육성 · 지원
하. 우수토산품 개발과 관광민예품 개발

4. 지역개발과 주민의 생활환경시설의 설치 · 관리에 관한 사무
가. 지역개발사업
나. 지방 토목 · 건설사업의 시행
다. 도시계획사업의 시행
라. 지방도(地方道), 시군도의 신설 · 개수(改修) 및 유지
마. 주거생활환경 개선의 장려 및 지원
바. 농촌주택 개량 및 취락구조 개선
사. 자연보호활동
아. 지방하천 및 소하천의 관리

자. 상수도 · 하수도의 설치 및 관리
차. 간이급수시설의 설치 및 관리
카. 도립공원 · 군립공원 및 도시공원, 녹지 등 관광 · 휴양시설의 설치 및 관리
타. 지방 궤도사업의 경영
파. 주차장 · 교통표지 등 교통편의시설의 설치 및 관리
하. 재해대책의 수립 및 집행
거. 지역경제의 육성 및 지원

5. 교육 · 체육 · 문화 · 예술의 진흥에 관한 사무
가. 유아원 · 유치원 · 초등학교 · 중학교 · 고등학교 및 이에 준하는 각종 학교의 설치 · 운영 · 지도
나. 도서관 · 운동장 · 광장 · 체육관 · 박물관 · 공연장 · 미술관 · 음악당 등 공공교육 · 체육 · 문화시설의 설치 및 관리
다. 지방문화재의 지정 · 등록 · 보존 및 관리
라. 지방문화 · 예술의 진흥
마. 지방문화 · 예술단체의 육성

6. 지역민방위 및 지방소방에 관한 사무
가. 지역 및 직장 민방위조직(의용소방대를 포함한다)의 편성과 운영 및 지도 · 감독
나. 지역의 화재예방 · 경계 · 진압 · 조사 및 구조 · 구급

2004년 지방분권 촉진에 관한 특별법이 제정되기 전까지 경찰사무는 국가사무 중 지방자치단체에 위임된 위임사무로 이해하여 왔다. 지방분권 촉진에 관한 특별법이 제정되어 경찰사무에 대하여 국가사무의 범위에서 지방자치단체의 자치사무로 전환할 수 있는 근거가 확보되었다.

치경찰의 제도적 근거는 헌법에서 볼 수 있으나 헌법은 직접적인 근거 규정이 아니라 간접적이고 방침적인 규정이므로 헌법을 직접 근거규정으로 보아 자치경찰의 효력규정으로 볼 수 없다. 그러던 것이 지방분권 촉진에 관한 특별법이 제정되어 자치경찰의 직접적인 근거규정으로 자치경찰제도를 실시할 수 있는 근거 조항이 마련되었다.

〈자치경찰제도 운영형태〉

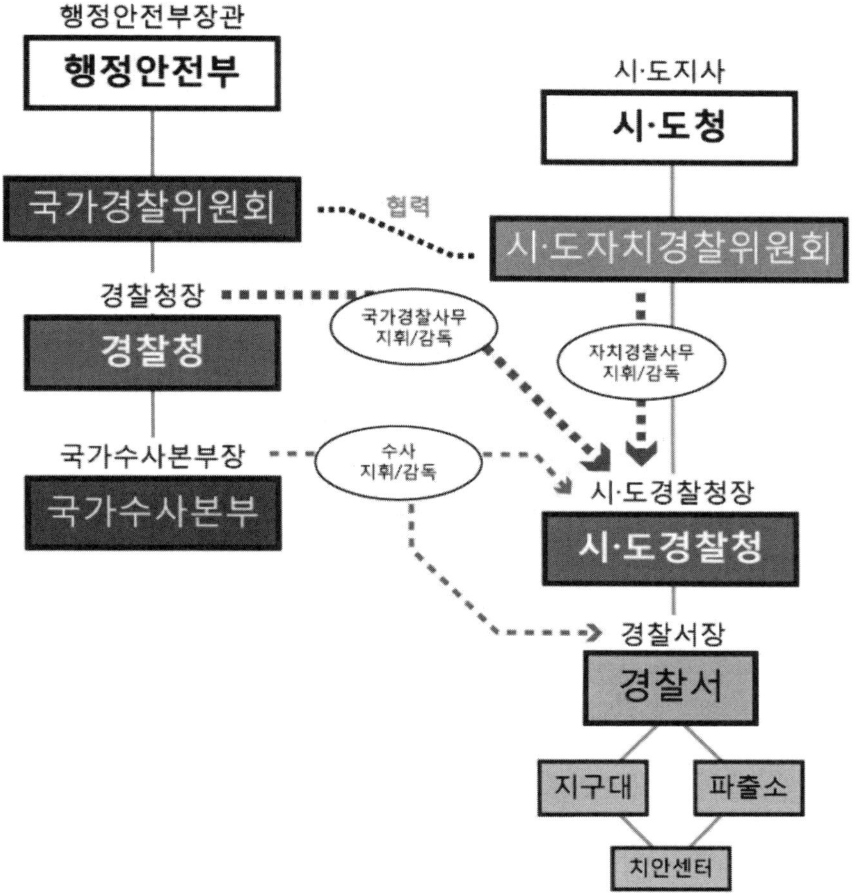

지방분권 촉진에 관한 특별법 제1조의 목적에서 "지방분권에 관한 책무를 명확히 하고 지방분권의 기본원칙, 추진과제, 추진체계 등을 규정함으로 지방을 발전시키고 국가경쟁력을 높이는 것을 목적으로 한다"고 규정하고 있다. 동법 제10조 제3항은 "국가는 지방행정과 치안행정의 연계성을 확보하고 지역특성에 적합한 치안서비스를 제공하기 위하여 자치경찰제도를 도입하여야 한다"고 규정하고 있다. 이처럼 새로이 제정된 지방분권 촉진에 관한 특별법은 지방자치경찰제도에 대하여 직접적인 명문규정을 두고 있어 자치경찰제도 실시의 직접적인 근거조항이 되고 있다.

지방분권에 관한 책무를 명확히 하고 지방분권의 기본원칙, 추진과제, 추진체계 등을 규정함으로 지방을 발전시키고 국가경쟁력을 높이는 것을 목적으로 한다"고 규정하고 있다. 동법 제10조 제3항은 "국가는 지방행정과 치안행정의 연계성을 확보하고 지역특성에 적합한 치안서비스를 제공하기 위하여 자치경찰제도를 도입하여야 한다"고 규정하고 있다. 이처럼 새로이 제정된 지방분권 촉진에 관한 특별법은 지방자치경찰제도에 대하여 직접적인 명문규정을 두고 있어 자치경찰제도 실시의 직접적인 근거조항이 되고 있다.

우리나라는 2021년 7월부터 전국적으로 자치경찰제도가 시행된다. 지역별로 '자치경찰사무와 자치경찰위원회 조직 및 운영 등에 관한 조례안'을 입법예고했다. 조례안 주요 내용은 자치경찰 사무 범위, 자치경찰위원회 구성·운영, 실무협의회 구성·운영, 자치경찰사무 담당 공무원 지원 등이다. 자치경찰 사무는 생활안전, 사회적 약자보호, 교통, 경비 등이 주업무이다. 중요한 역할을 담당하는 자치경찰위원회는 7인으로 구성한다. 위원장은 시장이 임명하며, 나머지 위원 6명은 시 자치경찰준비단이 추천권자들로부터 추천자를 받은 뒤 임명한다. 기관별 할당 추천자 수는 시의회 2명, 교육감 1명, 행정안전부 소속 국가경찰위원회 1명, 시 자치경찰위원추천위원회 2명 등이다.

■ 자치경찰사무와 시·도자치경찰원회의 조직 및 운영 등에 관한 규정 [별표]

생활안전, 교통, 경비 관련 자치경찰사무의 범위(제2조 제1호 관련)

자치경찰사무		범 위
1. 지역 내 주민의 생활안전 활동에 관한 사무	가. 생활안전을 위한 순찰 및 시설의 운영	1) 지역주민 안전을 위한 범죄예방시설 설치·운영 2) 지역주민 안전을 위한 범죄예방진단 3) 지역주민 안전을 위한 순찰과 범죄예방활동 시행·관리
	나. 주민참여 방범활동의 지원 및 지도	1) 범죄예방을 위한 주민 참여 지역협의체 구성·운영 2) 주민 참여형 범죄예방활동 시행·관리
	다. 안전사고 및 재해·재난 시 긴급구조지원	1) 재난이 발생할 우려가 현저하거나 재난이 발생한 경우 주민의 생명·신체 및 재산을 보호하기 위한 긴급구조지원

자치경찰사무		범 위
		2) 재해 발생 시 지역의 사회질서 유지 및 교통관리 등 3) 그 밖에 긴급구조지원기관으로서의 긴급구조지원 활동 등
	라. 아동 · 청소년 · 노인 · 여성 · 장애인 등 사회적 보호가 필요한 사람에 대한 보호 업무 및 가정 · 학교 · 성폭력 등의 예방	1) 아동 · 노인 · 장애인 학대 예방과 피해 아동 · 노인 · 장애인에 대한 보호활동 2) 아동 · 청소년 · 노인 · 여성 · 장애인 등 사회적 보호가 필요한 사람의 실종 예방 · 대응 활동 3) 아동 대상 범죄예방 및 아동안전 보호활동 4) 청소년 비행방지 등 선도 · 보호 활동 5) 가정폭력범죄 예방과 피해자 등 보호 활동 6) 학교폭력의 근절 · 예방과 가해학생 선도 및 피해학생 보호 활동 7) 성폭력 예방과 성폭력 피해자 등 보호 활동 8) 그 밖에 관련 법령에 경찰의 사무로 규정된 아동 · 청소년 · 노인 · 여성 · 장애인 등 사회적 보호가 필요한 사람에 대한 보호 및 가정폭력 · 학교폭력 · 성폭력 등 예방 업무
	마. 주민의 일상생활과 관련된 사회질서의 유지 및 그 위반행위의 지도 · 단속. 다만, 지방자치단체 등 다른 행정청의 사무는 제외한다.	1) 경범죄 위반행위 지도 · 단속 등 공공질서 유지 2) 공공질서에 반하는 풍속 · 성매매사범 및 사행행위 지도 · 단속 3) 그 밖에 관련 법령에 경찰의 사무로 규정된 주민의 일상생활과 관련된 사회질서의 유지 및 그 위반행위의 지도 · 단속 업무
	바. 그 밖에 지역주민의 생활안전에 관한 사무	1) 지역주민의 생활안전 관련 112신고(일반신고를 포함한다) 처리 2) 지하철, 내수면 등 일반적인 출동이 어려운 특정 지역에서 주민의 생명 · 신체 · 재산의 보호를 위한 경찰대 운영 3) 유실물 보관 · 반환 · 매각 · 국고귀속 등 유실물 관리 4) 「경찰관 직무집행법」 제4조에 따른 응급구호대상자에 대한 보호조치 및 유관기관 협력 5) 그 밖에 관련 법령에 경찰의 사무로 규정된 지역주민의 생활안전에 관한 사무
2. 지역 내 교통 활동에 관한 사무	가. 교통법규 위반에 대한 지도 · 단속	1) 교통법규 위반 지도 · 단속, 공익신고 처리 등 2) 음주단속 장비 등 교통경찰용 장비 보급 · 관리 · 운영 등

자치경찰사무		범 위
	나. 교통안전시설 및 무인 교통단속용 장비의 심의·설치·관리	1) 교통사고 예방, 교통소통을 위한 교통안전시설 설치·관리·운영 2) 도로교통 규제 관련 지역 교통안전시설 심의위원회 설치 및 운영 3) 무인 교통단속용 장비의 심의·설치·관리·운영
	다. 교통안전에 대한 교육 및 홍보	1) 교통안전에 대한 교육 2) 교통안전에 대한 홍보
	라. 주민참여 지역 교통활동의 지원 및 지도	1) 교통활동 지원 협력단체에 대한 운영·관리 2) 주민참여형 교통안전활동 지원 및 지도
	마. 통행 허가, 어린이 통학버스의 신고, 긴급자동차의 지정 신청 등 각종 허가 및 신고에 관한 사무	1) 차마의 안전기준 초과 승차, 안전기준 초과적재 및 차로폭 초과 차 통행허가 처리 2) 도로공사 신고접수, 현장점검 및 지도·감독 등 3) 어린이통학버스 관련 신고접수·관리 및 관계 기관 합동 점검 4) 긴급자동차의 지정 신청·관리 5) 버스전용차로 통행 지정신청 처리 6) 주·정차 위반차량 견인대행법인등 지정
	바. 그 밖에 지역 내의 교통안전 및 소통에 관한 사무	1) 지역주민의 교통안전 관련 112신고(일반신고를 포함한다) 처리 2) 운전면허 관련 민원 업무 3) 지역교통정보센터 운영 및 교통정보 연계 4) 정체 해소 등 소통 및 안전 확보를 위한 교통관리 5) 지역 내 교통안전대책 수립·시행 6) 교통안전 관련 기관 협의 등
3. 지역 내 다중운집 행사 관련 혼잡 교통 및 안전 관리		가. 지역 내 다중운집 행사 등의 교통질서 확보 및 교통안전 관리 지원 나. 지역 내 다중운집 행사 안전 관리 지원

합의제 경찰기관은 경찰조직의 민주성과 독립성을 확보하는 데 유리한 조직으로, 계급적 관료제 경찰조직의 경직성을 완화하고 민주적인 정당성을 가진 대표에 의하여 경찰행정의 중요정책결정과 정책집행에 대한 지휘·감독을 행하는 위원회형 행정기관이다.

합의제를 채택할 경우 경찰의 정치적 중립성 확보 및 정치관여의 폐단을 방지하는 데 유리하고, 자치경찰에 대한 중앙정부로부터 과도한 통제·감독을 최소화할 수 있으며, 지방자치단체장에 의한 경찰의 정치적 이용가능성을 배제하여 민의를 반영하고 주민의 행정참가를 촉진시킬 수 있다는 것 등의 장점이 있다. 반면, 단점으로는 위원회의 정책결정과 업무수행이 지연되어 비능률성과 책임전가의 가능성이 있고, 위원회 위원의 전문성 부족으로 합리적인 정책결정이 어려워질 수 있으며, 지역 이익·압력 단체의 활동무대가 될 우려가 있다는 점 등이다.

자치경찰조직을 최고책임자의 단독 책임에 두는 독임제를 채택할 경우 경찰이 급박한 상황변화에 신속히 대처할 수 있고 기동성이 제고되는 장점이 있다. 또한 광범위한 경찰상의 목적이나 업무를 수행하는 데 있어서 단독책임자의 직접적인 통제에 의하여 능률적으로 처리되므로 기동성이 강하며 책임의 소재도 분명하지만, 행정의 신중성과 합리성을 보장하기 어렵고, 비민주적인 독단에 빠질 염려가 있다. 합의제 및 독임제의 각 문제점을 최소화하고 장점을 최대화하기 위하여 행정관청인 경찰위원회를 두되, 정책결정은 경찰위원회의 소관으로 하고 집행은 경찰청이 담당하도록 하는 방안이 제시되고 있다.

자치경찰청장 및 자치경찰위원회의 위원을 선거에 의하여 선출하는 것이 합리적인가 아니면 자치단체의 장이 당해 의회의 동의를 얻어 임명하는 것이 합리적인가 하는 문제가 또한 제기된다. 먼저 경찰위원의 경우, 주민에 의한 선거제로 한다면 주민들이 직접 선출하여 경찰위원회의 주민대표성이 제고되므로 경찰이 민생치안을 도모하는 데 전력을 경주할 수 있고 또한 임기동안의 직무수행에 대해 선거를 통하여 재신임을 얻을 수 있으므로 자치경찰의 이론과 부합된다고 할 수 있다. 그러나 선거를 통하여 선출하는 경우에 경찰에 대한 전문지식이나 경험이 없는 문외한의 인물이 경찰위원으로 선출될 우려가 있고, 또한 위원선거의 곤란과 선거의 부정문제가 제기된다. 다음으로 자치경찰청장의 경우 우선 선거를 통해 경찰청장을 뽑을 수도 있겠으나 정치적 성향의 인물이 선임될 경우의 문제점과 주민직선제로 자치경찰청장을 선출하는 예가 다른 나라에서도 극히 드물다는 점에서 그 타당성과 실효성은 낮다고 할 수 있다. 이에 경찰위원회의 제청으로 자치단체의 장이 임명하는 방법, 국가기관(국가경찰위원회 등)이 지방경찰위원회의 동의를 얻어 임명하는 방법, 국가경찰위원회가 경찰청장의 의견을 듣고 지방경찰위원회의 동의를 얻어 제청한 자를 대통령이 임명하도록 하는 방법 등 다양한 방안이 제시되고 있다.

제 2 절 경찰제도의 유형

1. 국가경찰제도

국가경찰제도란 중앙 국가권력에 경찰권이 소속되어 일부로서 행사되는 제도를 말한다. 그동안 우리나라, 프랑스, 터키 등이 중앙집권적 국가경찰제도에 속한다. 국가 경찰제도하의 경찰역할은 개인의 생명, 신체 및 재산의 보호, 국가의 시책 등을 추진하는 등 경찰작용의 영역은 매우 광범위하다. 국가경찰제도에서는 합법성, 능률성, 집권성, 책임성 등을 강조하고 있다. 국가경찰제도에서는 단일화된 신속·강력하고도 광범위한 집행력 등을 행사한다. 또한 비상시에 타 행정부처와 긴밀한 협조체제, 일반행정부처와의 협력 및 운용을 용이하게 할 수 있다. 국가경찰제도에서는 강력 범죄사건이 발생한 경우, 전국 지방자치단체 등에 구속되지 않고 각 경찰단위간에 통일적 운영, 신속한 기동성을 가지고 사건대응이 가능하다.

우리나라의 경우에도 지금까지 국가경찰제도로서 전국적인 조직화된 경찰운영을 해왔으며, 신임경찰관을 교육시키는 중앙경찰학교, 현직경찰관을 교육시키는 경찰인재개발원 등을 통해서 통일되고 단일화된 교육훈련 등이 가능했다. 국가경찰의 경우에는 승진, 인사, 경비 등을 국가가 부담함으로써 재원에 대한 걱정없이 운영될 수 있었으며, 이로 인해서 외부이 부당한 사건에 대한 방지역활을 할 수 있었다. 그러나 국가경찰을 운영하면서 그동안 정치경찰이라는 오명을 들기도 하였다. 과거 1960년 당시 내무부장관 최인규는 전국 경찰에 대한 대규모 인사이동을 단행하여 일선경찰서장을 연고지중심으로 재배치시키고 '공무원 친목회'를 조직하는 등 득표활동에 경찰공무원을 대거 동원하였던 사건이 있었다. 국가경찰제도는 중앙집권적인 권력에 복종하게 되며, 각 지방의 특성을 고려하지 않고 일반시민이나 국민에게 행정의 통일성, 효율성을 위해 권위적으로 업무집행이 이루어질 수가 있다.

2. 자치경찰제도

자치경찰제도는 영미법계의 영향을 많이 받았다. 전세계적으로 지방자치경찰제도는 영국, 미국, 캐나다, 호주, 인도 등이 자치경찰제도를 운영하고 있다. 영미법계의 자치경찰제도란 지방분권의 정치사상에 따라 지방자치단체에 자치권을 인정하여 자치경찰제도는 지방자치행정의 일부로 생각하며, 경찰제도의 설치와 운영이 모두 지방자치단체에 귀속되어 있다. 실질적으로 지방자치경찰의 경찰제도는 지역 주민의 자유와 권리의 철저한 보호를 목적으로 운영되어야 하며, 경찰권의 남용은 생각할 수 없다. 지금까지 국가경찰제도를 운영해온 우리나라와는 대조적이다.

자치경찰제도는 경찰의 민주성, 경찰권의 분권성, 정치적중립성, 경찰의 자치성을 추구하는 제도이다. 이러한 자치경찰제도는 지방자치단체의 지역특성에 따른 적절한 경찰권을 실현할 수 있으며, 지역주민들과 치안과 관련된 협력, 치안운영과 대처 등 지역에 대한 책임과 소속을 가지고 일을 할 수 있다.

우리나라에서 시행하는 자치경찰제도에서 인사권은 총경 이상에 대한 인사권은 경찰청장의 추천 등을 거쳐 대통령이 행사하고, 경정급 전보 및 경감 이하 임용권은 자치경찰위원회에 위임하고 있다. 직급에 따라 인사를 결정하는 실질적인 주체가 다르고, 지역별로 인사 원칙에 차이가 날 수 있다. 또 자치경찰 사무에 관한 예산은 국고보조금과 지자체 예산으로 충당할 전망이지만 명확한 기준은 정해지지 않았다. 예산을 충분히 확보하느냐에 따라서 지역 간 치안 수준에 격차가 생길 수 있다. 미국과 영국 등과 같이 실질적 자치경찰제도를 위해서는 법률 · 제도적 지원, 인사, 예산의 독립이 필요하다. 자치경찰제도 문제점으로는 자치경찰제도는 각 지방자치단체간의 사건관련 협력을 구하는 어려움이 있으며, 강력범죄사건 등 광역사건 등에 대한 집행력이 약하다.

지방자치단체의 단체장의 성향에 따라 자치경찰의 운영, 경찰의 인사제도, 보수 등 많이 달라질 수 있는 부분은 경계해야 할 부분이다.

3. 혼합형경찰제도

국가경찰제도와 자치경찰제도의 운영성격이 혼합되어 치안에 운영되는 경찰제도를 혼합형 경찰제도라고 한다. 국가경찰제도에는 경찰운영에 대한 효과성, 전국적인 사건대처에 대한 집권적인 대처, 국가경찰로서의 책임성을 가지고 있다. 자치경찰제도는 지역자치 주민을 기본으로 운영되는 치안의 민주성, 경찰권에 대한 분권성, 지역에 따른 치안의 특수성 등을 가지고 있다. 이러한 제도를 모두 실현하고자 하는 것이 혼합형 경찰제도이다. 이제도는 국가경찰제도와 자치경찰제도의 상호 다른 이념성이 있기 때문에 적절한 조화가 우선 필요하다.

국가경찰제도의 집권성과 자치경찰의 민주성에 대한 조화, 국가경찰제도의 집권성과 자치경찰제도의 분권성 간의 조화, 국가경찰제도의 치안에 대한 광역성과 자치경찰제도의 지역특수성 간의 균형과 조화 등이 필요하고, 이러한 실현을 잘 할 때만이 올바른 제도로 정착을 할 수 있다. 세계 여러 나라들도 어느 정도의 차이는 있으나, 연방 국가는 지방화에 적극적이었고 단일국가는 지방화에 소극적이었다는 것이다. 국가경찰제와 자치경찰제에 대하여 장점들을 서로 수용하여 주된 체제에 종된 체제를 보완하고 있는 추세이다.

혼합형 경찰제도는 현재 오스트리아, 네덜란드 등은 국가경찰제도에 자치경찰을 가미한 경우이고, 스위스는 자치경찰 중심에서 국가경찰제도를 가미한 경우이다. 독일은 국가경찰과 자치경찰이 이원적으로 구성되어 있으나, 국가경찰제도가 우선적인 형태이다. 일본은 자치경찰제도를 원칙으로 하고 국가경찰제도와 자치경찰제도의 이원 체제형으로 운영되고 있다.

제 3 절 자치경찰제도 장 · 단점

1. 자치경찰 장점

자치경찰제도의 경찰의 임무 범위는 생활안전, 교통, 경비 관련 자치경찰사무의 범위, 국민의 생명 · 신체 및 재산을 보호하고 공공의 안녕과 질서를 유지하는 데 효율적인 것으로 정하게 되어 있다. 지방자치경찰을 통해 지역 특성에 적합한 경찰활동이 가능함에 따라 지역주민 치안서비스 효율성과 친절봉사도, 지역주민의 만족도가 높아지게 된다. 영국과 미국에서는 자치경찰이 우세하고 대륙법계 국가에서는 국가경찰제도가 우세하다.

첫째, 경찰의 정치적 중립성 보장이다. 현재 경찰청은 안전행정부 소속으로 되어 있으며, 총경이상의 임용인사에 있어 경찰청장이 추천하고 안전행정부장관이 제청하여 국무총리를 거쳐 대통령이 임명하게 되어 있다. 향후 총경이하 경찰의 인사는 지방자치단체로 요건과 한계를 법으로 규정하여 이양할 필요가 있다. 따라서 자치경찰제도는 국가경찰제도가 가지는 집권당의 정치적 영향을 받을 수 있는 것과는 반대로 치안활동의 공정성을 보장할 수 있고 주민에 의해 경찰에 대한 통제와 감시가 용이하여 경찰조직의 민주화를 촉진시키는 효과가 있다.

경찰행정이란 본질상 국민에게 작위, 부작위의무를 명령, 강제하여 자연적 자유를 제한하는 권력 적 행정작용이다. 그러므로 국민의 자유와 권리를 보장하고 민주적이고 능률적인 경찰행정을 수행하기 위해서는 경찰행정이 특정 정당의 권력구축과정에 개입하거나 특정정당으로부터 부당한 영향을 받아서는 안 된다. 아울러 경찰행정의 민주성을 도모하고 정책의 일관성 있는 추진을 통하여 능률적인 행정을 수행하기 위해서도 경찰공무원의 엄정중립이 요청된다. 따라서 경찰의 정치적 중립성이란 일반적으로 경찰이 어떤 정당이나 특수계층의 이익을 위하여 봉사하는 기관이 되어서는 안 되고, 국민 전체를 위한 봉사기관이 되어야 한다는 것을 의미한다. 경찰법 제4조에서 "경찰은 그 직무를 수행함에 있어서 헌법이 보장하는 국민의 자유와 권리를 존중하고 국민 전체에 대한 봉사자로서 공정중립을 지켜야 하며 부여된 권한을 남용하여서는 아니 된다"고 규정하고 있다.

둘째, 자치경찰의 민주적 운영과 치안서비스의 효율성을 강조할 수 있다. 중앙집권적 국가경찰제도에서 일괄적인 치안서비스 지시 및 시행은 지역적으로 불균형이 있다. 지역적 자치경찰제도를 통해 지역적 사건발생을 조사하고 대처방안을 통해 지역 실정에 맞는 치안서비스를 제공하는 것이다. 자치경찰은 해당 지역에서 장기간 근무하고 그 지역주민 소속의 경찰이라는 의식이 강해 봉사정신과 친절도가 향상하게 된다. 지역 특수성에 맞는 치안서비스의 질적 향상이 이루어지고 지역의 특성에 따른 치안수요를 파악하고 그에 대응한 경찰활동을 수행함으로써 국민의 치안욕구를 구체적으로 충족시켜 준다.

셋째, 지역주민의 치안서비스 운영에 대한 참여와 통제가 가능하다. 지역주민이 경찰치안서비스 참여와 통제를 통해 부정부패를 차단하고 치안에 협력을 강화할 수가 있다.

경찰이란 위험의 발생을 예견하거나 이미 발생한 위험을 제거하여 공공의 안녕과 질서를 보호하는 국가작용을 말한다. 경찰은 어떤 국가를 막론하고 필수적이고 기본적인 국가작용의 하나이다. 우리나라 경찰은 건국이래 강력하고 일원적인 국가경찰제를 유지해 왔다. 이는 중앙집권적인 권력구조와 남북대치라는 특수한 상황에 상당부분 연유한다고 할 수 있다. 지방자치제가 실시되면서 외형적으로나마 중앙집권적인 권력구조가 지방분권적으로 변화하였고, 국제화·지방화·전문화·정보화 추세와 함께 국민의 삶의 질이 높아지면서 경찰에 대한 수요도 크게 변화하고 있다. 지방자치제 실시는 지방자치단체에 대한 통제권을 국가가 아니라 지역주민들이 갖는다는 점에서 국가권력의 상대적인 축소를 가져오는 반면, 시민권의 확대를 가져왔다는 점에서 중요한 의의가 있다. 이에 경찰제도도 시민권의 성장이라는 변화된 환경에 적응할 수 있는 변혁이 필요하게 되었다. 따라서 주민의 생명과 재산의 보호는 자치단체의 고유사무라 보아야 한다. 완전한 지방자치의 실현을 위해서는 자치경찰제도의 도입이 필수적이다. 또한 경찰의 분권화를 통해 자치제의 이념인 권력의 지방적 분권화를 이룩할 수 있는 점이다. 자치경찰제도는 치안행정과 종합행정이 조화를 이룰 수 있으며, 경찰과 자치단체가 동일한 소속감 아래 협조와 유대관계가 강화된다. 오늘날의 경찰활동은 법을 집행하고 질서를 유지하는 차원을 뛰어넘어 개인과 주민, 사회의 복지를 목적으로 지역사회에 대한 봉사자로서의 역할을 해야 하고, 지역사회와의 긴밀한 협력관계를 통해 치안질서가 이루어져야 할 것으로 본다.

넷째, 각 자자체에서 발생하는 관련 치안은 자치경찰의 책임하에 수행하게 됨으로써 경찰사무의 전문성 제고와 경찰역량을 확장할 수 있다. 그러나 국가경찰제도에서는 전국적 단일경찰조직을 운영에 따르는 경찰청장의 지휘부담, 과다한 보고, 서류중심 등의 문제점이 지적되어 왔다.

2. 자치경찰 단점

우리나라에서는 해방이후 경찰조직은 국가의 행정조직으로 경찰권을 국가의 통치권으로 인식하고, 국가에 귀속시키고 경찰행정이 중앙집권화를 추구하여 능률성을 강조하는 국가경찰제도를 유지해 왔다.

첫째, 자치경찰제도는 지방에 따라 치안서비스에 차이가 발생 할 수 있다. 지역별 재정과 복지, 지역주민의 인식에 따라 치안 서비스 운영이 달라 질 수 있다. 각 자치단체의 지방재정이 열악한 상황에서 자치단체가 경찰조직을 맡을 경우 자치단체의 재정부담이 가중되어 중앙정부에 대한 재정의존도가 더욱 증대된다. 또한 자치단체간 재정과 경찰수준의 차이에 따라 주민의 민생치안서비스가 차등화 될 우려가 있다.

둘째, 전국적인 광역사건 처리에 상호 협조와 공동대응에 문제가 발생 할 수 있다. 전국적인 테러, 강력범죄 사건등에 대해서는 국가수사본부에서 대응을 하고 지방자치경찰은 협조를 통해 사건을 대처 할 수 있도록 하는 방안이 있다. 그동안 우리나라의 경찰은 최근의 긍정적 변화에도 불구하고 국민의 생명·신체와 재산을 보호하기 위한 시민사회적 치안과 질서의 유지라는 본래의 사명보다는 권위주의적 국가의 정권유지적 차원에서 시국치안 분야에 보다 많은 경찰력을 투입하였다는 것이 일반적 평가이다. 따라서 시국치안에 보다 치중한 나머지 정치적 중립성을 지키지 못하고 민생치안에는 소홀했다는 비판이 제기되고 있다.

이제는 경찰이 국민 위에 군림하는 인상을 심어준 과거의 관행을 시정하고, 지역주민에 가까운 곳에서 주민을 위한 그리고 주민에 의해 통제 받는 경찰이 되어야 한다. 자치경찰제의 도입은 우리나라 치안행정의 틀을 바꾸는 중요한 문제로, 국가경찰제도의 문제점을 해결할 수 있는 대안이 될 수 있는 반면, 운용여하에 따라서는 국가경찰제보다 오히려 못한 치안상황을 초래할 가능성도 있으므로, 자치경찰제의 도입에 있어서는 신중한 접근이 필요하다고 하겠다.

셋째, 자치경찰이 지방자치단체장의 영향을 받게 됨에 따라 지방의원들의 선거목적에 이용될 가능성이 있다. 지방의원과 지방자치단체장은 지역주민의 선거에 결과에 따라 임용된다. 이러한 가능성을 사전에 차단할 수 있는 법적·제도적 정비를 통해 사전에 예방할 필요가 있다. 자치경찰제도하에서 지역정당화, 정치의식의 미성숙 등 지방정치의 폐해가 경찰권 행사에 영향을 미쳐 자치단체장 선거 또는 지방의원들의 선거목적에 경찰이 이용되는 등 불편부당하고 공정한 법 집행이 곤란한 상황이 초래될 우려가 있다. 그리고 자치경찰제가 시행되면 지방토호세력 내지 지방엘리트가 경찰과의 유착관계를 형성하게 되어 경찰업무의 원활하고 공정한 수행이 저해 될 어려움도 상존한다. 정치적 중립성은 경찰이 집권당의 영향으로부터의 독립성과 정당에 대한 불간섭·불가담을 의미한다. 공무원은 국민 전체에 대한 봉사자이므로 중립적 위치에서 공익을 추구하고, 경찰행정에 대한 정치의 개입을 방지함으로써 경찰행정의 전문성을 제고하며, 정권의 변동에도 불구하고 정책의 계속성과 안정성을 유지한다.

넷째, 지방자치단체의 재정부담이 증가하게 된다. 중앙정부에서 재정적인 지원을 위해서 세금등 일부권한을 지방에 이양 할 필요가 있다. 지방자치단체의 재정에 따라 경찰의 법집행이 지역별로 상이하여 국민들이 경찰의 규제대상과 허용대상을 판단함에 있어 혼란이 야기되고 예측가능성이 없어 국민생활의 불편을 초래할 위험도 있다.

다섯째, 자치경찰이 할 수 없는 전국적인 법 · 제도 개선부분은 국가경찰에서 담당해야 한다. 경찰청 발표에 따르면, 2021년 3월 15일 국회 법사위원회에 상정될 예정인 '스토킹처벌법'은 심각한 괴롭힘 또는 단순폭행·협박 수준의 스토킹·데이트폭력에 시달리다 목숨을 잃거나 잃을 뻔한 여성이 '20년 기준 스토킹·데이트폭력 신고 23,460건, 입건사범 8,982명(미수포함된 살인 31건) 등 연간 30여명에 달하고 있다. 최근 스토킹행위는 유명·일반인을 가리지 않고 반복·심화되는 특성을 보이며 강력범죄化되는 경우가 많아 심각성이 상당하다.

"그 사례를 살펴보면, 10여년 알고 지낸 식당 여주인에게 지속적으로 호감(2개월간 전화 100여통)을 표시하다가 거절당하자 피해자 주거지 주차장에서 흉기로 수차례 찔러 살해 했으며, 아이돌 출신 가수 · 프로바둑 기사 · 뮤지컬 배우 등 유명인을 지속적으로 쫓아다니며 교제를 요구하고 거절 時 악플을 게재하거나 살해 협박 한 주요 사례가 있다."

그러나 현행 처벌규정은 심각성에도 불구하고 스토킹행위는 현행법상 경범죄(지속적 괴롭힘)에 해당되어 10만원 이하의 벌금형에 불과하여 범죄 억제력이 극히 미미하여 강력범죄 예방에 한계가 있고 피해자 보호조치를 위한 별도 법적 근거도 없어 사각지대 발생하고 있어서 신속한 피해자 보호조치, 행위자 제재 강화 등을 위한 법 제정이 필요하다. 이번에 제출된 스토킹처벌법 정부안의 주요내용은 스토킹범죄 처벌조항을 기존 경범죄처벌법상 10만원 이하의 벌금형을 형사처벌로 상향하여 범죄 억제력 강화로 강력범죄化를 예방하는 것이다.

정부안 제18조(스토킹범죄)에는 스토킹행위자는 3년 이하의 징역 또는 3천만원 이하의 벌금에 처하고, 흉기 또는 그 밖의 위험한 물건을 휴대하거나 이용하여 스토킹범죄를 저지른 사람은 5년 이하의 징역 또는 5천만원 이하의 벌금에 처한다는 내용이 주요한 골자이다.

피해자 보호범위 확대 부분은 접근금지 등 피해자 보호조치 요건을 '범죄 발생 우려'로 규정하였던 것을 범죄에 이르지 않은 단기간·일회성 스토킹으로 불안·공포를 호소하는 피해자에 대해서도 보호조치 가능하게 하였다. 현행 가폭처벌법과 같이 보호조치 요건을 '범죄 재발 우려'로 규정 時 한 차례 이상의 범죄가 있어야만 보호조치를 할 수 있어 신속하고 폭넓은 피해자 보호에 한계가 있었던 것이다. 그리고 피해자 보호조치를 세분화하였다. 보호조치 유형을 예방 또는 긴급응급조치, 잠정조치로 세분화하고 각 보호조치별 성격에 맞게 수단·절차를 체계적으로 규정하고 폭넓고 신속한 피해자 보호 가능하도록 하였다. 이에따른 보호조치를 불이행한 스토킹행위자에 대해 별도 형사처벌할 수 있는 규정을 마련하여 보호조치 실효성 강화하였다. 이러한 법과 제도 개선은 국가경찰이 주도적으로 개선안을 마련하고 요청해야 할 필요가 있다.

제 4 절 자치경찰제도 추진과정

1. 자치경찰제도 추진과정

우리나라에서 1948년도 정부수립 당시 미군정과 민정 당국 간 영미법계 경찰제도 도입 논의가 이루어졌고, 1955년도 정례국무회의에서 경찰법안을 의결하였으나 국회에 회부되지 못하였다. 1960년도 4.19혁명 이후 국회에서 경찰중립화법안 심의하였으나 국회 해체에 따라 폐지되었다.

1980년대까지는 사회적 불안정, 정치적 이념, 남북분단, 지방자치 미실시 등으로 지방자치경찰제도 도입이 이루어지지 못하였다. 정부수립 당시부터 경찰의 민주성과 정치적 중립성을 확보하기 위하여 논의되었으나, 남북분단과 정치적으로 불안정 상황으로 중앙집권적 국가경찰제도가 정착되었다. 1988년도에 통일민주당, 평화민주당, 신민주공화당 등이 공동으로 경찰법안을 발의하였다.

1990년도에 지방자치제가 실시되면서 지역 특성에 따른 주민들의 생명, 신체, 재산에 대한 안전과 질서유지관련 지방자치경찰제도 도입 논의가 이루어졌다. 경찰의 정치적 중립성을 제도적으로 확보하고 공정한 공권력을 행사하여 국민의 생명과 재산을 보호하고 공공의 안녕과 질서유지에 제반 제도적 장치를 마련하자는 취지에서 정균환, 김병오, 박실 의원 등 98인의 의원이 경찰법개정법률안을 1994년 12월 1일 발의하였으나 임기만료로 폐기되었다. 당시 주요내용은 국무총리 소속하에 국가의 공안에 관계되는 경찰운영을 관장하며 경찰청을 관리하는 국가경찰위원회를 두고 이는 위원장과 6인의 위원으로 구성한다. 또한 시·도지방경찰에 소요되는 경비 중에서 대통령령으로 정하는 부분은 당해 시·도의 재정자립도를 감안하여 국고에서 차등 지급하도록 하여 시·도간에 균등한 치안행정서비스 제공을 유지하도록 하였다. 시·도지방경찰청장은 시·도지방경찰위원회의 관리하에 경찰청장의 지휘 및 감독을 받아 관할구역내의 경찰사무를 통할하고 시·도경찰청 상호간에는 협력과 공조를 하도록 하였다. 시·도경찰청 소속의 경정 이상 경찰관은 국가공무원으로, 경감 이하의 경찰관은 지방공무원으로 하였고, 시·도지방경찰청 소속 경감 이하의 경찰관은 시·도지방경찰청장의 시·도지방경찰위원회의 동의를 얻어 시·도지사가 임명하였다. 이후 정균환, 이건개, 박상천 의원 등 128인의 의원이 1996년 10월 15일 경찰법 개정법률안을 발의하였으나 역시 임기만료로 폐기되었다. 이 법안의 주요내용은 국가경찰위원회와 시·도지방경찰위원회의 위원수에서 차이가 있는 것을 제외하고는 제14대국회에 발의한 내용과 거의 동일하다.

1996년도 새정치국민회의, 자유민주연합 공동으로 절충형 경찰법안이 발의되었다. 1998년도에 국민의 정부 100대 정책과제의 하나로 경찰개혁을 채택하였다. 경찰청에 '자치경찰제 정책기획단'을 설치하여 자치경찰제도 도입 방안에 대해 본격적으로 연구가 시작되었다. 우리나라의 중앙집권적 경찰제도는 인권이

침해될 수 있으며, 권력형 부패로 나타나게 된다. 이러한 부분에 대한 해결점이 지방자치경찰제도이다.

지방자치와 분권의 이념에 충실한 자치경찰제도는 큰 변화를 이루어 갈 수가 있다. 1999년 경찰청은 지역치안과 국가치안의 조화를 위하여 '절충형'의 자치경찰제도를 채택하고, 치안여건과 능률성을 고려한 시·도 단위의 실시, 경찰행정의 중립성 확보를 위하여 경찰위원회제도의 도입, 국가·자치경찰기관간의 상호협력 및 응원 규정 등을 기본방향으로 하는 경찰법 개정법률안을 마련한 바 있다. 그 주요 내용은 국무총리 소속하에 7인으로 구성된 합의제 행정기관인 국가경찰위원회를 둔다. 국가경찰위원회에 경찰청을 설치하되 경찰청장은 국가경찰위원회의 제청으로 국무총리를 거쳐 대통령이 임명하고, 시·도에 5인으로 구성되는 합의제 행정기관인 시·도경찰위원회를 설치하되, 시·도경찰위원회 위원장은 비상임으로 위원들이 호선한다. 시·도 경찰위원회에 시·도경찰청을 설치하고 시·도경찰청장은 국가경찰위원회가 시·도경찰위원회의 동의를 얻어 제청한 자를 국무총리를 거쳐 대통령이 임명한다. 그리고 시·도경찰청장 소속하에 경찰서를 설치한다. 모든 경찰사무를 자치단체의 고유사무로 함을 원칙으로 국가경찰사무와 자치경찰사무를 구분하여 국가경찰사무는 경찰청이 직접 수행하거나 시·도경찰청에 위임하여 수행하고, 자치경찰사무는 자치경찰청이 독립하여 자기책임하에 자율적으로 고유한 경찰권을 행사한다. 국가경찰사무는 경찰법에 열거하고 자치경찰사무는 예시하여 국가경찰의 자치경찰 사무영역의 침해를 방지한다. 또한 국가경찰사무에 대하여 경찰청장이 시·도경찰청장을 지휘·감독한다. 경찰청 및 시·도경찰청의 경정급이상 경찰관은 국가공무원으로 하고, 시·도경찰청의 경감이하 경찰관은 지방직공무원으로 하는 의견을 제시하였다.

수많은 논의를 거쳐 2021년 7월에 전국적으로 시행되는 자치경찰제도는 자치경찰 조직의 분리가 이루어지지 않았으며, 소속 인력이 없고, 지역별 특성에 따른 치안을 이루기가 어려운 환경이다. 국가사무와 자치사무를 기능단위로 분리하여 현장의 업무 혼선을 최소화하려 한 점과 신분을 국가공무원으로 유지하여 지역 간 처우 불균형을 해소하려 한 점은 일견 성과라고 할 수 있다. 우수 경찰인재의 지역 편중과 치안격차 심화로 이어지는 것을 차단하는 장점이 있다.

그럼에도 불구하고 경찰관에 의한 자치경찰사무는 존재하지만 자치경찰공무원은 존재하지 않도록 되어 있어서 향후 해결해야 할 과제이다. 또한 자치사무를 수행하는 경찰관에 대한 지휘·감독권을 시도자치경찰위원회와 시도경찰청장 및 경찰서장에게 부여하더라도, 승진과 보직 등 인사권은 원칙적으로 시도지사가 행사하도록 개선할 필요가 있다. 자치경찰의 실시에 따라 이제 주민들은 지방정부의 치안문제에 대한 정치적 책임을 시도지사에게 묻고자 할 것이므로, 적어도 시도지사에게 이에 상응하는 권한을 인정하는 것이 권한과 책임의 원리에 부합하기 때문이다. 특히 시도경찰청장 소속의 자치경찰본부장(경무관)을 개방직 지방공무원으로 보하도록 하고, 자치경찰본부장의 임면권을 시도자치경찰위원회의 추천을 전제로 시도지사가 행사하도록 하는 것은 반드시 수용되어야 한다.

자치경찰제도와 국가수사본부 제도의 운영은 민주적 통제를 강화하고, 국민중심의 수사체계를 확립하는 계기로 보아야 한다. 수사지휘 및 직접수사 역량을 강화하기 위해 국가수사본부, 도경찰청, 경찰서로 이어지는 보고·지휘체계를 확립하고 시도경찰청의 직접수사 범위와 조직·인력을 확대한 국가수사본부제도가 운영되는 국가경찰은 경찰의 수사역량을 강화하고 경찰수사의 패러다임을 국민의 권익보호 및 피해회복을 최우선으로 하는 '국민 중심 책임수사체계'로 전환해야 할 필요가 있다. 이를 위한 객관적 수사종결의 완결성을 높이기 위해 수사심사관, 책임수사지도관, 경찰수사 시민위원회 등 내·외부 3중 심사체계를 구축한다. 또한 피해자의 실질적인 보호와 회복을 위해 범죄피해평가제, 회복적 경찰활동 등을 확대하고, 수사과정에서의 인권침해를 감시·예방하는 수사인권담당관을 신설하는 등 인권보호장치를 강화한다. 중요한 것은 자치경찰제도가 시행되어 생활안전, 아동·여성·청소년, 교통 분야에서 주민밀착형 치안서비스를 제공하고, 이를 위해 시·도별 조례 제정하고, 시도자치경찰위원회를 출범해야 한다. 가장 우려스러운 부분은 자치경찰제도 운영을 위한 보조금 배정 등을 적극적으로 지원할 필요가 있다.

자치경찰제도는 과거의 운영의 방법에서 탈피하여 주민들이 적극적으로 참여할 수 있도록 해야 하고, 더불어 주민자치회를 본격 도입하고 주민주도의 지역문제해결 및 지역공동체 활성화를 위한 지역사회 활성화관련 법도 제정하고 추진하여야 한다.

〈정부의 추진 법안〉

정부	법안	조직	사무	인사권
김영삼 정부	경찰법개정안 (정균환의원 등 발의)	-광역단위 시·도 지방 -경찰위원회(시·도 지 -방경찰청 관리)	실질적의미 경찰사무 범죄수사	-국가직(경정이상) -지방직(경감이하)
노무현 정부	자치경찰법안 (정부안)	-치안행정위원회(시·도) -치안행정협의회(시·군·구청) -자치경찰대	생활안전·지역교통·지역경비·특별사법경 찰관리의 직무	시·군·구청장(자치경찰대장 임명·지휘·감독)
	자치경찰법안 (유기준등 발의)	-경찰위원회(시·도) -시·도 경찰본부(시·도) -자치경찰대(지구대·파출소)	실질적의미 경찰사무 범죄수사	시·도지사(경찰본부장 인사권)
이명박 정부	지방행정체제특별법안 (허태열등 발의)	-통합 지방자치단체 -자치경찰대 설치	생활안전·지역교통·지역경비·특별사법경 찰관리의 직무	-통합 자치단체의 장 -자치경찰대장 인사권
	경찰법전부개정안	-시·도자치경찰위원회 -경찰본부 -자치경찰대	실질적의미 경찰사무 범죄수사	경찰본부장인사권
박근혜 정부	경찰법전부개정안 (이철우등 발의)	-시·도자치경찰위원 -자치경찰본부 -자치경찰대	실질적의미 경찰사무 범죄수사	경찰본부장 인사권

2. 지방분권화 필요성

우리나라는 경찰조직의 구조는 그동안 중앙집권화 구조이며, 중앙집권화는 국가나 사회조직의 권력 즉 의사결정권이 중앙정부에 집중되어 있는 조직구조를 의미한다. 현재 이루어지는 지방분권화는 권한의 위임과 지역적 배분을 통하여 권력을 다원화시킨 조직구조를 뜻하게 된다. 행정효율성을 달성하기 위해서는 어떤 구조를 따라야 하는지 쉽게 결정하기는 매우 어려운 일이다. 왜냐하면 다양한 현대사회에서 행정환경 또는 조직의 외부환경과의 관계에서 상대적으로 파악되는 것이기 때문이다. 그동안 역사적으로 살펴볼 때 한 권력이 집중되는 것은 국민들에게 폐해를 유발해 왔다는 사실이다. 따라서 권력의 구조는 분권화된 지방자치제도 형태를 목표로 이루어져야 하며, 행정의 효율성을 감안하여 절차적 방법도 이루어져야 한다.

경찰권은 위해방지를 위해 국민에게 명령·강제하는 권력작용으로 이는 일반통치권에서 유래하게 된다. 이러한 일반통치권은 국가 외에도 지방자치단체도 갖게 되는데 이경우를 자치권이라 한다. 따라서 경찰권은 국가가 행사할 수도 있고 지방자치단체가 관장할 수도 있는데 후자의 경우를 자치경찰이라고 한다. 현재 한국은 경찰권의 대부분을 국가가 관장하고 있고 소방과 제주자치도의 자치경찰은 지방자치단체가 관장하고 있다.

3. 자치경찰사무의 성격

헌법 제117조 1항에 지방자치단체는 주민의 복리에 관한 사무를 처리하고 재산을 관리하며, 법령의 범위 내에서 자치에 관한 규정을 제정할 수 있음을 규정하고 있다. 지방자치단체는 지역 내에 있는 지역주민의 복리를 증진하고 그들의 재산을 관리할 권한과 책임을 가지고 있다. 자치사무를 수행하기 위하여 지역민에 대하여 의무를 부과할 수 있으며, 의무를 부과할 경우에도 일정한 제한이 따르고 있다. 지방자치단체의 사무는 그 자체의 사무로서 실시하는 고유의 '자치사무'와 법령에 의해 지방자치단체에 위임 되어 있는 '단체위임사무'와 사무의 집행이 지방자치단체의 장에 위임되어 있는 '기관위임사무'로 배분되어 있다. 현행 지방자치법은 자치사무와 단체위임사무를 지방자치단체사무로 규정하고 있다.

1) 자치사무

자치사무는 처리권한과 결과에 따른 책임이 전적으로 지방자치단체에 속하는 고유의 사무로 자치단체가 자기의 의사와 책임에 따라 자주적으로 처리할 수 있는 사무이다. 국가는 이에 대하여 소극적인 감독권만을 행사할 수 있는 것을 말한다.

자치사무는 자율적 판단에 따라 수행하는 임의적 자치 사무와 법률에 기속되어 실시하는 의무적 자치사무가 있다. 지방자치단체의 자치사무는 헌법에 의하여 수권된 지방자치권에 근거하여 자주적으로 실시하는 것이며, 법률에 위배되지 않는 한 지방자치단체의 자기책임성의 원칙에 따라 사무를 실시하고, 이에 따른 결과의 책임과 비용도 지방자치단체가 부담하게 된다. 현재 우리나라의 자치경찰제도의 성격은 국가사무와 자치사무가 혼합되어 있다고 보아야 한다. 국가사무는 범인을 검거하고, 범죄의 수사, 구속영장 등의 청구등은 국가사무로 보아야 하고, 단순 경범적 질서유지, 교통관리 및 시설유지, 주민복리 관련 업무처리 등은 자치사무로서 성격을 갖는다.

2) 위임사무

위임사무에는 법령에 의하여 국가나 다른 지방자치단체의 사무집행이 지방자치단체에 위임이 되어 있는 단체위임사무와 지방 자치단체의 장이나 그 소속 행정기관에 위임하여 처리하게 하는 사무기관위임사무가 있다.

단체위임사무는 업무범위가 법령이 정한 범위에 한정되고, 지방 자치법 제9조 1항에 자치단체의 고유사무와 단체위임사무에 관하여 범위를 정하고 있다. 이러한 범위를 규정하고 있는 것은 단체위임사무의 광범위한 인정으로 지방자치단체 고유의 자치사무를 축소하여 지방자치 실현을 저해 할 우려가 있기 때문이다. 향후 지방자치법상 경찰을 지방자치단체의 단체위임사무로 정하는 것에 대해서는 이론적으로 문제될 것이 없다. 과거 우리나라 경찰은 지방 자치단체가 자기책임하에 사무를 처리할 수 없으며, 국가로부터 직접적인 통제와 감독을 받는 획일화된 국가경찰로서의 경찰사무를 해왔으며, 이러한 점에 비추어 단체위임사무보다 기관위임사무로 보아야 할 것이다.

기관위임사무에 있어서 그 사무를 위임받은 집행기관은 위임자인 국가 또는 지방공공단체의 기관으로서의 지위에 서며, 위임자의 지휘·감독을 받아 그 사무를 처리한다. 지방자치단체의 입장에서 볼 때 기관위임사무는 중앙집권적 행정 방식에 따라 법률상으로 지방자치단체의 사무가 아닌 중앙사무에 불과하다. 지방자치단체는 행정의 효율성, 경제성, 유관성 등에 의하여 위임 된 사무로서 국가의 하부기관으로 되어 있고, 국가에 대한 책임으로 위임 된 사무를 처리해야 한다. 또한 사무에 대하여 국가의 강한 지휘·감독을 받고 있다. 향후 지방자치경찰제도의 출범에 따라 지방자치제도의 이념을 실현하고 지역주민의 복지와 권리보호를 위하여 단체위임사무형태로 전환되어져 가야 할 것으로 본다.

학습정리

- 자치분권은 주민의 자발적 참여를 통하여 지방자치단체가 그 지역에 관한 정책을 자율적으로 결정하고 자기의 책임하에 집행하도록 하며, 국가와 지방자치단체 간 또는 지방자치단체 상호간의 역할을 합리적으로 분담하도록 함으로써 지방의 창의성 및 다양성이 존중되는 내실 있는 지방자치를 실현함을 그 기본이념으로 한다.
- 우리 헌법은 지방자치에 대하여 민주주의 확립을 위하여 제도적인 보장조항으로 규정하고 있다. 헌법 제117조 제1항은 지방자치단체는 법의 범위 내에서 자치에 관한 규정을 제정할 수 있다고 규정하여, 지방자치단체에 자치권을 보장하고 있다.
- 국가경찰제도는 중앙집권적인 권력에 복종하게 되며, 각 지방의 특성을 고려하지 않고 일반시민이나 국민에게 행정의 통일성, 효율성을 위해 권위적으로 업무집행이 이루어질 수가 있다.
- 국가경찰제도에는 경찰운영에 대한 효과성, 전국적인 사건대처에 대한 집권적인 대처, 국가경찰로서의 책임성을 가지고 있다. 자치경찰제도는 지역자치 주민을 기본으로 운영되는 치안의 민주성, 경찰권에 대한 분권성, 지역에 따른 치안의 특수성 등을 가지고 있다.

제 2 장

외국의 자치경찰제도

제 1 절 영국의 자치경찰제도

1. 자치경찰제도 구성

영국은 내무성 직속의 수도경찰청과 북아일랜드 경찰을 제외하고는 자치제 경찰로 운영되고 있다. 자치제 경찰은 주 경찰(County Police), 시 경찰(City Borough Police), 조합 경찰(Combined Police)로 구별되고 있다.

영국의 전역은 자치경찰로서 모두 시의회(Comcon Council) 또는 경찰위원회(Police Committee)가 관리한다. 이러한 위원회제도가 영·미법계 제도상의 특성인 민주성과 중립성의 구체적 장치임은 말할 것도 없다. 영국경찰제도는 지방분권주의에 의한 자치경찰제도를 취하고 있으며, 민주적으로 구성된 경찰위원회가 경찰행정 업무에 관한 정책결정과 집행을 지휘 감독하는 기능을 수행하고 있다. 그리고 경찰이 중앙과 정당에서 분리되어 정치적으로 중립이 보장되어 있고, 경찰 임무가 치안유지 외에 사법경찰 사무도 고유업무로 되어 있어 범죄에 대하여 독자적인 수사권을 가지고 있다.

영국 경찰은 연원적으로나 관념적으로 일반 국민에 비하여 특별한 권력을 더

가지고 있는 것으로 인식되지 않는다. 따라서 명령강제권이 매우 약하여 정치적 영향력이 없을 뿐 아니라 정당정치에서 완전히 분리되어 선거에의 이용이 완전히 배제되어 있다. 또한 영국 경찰의 5원칙 중 제1원칙은 "경찰은 왕의 즉 정부의 관료가 아니다"라는 것으로서 자치단체의 의원과 시민의 대표로 구성되는 경찰위원회가 관리하는 자치단체의 경찰이며, 정부의 지휘하에 있지 않다는 것이 기본 원리로 되어 있으므로 중앙정부의 정치적 영향을 받지 않는 정치적 중립성이 전통적으로 확립되어 있으며, 국가경찰인 수도경찰청조차도 그 경찰권의 주체는 중앙정부인 국가에 있는 것이 아니라 어디까지나 영국 국민인 것으로 인식되어 있다.

전통적으로 자치경찰제가 발달한 영국의 경우 자치경찰에 소요되는 비용이 절반 정도는 중앙정부에서 나오고 있고 나머지 절반은 자치단체의 부담금과 자체수입을 통해 이루어지는 것으로 알려져 있다. 정부로부터 나오는 자금도 일반회계예산에 통합·편성되어 자치경찰에 재배정되는 절차에 따르고 있다.

1999/2000년도의 자치경찰의 예산배정 내역을 보면 다음과 같다. 평균적으로 내무부의 경찰보조금이 65%, 세입지원교부금이 20%, 자치단체부담금이 15%, 나머지 자체수익금이 0.1%로 이루어졌다. 얼른 계산해 보아도 자치경찰의 예산 중 중앙정부가 85%나 부담해 주고 있다. 이는 국가경찰 중심이 아니고 전통적으로 자치경찰로 토대를 다진 영국 자치경찰제의 독특한 모습이기도 하다. 지방의회도 경찰에 대해 별로 관여하지 않는 편이다. 영국의 자치경찰제도는 유구한 역사를 지니고 있다.

로마제국 멸망 이후앵글로 색슨족이 몇 가구씩 모여 마을을 형성하면서 자치치안의 전통을 형성하기 시작하였다. 9세기경, 지역마다 10가구 정도를 하나의 집단으로 묶어 모든 성인 남자에게 '치안의무'를 부과하였다. 이렇게 10가구 단위의 집단을 '10호반'이라고 하였고 이 10호 반 마다 장을 두어 치안책임자 역할을 하도록 하였다. 후에 '10호 반'은 10개가 다시 '100호 반'을 형성하고 100호 반에는 자경대장(constable)을 선출하여 범죄자 추적·체포 및 마을전체의 말과 무기 관리자 역할을 담당하는 최초의 경찰관이라는 칭호를 받고 있다. 이렇게 영국의 경찰은 자치경찰이 그 출발점이라는 것을 알 수 있다. 이 후 영국의 경찰은 자치경찰을 중심으로 확대되었다.

1835년의 도시 운영법(the Municipal corporation Act)에서는 인구 2만 명 이상의 도시와 자치구(borough)에 주민의 세금 부담으로 경찰을 창설할 수 있도록 하여 자치경찰이 제도화되기 시작하였다. 이 법에 의하여 1850년대에는 영국 전역에 자치경찰조직(constabulary)이 설치되고, 정복을 입고 거리를 누비는 '신 경찰(new Police)'이 범죄율의 급격한 감소와 사회 안정에 대한 일등 공신으로 평가 받기도 하였다. 자치경찰이 황금기라고 할 수 있다. 심지어 20세기 초까지는 국가경찰창립에 대해 대대적인 반발이 있을 정도로 치안의 중심은 자치경찰이었다. 그러다가 갱 문화로 인한 청소년 범죄의 급증 등 각종 범죄가 증가되고 광역화되면서 국가경찰의 창설에 대한 논의가 무르익었다. 결국 1964년 경찰법이 제정되고 이 법률에 의하여 국가경찰이 창설됨과 동시에 자치경찰에 대한 국가관여가 강화되었다. 현재 자치경찰은 지역치안의 책임자로 여전히 자리를 잡고 있지만 국가개입이 강화되었다는 점과 중앙정부, 지방정부, 지역주민 들로 구성된 governance적 위원회인 지방 경찰위원회가 운영 중심주체라는 특징을 지니고 있다.

영국의 경찰제도는 전통적인 자치치안의 형태를 유지하면서도 1918년 이래 내무부가 제정한 「실천행동강령」이 모든 경찰기관에 대하여 국가적 차원에서 통일적으로 적용되는 기본원칙으로 작용하였기 때문에 단일국가로서의 경찰조직체계를 유지하고 있다. 그리하여 일부에서는 실질적인 국가경찰이라는 비판이 제기되고 있지만, 자치원칙을 고수하는 국민정서로 인해 자치경찰 형태를 존속해 오고 있다. 영국의 중앙정부와 지방정부의 기능분담 내용을 살펴보면, 중앙정부는 국방·외교·통화관리·보건·사회보장(연금 등)·산업·교통·국가적 치안·사법·해외원조·지방정부 재정지원 및 이에 따른 감사 등의 업무를 수행하며, 지방정부는 교육·주택·사회복지·환경·경찰·소방 등 주민생활과 밀접한 공공서비스 제공기능을 수행해 왔다.

2. 자치경찰 운영 및 사무

영국 중앙정부에서는 내무부가 국가 법질서 관련 업무를 총괄하는 부서로 경찰업무의 효율성 향상, 효과적 범죄예방책 및 피해자 지원책 강구 등의 국가적 치안업무를 수행하고 있으며, 영국의 독립 자치경찰청에서는 방범, 경비, 교통, 수사 등 법질서를 지키고 범죄를 예방하며, 범죄자를 추적·체포하여 죄를 추궁하며 주민들을 보호하고 도와주는 본질적 경찰업무를 모두 수행하고 있다. 영국 경찰의 전형적인 조직형태는 전국 52개(런던 포함 England와 Wales에 43개, Scotland에 8개, Northern Ireland에 1개)의 지방경찰청인데, 지방경찰청의 관리는 내무장관, 지방경찰위원회, 지방경찰청장의 3자가 권한과 책임을 분담하는 매우 독특한 형태를 취하고 있다.

런던수도경찰청은 1892년 창설부터 국제적 정치·금융·문화·외교의 중심지인 런던의 중요시설 및 요인경호, 테러위협등 특수성으로 인해 영국경찰 중 유일하게 내무장관 직속의 국가경찰로 운영되었다. 경찰청장은 내무부장관의 제청에 의하여 여왕이 임명하며, 신분은 경찰관은 아니지만 런던경시청의 장으로서 경찰에 관한 고유한 권한 내지 위임된 권한을 가지게 되며 또한 선서함으로써 치안판사로서의 자격을 가지게 된다. 또한 2만8천 경찰의 인사와 지휘에 대한 전권을 행사하는 데 내무장관과는 수시로 연락하여 정부정책을 조율하고, 런던 주민 중 선임된 자문위원회를 통해 주민의사를 치안정책에 반영하고 있다. 의회와의 관계를 보면, 의회에의 출석발언과 경시청에 대한 정치적 책임은 내무부장관에게 있으므로 의회에 대한 직접책임은 지지 아니한다.

1997년 7월 발표된 "런던자치정부수립" 계획에 의하여 2000년부터 런던수도경찰청의 자치경찰화가 추진되어 경찰위원회를 설치하여 타 지방경찰청과 동일한 3각체제로 운영되나 왕실경호·대테러 등 국가적 사무와 외국과의 공조수사 등 국제적 사무는 여전히 내무장관과 수도경찰청장간 직접 논의로 결정하는 것으로 전환되었다. 방범·교통·경비·수사 등 모든 경찰업무를 독자 수행하는 영국의 지방경찰청은 지방경찰위원회와 지방경찰청장으로 구성되는 데, 지방경찰위원회는 지방정부와 분리된 독립법인으로서의 지위를 가진다.

지방경찰위원회는 지방경찰청장과의 의견조정을 통해서 내무장관이 정한 국가정책목표를 고려하여 지방경찰행정서비스의 우선권과 예산을 정하고, 경찰행정의 성과를 감독한다. 지방경찰청장은 경찰의 지휘자로 경찰위원회가 선정하여 내무장관의 승인을 얻어 임면하는 데 독자적 경찰지휘권과 차장을 제외한 전 경찰관에 대한 인사권을 갖는다. 지방의회와의 관계를 보면, 지방의회는 지역치안관련 질의·답변요구권 이외에 경찰의 지휘·운영에는 간여할 수 없으며, 지방의회 질의에는 경찰위원회에서 서면 또는 출석 답변을 하고 지방경찰청에 대한 출석요구는 하지 못하게 되어 있다.

중앙정부는 지방자치경찰에 대하여 내무부가 설정한 국가치안목표 달성도에 따라 차기년도 보조금를 산정하여 지급한다. 내무장관이 지방경찰위원회 위원 및 지방경찰청·차장의 임면 승인과 해임요구권 등 경찰 고위직 임명권을 가진다. 또한, 전국경찰의 인사·승진·교육·복무규율·복제·보수 등을 결정하는 규칙·규정 제정권을 행사하고 지방경찰청장에게 언제든지 경찰 및 치안과 관련된 어떤 사안에 대하여든 보고를 하도록 요구할 수 있는 등 간접적으로 지방경찰을 조정 및 통제하고 있다.

제 2 절 미국의 자치경찰제도

1. 자치경찰제도 구성

미국은 행정단위 구성에 따라 연방경찰, 주 경찰, 지방경찰로 구분할 수 있다. 주경찰의 임무는 고속도로 순찰, 교통단속, 주 내의 자치경찰 관할 구역 이외의 각 지역에 대한 범죄수사 등을 담당한다. 미국 헌법수정 제10조에 의하여 경찰권은 원칙적으로 각 주에 유보되어 있기 때문에 연방정부는 경찰권을 가지고 있지 않다. 하지만 연방정부는 연방법에 의하여 부여된 과세권, 주간통상규제권,

대외통상권 등을 집행하기 위해 예컨대 법무부 산하기관으로 창설된 연방수사국(FBI) 및 재무부 산하의 알콜·담배·무기국 등과 같이 연방의 각 부처별로 다수의 연방법 집행기관(연방경찰)이 설치되어 있다.

지방 경찰에는 도시 경찰, 군 경찰(County Police) 등이 있다. 미국연방수정헌법 제10조에는 경찰권은 '각 주 또는 시민'에게 유보되어 있다고 규정됨으로써 경찰사무는 각 주의 책임으로 되어있다.

연방정부는 헌법상 명문으로 경찰권을 가지고 있지 않으나 헌법이 부여한 과세권, 주간통상규제권, 대외통상권 등의 행사로 사실상 경찰권을 행사하게 되어 있으며, 최근 그 기능이 강화·확대되는 경향이 있다. FBI(연방범죄수사국), DEA(마약단속국), ATE(총기단속국) 등 60여개의 기구가 설치되어 업무 범위 내에서 수사를 행하고 있다. 경찰은 자치 경찰인 지방경찰에서 출발되었고 후에 주 및 연방법 집행기관이 창설되었다. 미국은 연방 국가답게 매우 다양하게 지방자치를 운영하고 있는 나라다.

미국은 다인종, 다문화, 다원사회, 인종 차별, 넓은 영토, 개인주의, 개인의 자유와 권리존중, 자유로운 총기소유 등 다양성을 가지고 있다. 자치경찰의 조직이나 운영 또한 매우 다양하다. 미국의 전통적인 경찰 자치사상은 모든 주민이 치안유지 임무에 종사 할 기본적인 책임이 있다는 '보통법(Common Law)' 전통에 의하고 있다. 미국은 자치경찰제도가 다양하게 운영되고 있다. 자치경찰관 수도 LA이나 뉴욕같이 3만 명 이상이 자치경찰관이 있는 곳이 있는가 하면 5명이하의 자치경찰도 있다. 자치경찰의 장을 임명하기도 하지만 주민들이 직접 선출하기도 한다. 시장이 직접 책임을 지기고 하지만 위원회 조직으로 운영되기도 하는 등 세계 어느 나라와 비교해도 가장 다양성 있는 자치경찰제도를 운영하고 있다고 할 수 있다.

미국의 자치경찰제도 도입단위는 기초자치단체라는 점이다. 미국 전체 경찰관 중에 연방경찰관이 8.3%, 주경찰관은 14.7%, 기초자치단체 소속 자치경찰관은 77%나 된다. 광역자치단체에도 자치경찰이 있지만 설치되어 있는 주는 현재 50개 중에서 21개 주에 불과하다. 그리고 그 업무는 일반경찰업무 보다는 고속도로 순찰과 같이 극히 일부의 광역적 업무나 아니면 기초자치단체의 자치경찰에 대한 재정지원 정도에 그치고 있다. 미국의 기초자치경찰은 특수범죄, 조직폭력, 청소년, 마약, 매춘 등 경찰사무 대부분의 업무를 처리하고 있다.

2. 자치경찰제도 운영 및 사무

LA경찰국은 경찰위원회가 경찰의 최고관리기관이다. 위원회는 위원 5명으로 구성되어 있으며, 임기는 5년이고 중임이 가능하다. 위원은 시장이 의회의 승인을 받아 임명한다. 임기 5년에 중임이 가능한 경찰국장은 시장이 임명하나 경찰위원회와 시의회의 승인을 받아야 한다. 경찰국장 해임은 시장뿐만 아니라 경찰위원회와 시의회도 청구권이 있으며, 이 경우에 시의회 의원 과반수 출석과 출석의원 2/3 이상 동의가 있어야 한다. 워싱턴 DC경찰국의 경우는 독임제 방식으로 운영되고 있다.

시장이 경찰관리기간이며 시장은 시의 법률에 의거 능률적인 경찰활동을 위하여 필요한 규칙, 계획, 방침, 예산을 결정한다. 시장이 경찰국장 후보자 12명을 시의회에 추천하고, 시의회는 2/3 이상의 동의를 획득한 후보자를 연방의회에 회부하여 연방의회 재정위원회의 동의에 의하여 임명한다. 수도경찰국이기 때문에 연방의회가 관여하고 있다. 경찰국장의 임기는 5년이며 해임도 임명과 동일한 절차를 거친다.

범죄의 예방과 수사 등 주요 경찰사무는 기초자치단체 수준에서 이루어지고 있다. 미국의 자치경찰제도는 고도로 분권화, 독립화되어 주민의 의사가 직접적으로 반영될 수 있다는 점에서 가장 순수한 자치경찰의 형태라고 할 수 있다. 미국의 자치경찰은 철저하게 해당 자치단체가 독자적으로 운영할 뿐 주나 연방정부로부터 관여를 받지 않은 것을 원칙으로 운영되고 있다. 모든 범죄는 카운티, 시단위에 설치된 자치경찰이 수사권을 행사하는 것이 통상관례다. 주정부가 기초자치단체에 대해 통제할 수 있는 권한을 가진다는 점에서 자치경찰에 대한 주 정부의 관여가 있을 수 있지만 자치경찰사무 모두가 고유 사무적 성격을 지니고 있기 때문에 주 정부가 자치경찰사무에 관여하는 경우는 매우 드물다. 다만 범죄가 연방법, 주법에 동시에 연계되었을 때는 협치적 차원에서 합동으로 수사권을 행사할 뿐 상하관계가 이루어지는 것은 아니다. 따라서 미국의 자치경찰은 어느 나라 자치경찰보다 고도의 독립성을 유지하고 있다.

미국에서 자치경찰의 비용은 자신들의 경찰을 스스로 관리하는 자치단체에서 전적으로 부담하는 원칙을 따르지만 물론 다 그런 것은 아니고 예외적으로 연방정부나 주정부에서 교통안전이나 특정범죄의 단속과 같은 공조프로그램에 참여하는 경우, 그에 대한 보상 및 동기부여의 차원에서 자치경찰에게 일부 보조금을 지급하는 경우도 있다. 그리고 재정자립도가 낮아 어려움을 겪는 자치단체는 비용을 절약하기 위해 주정부나 인접한 도시경찰 및 군(郡)경찰에 임무를 위탁하여 운영하는 경우도 있다.

지역적 사무는 자치경찰의 직무수행원칙이며 주민 공동체를 위한 서비스 제공, 공공질서유지, 테러방지, 긴급구조반, 재난구호, 범죄수사, K-9(마약단속반), 차량도난범죄의 예방 및 체포, 신원조사, 학교와의 관계를 통한 경찰서비스 제공 및 청소년 병원실습교육을 통한 청소년 선도 지역공동체 자원방범활동 등의 실시 등의 일을 처리하고 있다. 미국의 연방경찰은 테러를 방지하기 위해서 국토안보부에 경찰조직이 있으며, 이민·마약·형사사건 등 연방 수준의 범죄를 처리하기 위한 FBI 등이 법무부에 설치되어 있다. 알코올·담배·세무 등 재정에 관련된 범죄 처리를 위하여 재무부, 인디언 보호국 경비·어류·야생동물 보호·공원 경비를 위해 내무부, 항공·열차 등의 범죄를 다루기 위하여 운수부 등에도 경찰조직이 있다.

제 3 절 독일의 자치경찰제도

1. 자치경찰제도 구성

독일은 경찰의 인사권, 조직권, 경비부담 등이 중앙정부에 귀속되는 중앙집권적 국가경찰제도를 따르고 있다. 독일의 경찰조직은 전통적으로 중앙집권적·관료적인 국가경찰제도를 유지해 오고 있다. 2차 세계대전 이후 연합군측에 의한 여러 차례의 자치경찰제 도입 시도에도 불구하고 대륙법계의 국가경찰제를 채택하고 있다. 독일이 국가경찰제를 고수하고 있는 것은 연방국가로서의 정치체제에 의한 결과이기도 하지만, 독일의 국가사상에 연유하는 역사적 여건, 즉 독일의 경찰은 출발부터 국가사무라는 인식이 강했던 국민적 사고방식이 가장 중요한 요인이라고 할 수 있다.

독일은 각 주(Land)별로 고유의 헌법과 의회, 법원, 주 행정부를 가지고 있다. 각 주정부는 강력한 중앙집권적 경찰조직을 가지고 있고 각 주의 자체법령 체제하에서 독자적으로 운영하고 있어 국가경찰제란 주 차원의 국가경찰이다. 그러나 국가경찰제를 유지하고 있으면서도 극히 일부 주에서 자치경찰을 인정하고 있다. 독일은 연방경찰과 주경찰의 관할권은 주로 장소적, 사항적 한계에 의하여 나누어진다. 독일연방경찰은 독일 기본법에 의하여 특정 업무분야에 대하여 경찰권한을 가지고 있는 연방관청인 연방헌법보호국, 연방국경경비대, 연방범죄수사국으로 구성되어 있다.

경찰권이 연방정부에 있지 아니하고 주정부에 있다는 점에서 미국과 유사하나, 지방자치단체의 경찰권은 일부 주의 대도시에만 제한적으로 허용되고 있다. 즉 대다수의 주에서는 국가경찰제를 원칙으로 하고 있다. 주경찰조직은 각주가 별개의 경찰조직을 가지고 있으며, 대부분의 주에서 나타나는 주경찰의 조직상 공통적인 특징은 경찰국장이 아닌 일반행정가가 경찰조직을 지휘하여 간접적으로 경찰통제를 하고 있다는 점이다.

2. 자치경찰제도의 운영 및 사무

우리나라 "국가경찰과 자치경찰의 조직 및 운영에 관한 법률"에서 경찰의 임무를 살펴보자.

〈경찰임무〉

1. 국민의 생명 · 신체 및 재산의 보호
2. 범죄의 예방 · 진압 및 수사
3. 범죄피해자 보호
4. 경비 · 요인경호 및 대간첩 · 대테러 작전 수행
5. 공공안녕에 대한 위험의 예방과 대응을 위한 정보의 수집 · 작성 및 배포
6. 교통의 단속과 위해의 방지
7. 외국 정부기관 및 국제기구와의 국제협력
8. 그 밖에 공공의 안녕과 질서유지

주 경찰조직은 공공의 안녕과 질서유지, 위험방지 등의 광의의 경찰임무에 대하여 질서행정관청과 집행경찰로 나누어 활동하는 분리형과 단일 경찰조직의 차원에서 집행업무 및 위험방지업무 등을 수행하는 여타의 내무행정관청도 모두 경찰에 포함하는 유형이 있다. 특히 후자의 경우에는 조직상의 경찰개념과 실질적 의미의 경찰이 일치한다고 할 수 있다.

독일에서 경찰과 검찰의 관계를 살펴보면 독일에서 비록 수사절차의 지휘권한이 검찰에게 주어져 있고, 경찰은 극히 한정된 영역에서 개별적인 수사의 보조만 하는데 국한되어 있다고 할지라도 현실적이고 실질적으로는 수사사건의 대부분이 경찰에 의해서 처리되고 있는 실정이다. 현실적으로 대부분의 사건이 경찰에 의해 독자적으로 수사가 이루어진 다음 그 사건에 대한 종결기록이 검사에게 보내져서 처리되고 있다.

주 경찰은 주 내무부 소속기관으로서 직무집행에 관하여 내무부의 지휘 및 감독하에 있다. 주 내무부장관이 주 경찰을 관리하고 그 업무는 경찰청장이 지휘한다. 일반적으로 경찰의 장은 주 내무부에 소속되어 있으므로 그 임명도 주 내무부장관이 하고 있으며, 주 내무부의 지휘감독에 복종한다. 독일은 국가경찰을 원칙으로 하면서 예외적으로 자치경찰을 일부 주에서 실시하고 있다. 대표적으로 국가경찰에 자치경찰을 가미하고 있는 바덴 뷔르템베르크 주 경찰을 들 수 있다. 이러한 자치경찰요소를 가미하고 있는 주는 국가경찰과 자치체경찰의 이원적인 조직으로 구성되어 있으며, 자치체 경찰조직은 시·읍·면에 설치되어 있다. 이들 시·읍·면의 자치경찰은 그 지역의 고유업무에 속하는 경찰업무와 위임된 업무를 처리한다.

자치체경찰은 자치단체의 영역에 속하는 특정한 업무만을 수행함으로 인하여 그 소속은 자방자치단체에 두고 있다. 지방자치단체의 장은 그 지방자치경찰의 직무상 상급자가 된다. 자치체경찰의 장은 소단위의 도시를 그 구역으로 하고 있어 시·읍·면장이 직접 경찰책임자로 활동하고 있으며, 경찰장은 모두 임명제로 하고 있다. 자치단체의 경찰은 그 지역내의 자치단체 내에서만 임무수행을 할 수 있다. 각 주내의 자치단체는 주 경찰법에 의하여 위임된 업무를 주 임무로 하고 있으며 그 지역의 특성과 필요에 따라 임무를 결정한다.

제 4 절 일본의 자치경찰제도

1. 자치경찰제도 구성

일본은 1872년 프랑스·독일의 경찰제도를 모델로 국가경찰제도를 도입하여 2차 세계대전 때까지 유지해 왔으나 패전 후 미국식 자치경찰제를 도입하여 중앙과 광역자치단체인 도·도·부·현(都·道·府·縣) 단위에는 국가경찰을, 기초자치단체인 시·정·촌(市·町·村) 단위에는 자치경찰을 운영하는 이원적

경찰제도로 전환하였다. 국가경찰제를 유지하던 일본은 제2차 세계대전을 계기로 국가경찰제와 자치경찰제를 절충한 경찰제도를 채택하고 있다. 일본은 개각제를 실시하는 국가이다. 과거 22개부처에서 10부 10성 2청으로 부처 수를 조정하였으며, 경찰청은 2청 중 하나의 조직이다.

일본경찰제의 특징은 중앙에는 정치적으로 독립된 국가공안위원회의 관리하에 국가경찰로, 지방에는 광역자치단체인 도도부현(都·道·府·縣) 공안위원회의 관리하에 자치경찰이 존재하는 이원적·절충적 경찰제도를 채택하고 있다는 점이다. 일본은 이러한 절충형 경찰제도를 채택함으로써 집권성과 분권성의 조직원리를 조화하려는 것을 기본목표로 하고 있다. 그러나 지나치게 세분화된 자치경찰제가 효율성을 저해하고 자치단체의 재정부족으로 비경제적이라는 지적이 대두되자, 1954년 '경찰의 민주성과 능률성의 조화, 분권성과 집권성의 균형, 정치적 중립성과 책임성의 실현을 도모'한다는 목표 아래 광역자치단체인 도·도·부·현 단위의 자치경찰제로 재편하였으며, '중앙의 국가경찰과 광역자치단체 단위의 자치경찰간의 절충 및 합의제 공안위원회에 의한 경찰관리'라는 독특한 경찰제도를 정착시켰다. 즉 일본의 경찰제도는 국가경찰제도와 자치경찰제도를 혼합하여 운영하고 있다. 중앙과 지방에 공안위원회를 두고 있으며, 도·도·부·현에 자치적 경찰제도를 운영하고 있다.

일본경찰은 철저하게 정치적 중립이라는 원칙을 지키는 선에서 국가경찰이나 자치경찰을 운영하고 있다. 일본경찰조직은 다른 나라 경찰조직과 같이 국가경찰과 자치경찰을 따로 구성·운영되는 것이 아니라 한 조직 내에서 국가경찰과 자치경찰이 동시에 존재하는 조직형태를 띄고 있다. 일본의 지방자치단체조직은 광역자치단체인 47개의 도·도·부·현과 기초 자치단체인 약 1,800 여개의 시·정·촌이 있다. 일본의 자치경찰은 처음 출발은 기초자치단체로 출발하였으나 1952년부터 광역자치단체가 도입단위로 되어 있다. 일본의 경찰조직은 위원회에 소속되어 있다. 국가경찰은 국가공안위원회에 소속되어 있고, 자치경찰은 지방공안위원회 소속으로 되어 있다.

일본의 경우 경찰은 진정한 의미에서 자치경찰이라고 볼 수 없다. 자치단체소속이라고 하지만 형식적일 뿐이다. 자치경찰의 상위 조직인 자치단체장이나 지방공안위원회는 지휘통솔권이 없는 관리관계일 뿐이다. 실질적인 지휘감독은 국가경찰의 수장인 경찰청장관의 권한에 속한다. 따라서 일본의 자치경찰은 '무늬만 자치경찰'일 뿐 국가경찰일선조직인 특별지방행정조직일 뿐이다.

2. 자치경찰제도 운영 및 사무처리

일본자치경찰의 재정은 자치단체에서 자주재원을 통해 부담하는 원칙에 따르고 있다. 특히 도도부현 경찰의 운영경비는 자치단체의 일반회계 예산에 통합되어 이루어지고 이것을 자치경찰에 재배정하여 사용되어지는 절차에 따르고 있다. 이밖에 일본은 일본경찰법 제37조에 근거하여 도도부현 예산에 포함시키지 않고 경찰청에서 직접적으로 도도부현 경찰에 교부하는 이른바 국고지변금제도와 경찰청에서 도도부현 예산에 포함시켜 보조하는 경찰보조금제도를 활용하고 있다. 국고지변금제도는 경시정 이상의 인건비와 국가경찰의 위임사무 처리비용으로 100% 지출된다. 이는 우리나라의 교부금에 해당하며 교부금은 국가가 국가사무를 자치단체에 주고 그 사무처리 비용을 주는 것을 의미한다. 이에 반해 경찰보조금제도는 일본의 국가경찰과 자치경찰이 공동의 이해관계가 걸려 있는 사무를 처리할 때 쓰라고 국가가 50%만 보조해 주는 돈이다. 이는 우리나라의 부담금에 해당한다고 볼 수 있는데 국가가 자치단체에게 이해관계가 있는 사무를 처리하도록 보조하는 비용으로 50%가량 된다.

경찰사무는 도도부현경찰에 단체위임하여 이를 수행하게 하고, 국가경찰은 국가공안에 관계된 사항, 전국적 관점에서 대처할 사항, 기술적·능률적 측면에서 전국적 통일이 필요한 사항 등에 관한 사무만을 관장하고 있다. 그 조직을 보면 내각총리대신의 소할하에 국가공안위원회가 있고, 국가공안위원회에 경찰청이 설치되어 있다. 합의제 행정기관인 국가공안위원회는 내각총리대신의 소할하에 있으나, 직무상 독립성이 인정되어 그 권한행사에 대하여 대신의 지휘감독을 받지 않지만 위원의 인사나 예산편성권을 통하여 내각의 조정을 받게 된다. 공안위원회는 위원장 및 5인의 위원(5년 연임)으로 구성되며, 위원장은 내각과의 긴밀한 연계 및 정책결정에 참여하기 위해 내각총리대신이 국무대신 중에서 임명하고, 위원은 내각총리대신이 양원의 동의를 얻어 임명하나 정치적 중립을 보장하기 위하여 3인 이상이 동일정당 소속이어서는 안된다.

경찰청은 국가행정조직법상 특별기관으로 국가공안위원회의 관리하에 국가의 공안에 관계되는 경찰운영을 관장하고 경찰교육·경찰통신·범죄감식·범죄통계·경찰장비에 관한 사항을 총괄하고 또한 도도부현 경찰행정에 관한 조정을 행한다. 경찰장관은 국가공안위원회가 내각총리대신의 승인을 얻어 임명한다. 경찰청에는 지방기관으로서 관구경찰국, 동경부 경찰통신부 및 북해도 경찰통신부가 설치되어 있다. 이중 관구경찰국은 국가공안관련 재해 및 소요사태발생 등에 신속하고 적절한 경찰운용 지휘, 전국적인 경찰통신시설 확보 및 경찰중견간부의 교양시설의 유지, 범죄의 광역화와 기동화에 대한 대응 등을 위하여 도도부현 간의 수사활동 조정, 고등경찰청·공안조사국 등 치안관계기관과 긴밀한 연락유지 필요 등을 이유로, 7개의 지방기관이 설치되어 있다. 관구경찰국장은 경찰청장관의 명을 받아 관구경찰국의 소관사무에 관하여 부현(府縣)경찰을 지휘감독한다.

경찰예산은 국가예산에 계상되는 경찰청 예산과 각 도도부현 예산에 계상되는 도도부현 경찰예산으로 구성된다. 경찰청예산에는 경찰청, 관구경찰국 등 국가기관에 필요한 경비뿐만 아니라 도도부현 경찰이 사용하는 경찰용 차량 및 헬리콥터의 구입비, 경찰학교 등의 증·개축비, 특정의 중요범죄 수사비 등 도도부현 경찰에 대한 보조금이 포함되어 있는 데, 경찰예산중 도도부현 경찰에 소요되는 경비는 국고지급경비와 보조금으로 구성된다. 국고지급경비가 계상되는 이유는 도도부현 경찰이 전국적인 통괄조정이 요구되는 교육·감식·통신 및 장비의 구입·유지관리와 공안업무인 특수범죄수사 및 경비업무를 수행하기 때문이다. 국고지급경비는 보조금 등과 달리 도도부현의 재원에 산입되지 않고 도도부현 경찰본부에서 직접 집행하므로 도도부현의 예산과는 관계가 없다. 경찰 관리기관으로서 도도부현지사의 소할하에 도도부현 공안위원회가 설치되어 있으나, 도도부현지사는 경찰의 운용에 관하여 직접 지휘·감독할 권한을 갖고 있지 아니하다. 다만, 공안위원회의 위원 임명에 관한 권한과 지방자치법에 규정된 경찰에 관한 조례안·예산의 지출명령권 등을 갖고 있다. 경찰청과 관구경찰국에 근무하는 경찰관은 전원 국가공무원이지만 경시청과 도·부·현 경찰본부에서 근무하는 경찰관은 경시정(총경급) 이상만 국가공무원이고 경시(경정급) 이하는 지방공무원으로 되어 있다. 도· 도·부·현 경찰 가운데 국가공무원인 경시정 이상의 경찰관은 국가공안위원회가 도·도·부·현 공안위원회의 동의를 얻어 임명하고, 지방공무원인 경시 이하의 경찰관은 경찰본부장이 도·도·부·현 공안위원회의 의견을 듣고 임명한다.

도도부현 공안위원회는 3인 내지 5인으로 구성되는데, 경시총감 또는 당해 경찰본부장을 통하여 도도부현 경찰을 관리하며 또한 그 권한에 속하는 사무에 관하여 법령 또는 조례의 특별위임에 따라 공안위원회 규칙을 제정할 수 있다. 이외에 지방경무관의 임면에 관한 동의권, 도도부현 경찰직원에 대한 징계·파면에 대한 권고권 등이 있다. 도도부현 공안위원회와 도도부현 경찰과의 관계를 살펴보면, 양자는 관리기관과 운영기관으로서 관리관계에 있는데, 이때의 관리는 대강의 방침을 정하여 그 방침대로 이루어지도록 사전사후 감독을 하는 관계를 말한다. 도도부현 경찰은 관할 구역내에서 경찰행정을 수행하며 국고에서 지원되는 경비를 제외한 필요경비는 당해 도도부현이 부담하는 자치제경찰이다. 경찰법은 그 조직에 대해서 도도부현 경찰본부, 경찰서 등의 설치를 규정하고 있을 뿐이며 내부조직에 대해서는 조례로 정하도록 하고 있다.

도도부현 경찰본부는 공안위원회의 관리하에 도도부현경찰의 사무를 관장하며 그 관할구역내에서 경찰의 책무를 수행한다. 경시청의 경시총감은 수도경찰의 중요성을 감안하여, 국가공안위원회가 도(都)공안위원회의 동의와 내각총리대신의 승인을 얻어 임면하고 도부현경찰본부장은 국가공안위원회가 당해 도부현공안위원회 동의를 얻어 임면한다. 타 경찰본부는 통상 경찰청의 지방기관인 관구경찰국을 통하여 경찰청의 지휘감독을 받는 데 반해 수도경찰인 경시청은 경찰청의 지휘·감독하에 있다.

국가사무의 처리는 국가전체의 이해에 관계되고 전국적 관점에서의 조정 등이 필요하다는 관점에서 법률 등에 의하여 지휘·감독을 통한 국가의 관여가 인정되고 있다. 내각총리대신은 대규모의 재해·소란 기타 긴급사태시 치안유지를 위하여 특히 필요하다고 인정될 때에는 국가공안위원회의 권고에 따라 전국 또는 일부의 구역에 대하여 긴급사태를 포고할 수 있고, 긴급사태를 수습하기 위하여 필요한 한도에서 국가공안위원회의 관리권을 정지시켜 경찰청장관을 직접 지휘·감독한다. 경찰청장관은 포고구역을 관할하는 경시총감 또는 경찰본부장에 대하여 사태수습에 필요한 한도에서 도도부현 공안위원회의 권한을 정지시켜 필요한 명령 또는 지휘를 하고 포고구역 이외의 도도부현 경찰에 대하여 포고구역에 파견을 명할 수 있다.

제 5 절 스페인 자치경찰제도

1. 자치경찰제도 구성

스페인은 입헌군주국가이면서 내각제를 채택하고 있는 나라다. 지방자치단체는 주정부와 도 정부, 시정부가 있는데 이 중에 실질적인 지방자치단체는 주 정부와 시 정부이며 도 정부는 특정한 국가업무를 수행하는 특별지방행정기관 형식으로서 도지사는 중앙정부가 임명한다. 스페인은 국가경찰과 자치경찰의 이원적 구조로 되어 있다. 국가경찰은 내무성 장관 소속의 국립경찰과 평상시에는 내무성 장관의 지휘 하에 치안업무를 담당하나 전시와 계엄 시에는 국방성 장관의 지휘를 받는 군인 경찰로 구성되어 있다.

스페인의 국가경찰은 내무부 장관 소속하에 군인경찰본부와 국립경찰본부가 운용되고 있으며, 국립경찰의 경우 고등경찰청, 도경찰청, 시·구 경찰서로 운영되고 있다. 도 경찰청의 업무를 관장하는 고등경찰청은 17개 주의 수도에 위치한다. 하부기관은 보좌관실, 경무관리관실, 감사관실 등이 있으며, 경찰국·서를 감독한다.

자치경찰은 광역자치단체 경찰과 기초자치단체 경찰로 이루어지는데 자치 경찰은 기초자치단체를 중심으로 구성·운영된다. 기초 자치단체는 헌법과 법령, 조례에 따라 자치경찰을 운영한다. 스페인은 오랫동안 민족 간에 갈등이 지속적으로 이루어지고 있는 다민족국가이기도 하다. 특히, 바르셀로나를 중심으로 하는 까딸루니아 민족은 아직도 스페인 민족에 동화되기를 지극히 거부하고 있다. 이러한 성향은 자치경찰에도 큰 영향을 미친다. 또한 스페인은 자주 내전과 외침을 받았던 나라이다. 이슬람에 400년 통치를 받았던 기억도 있는 나라다. 이렇게 내·외란을 오랫동안 겪다 보니까 경찰과 군인의 구분이 뚜렷하게 나눌 수 없었다. 그래서 군인경찰이라는 특이한 제도가 있다. 유럽에서 군인경찰은 이태리, 프랑스도 있다. 이들 국가도 스페인과 마찬가지로 내·외란을 많이 겪은 나라들이라는 공통된 특징은 지니고 있다. 군인경찰본부 산하에는 관구사령부와 하나 또는 여러 시에 설치되어 있는 지역대가 있다.

군인경찰은 왕의 경찰이다. 왕이 전국을 통치한다는 과시와 함께 오지에 내·외란을 막기 위하여 군인경찰을 창설한 것이다. 스페인은 내부부장관 산하에 국가경찰인 국립경찰과 군인경찰이 있으며, 지방자치경찰로서는 주 경찰과 기초자치단체 경찰이 있다. 국립경찰은 2만이상의 도시에 설치되어 있고, 군인경찰은 2만이하의 지역에 설치되어 있다. 따라서 소인구 중심의 도시가 훨씬 많기 때문에 국립경찰보다 군인경찰기관과 경찰관이 많을 수밖에 없다. 스페인 경찰운영의 큰 특징은 선택제라는 점이다. 스페인은 총 17개 주로 구성되어 있지만 이 중 3개 주만이 광역자치단체 수준에서 자치경찰을 도입하고 있다. 이 3곳 모두가 소수 민족으로 이루어진 주다. 기초자치단체인 시도 마찬가지다.

2. 자치경찰제도 운영 및 사무

스페인에는 기초자치단체가 약 8,100개 정도가 있는데 자치경찰이 실시되는 곳은 약 5,500개 정도다. 자치경찰이 실시되지 않는 곳은 국가경찰이나 군인경찰이 자치경찰의 역할을 대행하고 있다. 스페인의 자치경찰 도입단위는 광역자치단체는 17개 중 3곳에서 실시되고 있다. 기초자치단체는 약 5500개 도시에서 실시하고 있다. 여기서 주목해야 할 점은 기초자치단체는 소속 광역자치단체의 자치경찰 실시 여부에 상관없이 자치경찰을 실시하고 있다는 점이다. 따라서 스페인의 자치경찰은 철저하게 해당 자치단체의 책임 하에 실시하고 있음을 알

수 있다. 시장과 시의회 지휘를 받는 기초자치단체 자치경찰은 계급적 구조와 조직을 가지고 있는 시민적 무장조직이다.

국가경찰의 사무는 법률수호, 인명구호와 재산보호, 시설물 및 공공건물보호, 요인경호 및 시민안전유지, 범죄예방, 수사 및 증거확보, 범죄예방 대책 수립 및 시행 등이다. 자치경찰의 사무는 공공장소에서의 안전유지, 도로상에서의 안전유지 활동, 시의 법령수호, 국가경찰과의 협력으로 되어있다. 광역자치경찰은 자치경찰 고유기능과 국가 경찰과 공조관련 기능을 가진다. 국립경찰과 군인경찰의 권한배분은 국립경찰은 도 및 시 가운데 정부가 정하는 인구2만 이상의 도시지역을 담당하고, 군인경찰은 그 이외 지역과 영해를 담당한다.

기초자치경찰은 공공장소에서 안전을 유지하는 일을 한다. 주요인사의 신변보호 및 시 소유물의 보호를 담당한다. 그리고 범죄예방 활동 및 집회시위의 질서유지를 위해 국가경찰과 긴밀히 협조하고 있다. 도심지구 내의 교통관리를 담당한다. 그리고 시의 영역 내에서 발생하는 교통사고 사범을 처리한다. 법규나 명령 등 시의 권한내의 처분 수행과 관련한 행정경찰 업무를 담당하고, 시 당국을 대표하는 행사에 적극적으로 협력한다.

제 6 절 이태리 자치경찰제도

1. 자치경찰제도 구성

양원제의 내각제 정치 체재를 운영하는 이탈리아 자치경찰의 법적근거를 보면 자치경찰법에 임무와 조직, 운영을 규정하고 있다. 주정부 차원에서 지역 내 자치경찰의 통일성을 유지하기 위해 지역 중심의 통일된 규정을 자치경찰법령으로 제정 및 운영하고 있다. 20개 주, 103개 도, 8,102개 시로 구성되어 있는 이탈리아에서 자치경찰 하면 도시경찰이 그 주류를 이루고 있다.

도시경찰은 운영에 있어서 독립성을 유지하며 자치원칙에 따라 조직된다. 또한 도시경찰은 행정법에 근거해 지방행정부서가 가지고 있는 행정과 관련된 법이나 시행령에 의해 도시경찰이 운영되고 있다. 도와 시에는 자체 조례를 제정할 수 있는 조례제정권이 보장되고 중앙정부와 지방정부 공무원의 신분은 동등한 지위를 보장받고 있다. 도시경찰은 일부 사법경찰로서의 역할을 수행하는 경우도 있다. 그리고 만약의 경우를 대비해서 무장도 허용하고 있다. 특히 위험한 상황에 처했을 때 정당방위 차원에서도 무기 소지가 허용될 수 있다. 예를 들어 권총과 수갑을 소지하고 있는 경우가 바로 그것이다. 이태리 자치단체는 자치경찰법에 의해서 모두 자치경찰을 보유할 수 있다.

로마 시와 로마 도는 광역자치단체인 Lazio 주 정부 산하이다. Lazio 주 자치경찰은 주지사 산하에 있으며 국가 긴급사태시에 자치단체를 조정하기 위하여 설치되어 있기 때문에 집행적 성격보다 기획적 업무를 수행하는 기관이다. 이태리의 자치경찰은 시 단위가 주나 도보다 훨씬 크다. 로마시 자치경찰(Polizia Municipale, Vigili Urbani)인 경우에 조직규모를 보면 6국 1실의 경찰본부와 19개 지구대로 조직되어 있으며, 7계층의 계급에 약 6,800여명의 경찰관으로 구성이 되어 있다. 그 규모가 도 자치경찰의 20배 이상 크다. 이태리 자치경찰은 기술한 바와 같이 보충성의 원칙에 의해서 시 단위 자치경찰이 자치경찰의 중심이라고 할 수 있다. 그리고 주, 도, 시의 자치경찰은 각각 독립적으로 업무를 처리하기 때문에 상하관계가 아닌 수평관계를 형성하고 있다. 따라서 상급단체인 주, 도 자치경찰이 시 자치경찰을 지휘 · 감독할 권한과 책임이 없는 점도 이태리 자치경찰의 특성이라고 할 수 있다.

2. 자치경찰제도 운영 및 사무

자치경찰법(Legge quadro sull'ordinamento della Polizia Municipale, LEGGE 7 marzo 1986, n. 65) 제14조에 따라서 자치경찰의 운영에 대한 재정부담은 국가예산의 부담 없이 각 자치단체의 자체적인 예산에서 충당하고 있다. 이와 같이 자치경찰의 비용을 자치단체 홀로 부담하는 방식은 같은 라틴계열인 프랑스나 스페인에서도 마찬가지이다. 또한 이것이 자치경찰의 본래 취지에도 부합하는 것이다.

州자치경찰은 주지사가 지휘감독, 道자치경찰은 도지사의 지휘를 받는 경찰본부장이 지휘한다. 도지사는 공공질서 유지책무만 있고 경찰본부장이 경찰업무는 총괄·지휘한다. 市자치경찰은 시장이나 그의 위임을 받은 시의원의 지휘를 받는 자치경찰의 장이 지휘한다. 자치경찰의 장은 시장을 대신해 조직구성원의 교육과 업무수행에 대한 책임을 지고 주요업무는 시장에게 보고한다. 기능을 살펴보면, 주자치경찰은 주법령의 집행 및 보호, 비상사태나 재해에 따른 구호 업무, 지역경찰업무를 담당한다.

도 자치경찰은 동물· 삼림·하천·호수 등 환경보호, 고속도로 순찰업무, 범죄예방 및 운전학원관리, 관광객 보호 등 업무를 처리한다. 시 자치경찰은 법령준수여부 감시, 교통소통의 관리 및 공공질서유지, 시민들의 안전 상태 감시, 자연재해 및 재난, 개인의 사고에 대한 구호조치, 사법경찰의 업무 등을 수행한다.

행정기능과 공공 질서 및 시민 안전유지 기능, 사법기능 등을 담당하는 국립경찰은 중앙조직을 통활하고 각 경찰기관 간의 조정업무를 맡고 있는 내무부 소속의 경찰총국, 도지사 소속하에 경찰본부, 경찰본부 아래 시·읍·면에 경찰서가 설치되어 있다. 시 관할지역 시위관리지역에 대한 교통통제는 자치경찰이 담당하며, 시위대를 직접 통제하고 집회를 관리하는 것과 자치경찰을 포함한 전체 경찰력의 통제는 국가경찰에서 수행한다.

제 7 절 프랑스 자치경찰제도

1. 자치경찰제도 구성

프랑스에서는 중앙집권적 국가경찰제도를 근간으로 운영하고 있으며, 국가경찰은 파리경찰청과 96개 시·도경찰국을 설치운영하고 있다. 프랑스의 시자치경찰은 인구 1만명 이하의 코뮨에서 실시되고 있다.

프랑스에서는 자치경찰법에 따라서 모든 자치단체장은 국가가 임명한 도지사의 행정통제하에 자치경찰을 설치·운영할 수 있다. 프랑스의 기초자치단체(commune)는 약 36,779개에 이른다. 이 중의 기초자치단체 대부분은 인구가 200명에서 1,000여명 미만이다. 그러나 인구가 5,000명이 넘는 기초자치단체도 존재한다. 특히 인구가 5,000명이 넘는 대부분의 기초자치단체에서는 자치경찰을 설치·운영하고 있다. 주목할 것은 프랑스에서 자치경찰채용은 자치단체의 규모, 재정자립도, 시장의 치안정책 등에 따라서 다르며 또한 자치경찰 업무의 범위도 매우 다양함을 보여주고 있다. 프랑스 자치경찰에서 한 두명을 운영하는 기초자치단체가 무려 64%나 차지하고 있다.

프랑스는 11세기, 자치권을 영주로부터 획득한 기초자치단체(Commune)의 장(시장, Maire)이 질서유지를 위한 행정경찰권을 행사한 것에서 기원하였다. 1884년도에 지방 관련 법률 제정으로 시장에게 자치경찰을 설치할 수 있는 권한 부여하였다. 제2차 세계대전 기간에 니스·스트라스부르·뚤루즈 등 대도시에 자치경찰 창설하였고, 1941년, 경찰 조직 개혁에 따라 인구 1만 명 이상 도시에는 국립 경찰을 창설하고 그 밖의 도시에는 자치경찰 존치하였다.

2. 자치경찰제도 운영 및 사무

1999년도에 '자치경찰법' 제정으로 자치경찰의 지위와 권한을 명확히 하면서 자치경찰 창설 도시 급증하였다. 2003년, '자치경찰윤리규정' 제정으로 자치경찰의 복무와 관련된 지침 마련하였고, 2012년 3월에 '국내치안법' 제정으로 자치경찰의 임무·채용·훈련 등 근거 규정 명확화하였다.

권한 및 임무를 살펴보면, 시장은 도지사의 감독 하에 관할 구역 내에서 자치경찰을 조직, 운영한다. 시장(Maire)은 형사소송법상 '사법경찰관(OPJ)' 자격 보유하고 자치경찰은 국가경찰의 권한을 침해하지 않는 범위 내에서 부여된 임무 수행한다. 행정경찰은 지방자치법(Code général des collectivités territoriales) L2212-2조에 따라 공공질서, 공공안녕, 공공안전, 공중위생의 확보, 통행의 안전과 편의 확보, 공공평온의 확보, 공공질서의 유지, 위생 검사,

재해재난의 예방 및 구호 조치, 정신장애자 보호 조치, 유해 동물 조치 등 다양한 업무를 하고 있다.

사법경찰의 업무는 형사소송법 제21조, 지방자치법 L2212-5조에 따라 시장이 발한 법령 위반 행위의 단속, 도로교통법 위반 행위(주·정차, 음주운전 등)의 단속, 특별법 위반 행위(광고·간판, 소음공해, 위험한 개 등)의 단속 등을 하고 있다.

프랑스 자치경찰과 국가경찰과의 관계는 '업무협약'을 맺고 상호 지원·협조체제 구축하고 있다.

프랑스에서 자치경찰의 재정은 자기 소속의 기초자치단체가 전적으로 책임지고 있다. 이는 프랑스에서는 자치경찰을 운영하기 위한 예산을 마련한 기초자치단체만이 자치경찰제를 실시할 수 있다는 것을 의미한다. 그래서 지역마다 자치경찰의 봉급도 전부 다르다. 그러나 기초자치단체에서 재정적 어려움이 발생하면 국고에서 어느 정도 보조해 주는 경우도 있다. 프랑스 남부 항구도시인 마르세이유의 경우와 같이 대도시의 신임시장들은 치안을 역점정책으로 삼아 시자치경찰관의 수를 증원하고 많은 예산을 투입하여 국가경찰과 경쟁을 하면서 무기의 휴대로 막강한 경찰권을 행사하려고 하고 있고, 일각에서는 사법경찰권까지 요구하고 있다.

프랑스 자치경찰공무원의 정원은 약 30,000여명으로 알려졌는데 이러한 수치는 자치경찰제를 도입하는 기초자치단체 지역이 계속 증가하면서 늘어나고 있는 실정이며 프랑스 자치경찰공무원의 신분은 지방공무원인데 임명시에 도지사와 관할지역 지방검찰청장의 동의를 요한다. 인사위원회는 없다. 시장이 때가 되면 승진시킨다. 때에 이른 후보자는 시청이 주관하는 자격시험을 치러야 한다. 2년, 5년, 그리고 12년이 지나면 자치경찰의 장이 될 수 있는 자격이 주어진다.

제 3 장

제주도 특별자치경찰제도

제 1 절 제주도 특별자치경찰제도 도입

정부가 2005년 10월 25일에 자치경찰 시범지역 17개 시·군·구를 선정 발표할 때도 제주도는 포함되지 않았다. 이러한 과정에서 제주특별자치도 특별법을 만들면서 제주특별자치도에서의 자치경찰 실시 문제가 제기되었고, 이에 행정자치부 내에 설치되었던 자치경찰제 추진실무단이 제주특별자치도 추진실무진에 합류하여 정부안이 일부만 수정된 채 입안되었다. 제주특별자치도 자치경찰이 자치경찰의 방향을 제시해 줄 뿐만 아니라 시범실시 역할까지 하였다고 평가받고 있다. 따라서 제주특별자치도 자치경찰은 앞으로 자치경찰 실시의 전국화에 중요한 지침 역할을 할 것임이 분명하다.

제주자치경찰의 사무는 제주특별자치도 설치 및 국제자유도시 조성을 위한 특별법(이하 "제주특별자치도 특별법"이라한다) 제108조에 의한다. 그러나 법 제110조에서 법 제108조의 사무 중 특사경 사무를 제외한 나머지 사무는 국가경찰과의 협약을 통해서 사무를 분장하도록 강제하고 있다. 따라서 자치경찰의 업무는 크게 제108조에 의한 법적사무와 법 제110조에 의한 협약사무로 구분된다.

법적사무는 구체적으로 주민의 생활안전활동에 관한 사무, 지역교통활동에 관한 사무, 공공시설 및 지역행사장의 지역경비에 관한 사무, "사법경찰관리의 직무를 행할 자와 그 직무법위에 관한 법률"에서 자치경찰공무원의 직무로 규정하고 있는 사법경찰관리의 직무로 나뉜다(제주특별자치도 특별법 제108조).

주민의 생활안전 활동에 관한 사무는 생활안전을 위한 순찰 및 시설 운영, 주민 참여 방범활동의 지원 및 지도, 안전사고 및 재해재난 등으로부터의 주민 보호, 아동·청소년·노인·여성 등 사회적 보호가 필요한 자에 대한 보호 및 가정·학교폭력 등 예방, 주민의 일상생활과 관련된 사회질서 유지 및 그 위반행위의 지도·단속 등이다. 지역교통 활동에 관한 사무는 교통안전 및 교통 소통에 관한 사무, 교통법규위반 지도·단속, 주민 참여 지역교통 활동의 지원 및 지도, 공공시설 및 지역행사장 등의 지역 경비에 관한 사무, 사법경찰관리의 직무를 행할 자와 그 직무범위에 관한 법률'에서 자치경찰 공무원의 직무로 규정되어 있는 사법경찰관리의 직무 등이다.

제주자체경찰의 협약사무로는 제주국제공항 내 관광객 보호 및 교통관리, 관광지 관광객 보호 및 위반사범 예방단속, 한라산 등산객 보호 및 환경보호, 지역문화행사 혼잡경비 교통관리, 단체 관광객 등 수송 안전활동 지원, 민속5일장 질서유지 및 교통관리를 들 수 있다.

자치경찰의 활동목표는 안전하고 질서있는 제주특별자치도 실현, 주민의사와 제주특성에 적합한 맞춤형 치안서비스의 제공, 관광제주의 특성을 감안하여 규제보다는 봉사에 역점을 두고 있다. 자치경찰이 수행할 주요 사무는 제주의 지역, 문화적인 특성을 반영하여 제주국제공항, 주요관광지, 한라산 등 반로, 문화, 축제 등 지역행사장을 중점적인 활동장소로 지정하여 사무를 수행하도록 하였고, 단체관광객 수송 안전에 관한 사무도 국가경찰과 병행하여 추진하도록 하고 있다. 또한 협약당사자가 의견을 달리하여 협약이 체결되지 아니하는 경우에는 협약당사자의 신청에 의하여 경찰위원회의 심의. 의결을 거쳐 행정안전부장관이 조정한다. 다만 협약이 체결되지 아니하는 상태가 지속되어 공익을 현저히 저해하여 조속한 조정이 필요하다고 인정되는 경우에는 당사자의 신청이 없는 경우에도 경찰위원회의 심의. 의결을 거쳐 행정자치부장관이 이를 조정할 수 있다.

제 2 절 제주도 자치경찰제도 운영

제주특별자치도 자치경찰제는 제주특별자치도 특별법 제106조에 의해서 전국에서 처음으로 도입되었다. 자치경찰조직은 제주특별자치도 도지사의 보조기관으로 설치되었다. 자치경찰의 조직은 제주특별자치도에는 자치경찰의 기획과 조정을 담당하는 '자치경찰단'이 제주·서귀포 행정시에는 집행기구 성격의 '자치경찰대'가 설치되었다가 소규모조직임에도 불구하고 인력·기능 중복운영과 이중적 지휘로 인한 업무혼선 등의 문제점이 제기됨에 따라 2012. 1. 9 조직을 개편하여 통합 자치경찰단(1단, 4과, 1지역대, 1센터, 11담당)이 출범하였다.

〈제주 자치경찰 조직현황〉

구분	출범당시	2016년도 기준	비고
조직	- 도: 1단 3팀 - 행정시: 2대 8팀	- 1단 4과 1지역대 - 1센터 11담당	행정시 자치경찰대 폐지 (2011년)
인력	정원: 127명, 현원: 38명	- 정원: 188명 - 경찰현원: 184명	
사무	• 5개 기능 32개 사무	• 12개기능 61개 사무	

1. 담당부서 업무분야

경찰정책과는 자치경찰사무 종합기획 활동 목표 수립 및 활동상황 평가, 자치경찰공무원 인사·교육·인력·장비 운용계획 수립 및 운영, 자치경찰 예산·편성·집행 및 계약에 관한 사무, 어린이 교통공원 운영 및 교통안전교육 사무,

기마대 설치 및 운영에 관한 사무, 국가경찰과의 업무협약에 관한 사무 등을 담당한다.

주민생활안전과는 주민의 생활안전에 관한 사무, 공공시설 및 지역행사장 경비에 관한 사무, 사회적 약자(아동・청소년・노인) 보호 및 가정, 학교폭력 등 예방활동, 주민참여 방범활동지원 기초사범 교통법규위반 지도 및 단속, 관광지 주변 치안서비스 관광객 보호 및 질서유지, 내・외국인 관광객에 대한 안전확보 사무 등을 담당한다.

특별사법경찰과는 관광 환경 산림분야 등 특별사법경찰관리 직무에 관한 사무, 자동차 무보험 운행 및 무단방치관련 지도단속 및 수사, 위생・식품・의약품 등 원산지 분야 등 지도단속 및 수사, 유관기관 합동 단속 및 민원사항 처리, 공・항만에서의 외국인 관광객 보호 및 관광질서 지도 단속 등을 담당한다.
주차지도과는 불법 주・정차 지도단속 및 신고접수 민원처리, 과태료 부과・징수 및 체납액 관리 사무, 주・정차위반에 따른 압류등록 및 해제, 주・정차 CCTV 단속카메라 설치 및 관리, 주・정차금지구역 지정 해제 및 관리 등을 담당한다.

제주자치경찰단에서는 자체 재난안전대책본부를 구성하고, 예비대 86명을 편성하여, 공항만 발열감시 지원, 격리시설 경비 지원, 다중이용시설 점검 지원 등을 신속하게 조치하는 부분도 긍정적 역할로 판단된다.

서귀포경찰대는 주민의 생활안전에 관한 사무, 공공시설 및 지역행사장 경비에 관한 사항, 사회적 약자(아동 청소년 노인) 보호 및 가정, 학교폭력 등 예방활동, 주민참여 방범활동지원 기초사범 교통법규위반 지도 및 단속, 관광지 주변 치안서비스 내・외 관광객 보호 및 질서유지, 불법 주・정차 지도단속 및 신고접수 민원처리, 과태료 부과・징수 및 체납액 관리 압류등록 및 해제 사무, 주・정차금지구역 지정 해제 및 관리 등을 담당한다.

교통정보센터는 지능형 교통체계(ITS센터) 운영, 교통신호기 설치・관리 및 교통신호기 연동제 운영, 어린이 보호구역 지정관리 및 개선사업, 교통안전시설물 및 차선, 문자 등 노면표지 설치・운영, 횡단보도 조명등 설치・운영 등을 담당한다.

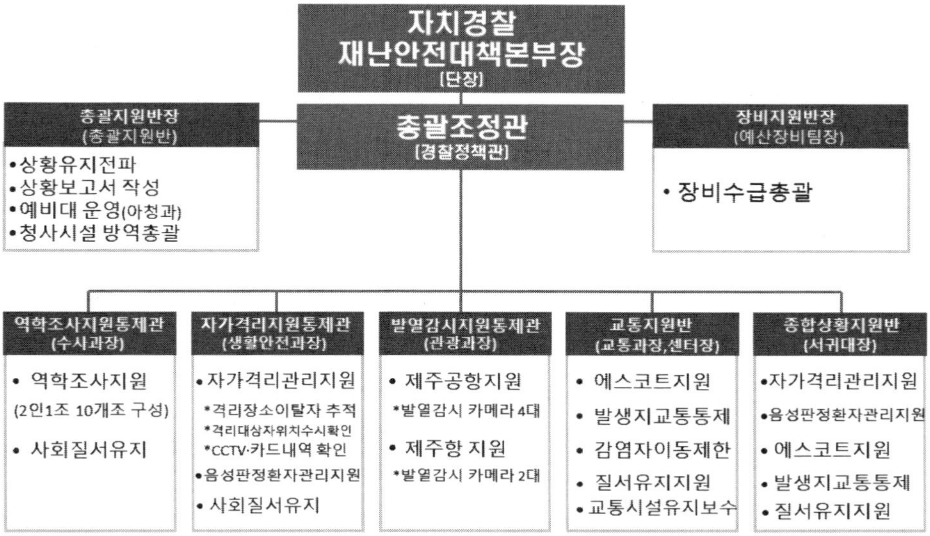

2. 치안행정위원회

제주특별자치도는 자치경찰인사위원회와 치안행정위원회, 교통시설심의위원회 등이 있다. 제주특별자치도특별법 제113조에 규정된 치안행정위원회는 제주자치도의 지방행정과 치안행정의 업무 협조 및 심의·의결하기 위하여 도지사 소속하에 치안행정위원회를 둔다.

업무 역할은 국가경찰과 자치경찰 간 사무분담 및 사무 수행 방법에 관한 사항, 자치경찰 활동에 관한 목표의 수립 및 평가에 관한 사항, 자치경찰의 운영에 대한 지원에 관한 사항, 그 밖에 자치경찰의 운영에 관하여 치안행정위원회의 위원장이 부의하는 사항 등이다. 제주자치경찰 운영조례 제6조에 따라 치안행정위원회는 도지사, 도의회, 제주지방경찰청장이 동수 추천에 의해서 구성되며 위원장은 행정부지사로 보하고, 부위원장은 위원 간에 호선을 하며, 간사는 자치경찰단장으로 하고 있다.

제주특별자치도 특별법 제139조에 제주특별자치도는 전국에서 처음으로 교통안전시설관리 권한을 국가경찰에서 환원받았다. 제주특별자치도 특별법은 이를 운영하기 위한 행정위원회로 교통시설심의위원회를 제주특별자치도 도지사 산하에 설치하도록 하고 있다. 교통시설심의위원회는 횡단보도의 신설 및 이전에 관한 사항, 신호기의 신설 및 이전에 관한 사항, 중앙선의 절선 좌회전 및 유턴의 허용 및 폐지에 관한 사항, 일방통행로·가변 차로의 설치 및 폐지에 관한 사항, 그 밖에 도지사 또는 제주자치도 지방경찰처장이 교통 안전과 원활한 소통을 위하여 심의가 필요하다고 인정하는 사항 등을 심의한다. 이 경우 미리 제주자치도 지방경찰청장의 의견을 들어야 한다. 도지사는 교통시설심의위원회의 심의 사항을 제주자치도 지방경찰청장에게 지체없이 통보하여야 하며, 제주자치도 지방경찰청장은 교통의 안전과 원활한 소통을 확보하기 위하여 필요하다고 인정하는 때에는 도지사에게 필요한 조치를 요구할 수 있다.

3. 자치경찰단장

자치경찰단장의 직무는 제주특별자치도 행정기구 설치조례 제19조에서 자치경찰단장의 사무는 자치경찰행정의 종합 기획, 자치경찰 활동 목표 수립 및 활동상황 평가, 치안행정위원회 및 자치경찰인사위원회 운영, 자치경찰 인사·임용·평가·징계 등에 관한 사항, 자치경찰 공무원 교육훈련계획 수립 추진, 국가경찰과의 업무 협약 체결 추진, 자치경찰 인력·장비 운용계획 수립 및 운영, 무기고 및 유무선 통신망 관리, 자치경찰단 운영홍보 및 대외 협력 추진, 주민의 생활 안전 활동에 관한 사무, 지역교통활동에 관한 사무, 공공시설 및 지역행사 등 지역경비에 관한 사무, 자치경찰공무원의 직무로 규정하고 있는 사법경찰관리의 직무 등을 관장하고 자치경찰사무의 집행을 담당하기 위하여 행정시에 자치경찰대를 두고 운영하고 있다.

4. 자치경찰 인사

제주특별자치도 자치경찰에 대한 규정은 제주특별자치도 특별법에 규정하였다. 제주특별자치도 특별법에서 자치경찰에 대한 규정은 제11장에 제105조에서부터 제139조까지로 되어 있다.

제주특별자치도 자치경찰관의 인사에 대한 결정기관은 자치경찰인사위원회다. 제주특별자치도 특별법 제127, 128, 129조에 따라 자치경찰인사위원회는 심의·의결기관으로서 자치경찰 공무원 충원 계획의 사전 심의, 자치경찰 공무원 각종 임용시험의 실시, 도지사의 요구에 의한 자치경찰 공무원의 보직관리 기준 및 승진·전보 임용 기준의 사전 의결, 자치경찰 공무원 승진임용의 사전 심의, 도지사의 요구에 의한 자치경찰 공무원의 징계 의결, 자치경찰단장의 개방형 직위의 지정 및 운영에 관한 사항, 그 밖에 도지사가 자치경찰 공무원의 인사에 관하여 부의하는 사항 등을 심의·의결한다.

제주특별자치도 자치경찰 공무원의 신규임용은 공개시험을 원칙으로 하며, 일정한 자격과 경력 소유자에 한하여 특별임용을 하고 있다. 신규임용의 계급은 자치순경과 자치경사로 한하고 있다. 제주특별자치도가 국가경찰 교육기관에 위탁하는 자치경찰 공무원의 교육훈련은 신임·기본·전문교육으로 나눈다. 자치경찰 공무원으로 임용될 자에 대하여 임용 전에 국가경찰교육기관에서 신임교육을 받게 할 수 있다. 자치경찰 공무원을 국가경찰 교육기관에 위탁하여 교육훈련하는 것은 '경찰공무원교육훈련규정' 제2조 제3호에서 정한 경찰대학·경찰교육원 및 중앙경찰학교에서 실시하는 학교교육을 말한다. 제주특별자치도법 제113조는 치안행정위원회의 사무에 대하여 규정하고 있다. 동법 제127조는 자치경찰인사에 대하여 "자치경찰공무원인사위원 회"를 설치할 수 있는 근거조항을 마련하여 두고 있다.

경찰사무에 대하여 심의·의결기관인 치안행정위원회는 행정사무 및 인사 사무에 대하여 심의·의결권을 가지고 있다. 실질적으로 치안행정위원회는 자치경찰공무원에 대하여 인사권을 가지고 있지 못하며, 도지사의 인사권에 대하여 견제할 수 있는 근거를 가지고 있지 않다. 동 법에 의하면 자치경찰에 대한 인사권은 치안행정위원회의 사무범위에 포함시키지 못하므로 도지사의 인사독점에 대한 관리감독을 할 수 없는 한 계를 가지고 있다.

5. 자치경찰 재정 운영

「제주특별자치도특별법」 제122조(재정지원)에서 국가는 제주특별자치도가 자치경찰을 설치·운영하는데 필요한 경비를 지원할 수 있도록 하고 있다. 제주특별자치도는 「제주특별자치도특별법」 제122조와 제주자치경찰이 전국 최초로 시행되는 시범지역이며 의무지역이라는 사실을 근거로 2006년 7월 1일 자치경찰이 출범하면서 하반기 동안의 자치경찰 예산으로서 83명의 자치경찰 인건비와 치안 서비스 제공 사업비를 포함해서 총 74억 원을 경찰청에 요청했다. 그러나 정부는 제주도에서 요청한 74억 원에서 61억 4800만원(69.5%)을 삭감하였고 이로 인해 제주자치경찰은 업무수행에 어려움을 갖게 되었다.

정부가 지원한 13억 6500만원 가운데 관광지 등에서 파출소 기능을 수행할 사무실 신축비 9억여 원을 제외하면, 나머지 4억여 원으로 순찰차량, 무전기 등 자치경찰 활동에 필요한 장비구입과 통신망을 구축해야 하는 어려움에 직면했다. 기획예산처의 이러한 예산배정은 원론적으로는 제주자치경찰의 사무가 지방사무로서 지방비에서 예산지원이 되어야 한다는 점을 분명히 했다.

6. 제주자치경찰의 사무

제주자치경찰의 사무 수행방법의 기본방향은 지역특성을 고려하고 국가경찰과 중복업무를 최소화하면서 주민과 관광객에 도움이 되는 방법으로 추진하였으며, 이를 위하여 제주의 관문인 제주국제공항 이미지 개선, 관광지 자치경찰 배치, 단체관광객에 대한 에스코트 등 제주를 특화할 수 있는 사무를 발굴 수행하고 있다. 또한 자치경찰관의 근무시간은 주간을 원칙으로 하되, 치안수요에 따라 야간 및 공휴일에도 탄력적으로 운영하고 있다.

자치경찰관이 직무수행 시 경찰관직무집행법을 준용 업무를 진행하고 있으며, 또한 교통질서 위반사범 및 기초질서 위반사범 등을 지도 단속할 수 있도록 하였다. 제주특별자치도특별법은 제115조에서 자치경찰공무원이 자치경찰사무를 수행함에 있어서는 불심검문, 보호조치, 위험발생의 방지, 범죄의 예방과 제지, 위험방지를 위한 출입, 경찰장비와 장구사용, 분사기 등의 사용 등에 관하여 경찰관직무집행법을 준용한다고 규정하고 있다. 제116조에서는 무기와 장비의 사용에 있어서 도지사의 신청에 의하여 제주특별자치도 지방경찰청장의 승인을 얻도록 하고 있고, 무기를 사용한 때에는 소속 자치경찰단장 또는 자치경찰대장을 거쳐 즉시 제주특별자치도 지방경찰청장 또는 경찰서장에게 통보하여야 한다고 규정하고 있다. 제117조는 자치경찰공무원이 직무수행 중에 범죄를 발견한 경우에는 범죄의 내용 또는 증거물 등을 소속 자치경찰단장을 거쳐 즉시 제주자치도 지방경찰청장 또는 경찰서장(해양경찰서장을 포함한다)에게 통보하고 그 사무를 인계하여야 한다.

자치경찰공무원은 현행범인을 체포한 경우 즉시 국가경찰공무원에게 인도하여야 하며, 도 조례가 정하는 바에 따라 제복을 착용하되, 국가경찰공무원의 제복과 구별될 수 있도록 하여야 한다. 동법 제119조 제1항에서는 자치경찰사무의 범위 안에서 필요한 정보와 기술 제공, 제2항은 유. 무선의 통신망과 시설물의 상호 이용, 제3항은 경찰인력 및 장비 등의 운영상황 및 계획을 상호 통보 등 국가경찰과 자치경찰의 상호협조에 관하여 규정하고 있다. 동법 122조는 국가는 제주자치도가 자치경찰을 설치. 운영하는데 필요한 경비를 지원할 수 있다고 규정하고, 제123조는 행정안전부장관은 자치경찰사무와 관련하여 시정명령을 하고자 하는 때에는 미리 경찰위원회의 의견을 들어야 한다고 규정하고 있고, 제124조에서는 감사위원회가 자치경찰사무에 대한 감사를 하는 때에는 제주특별자치도 지방경찰청장 또는 경찰서장에게 참여를 요청할 수 있다고 하여 자치경찰 사무에 대한 감사규정을 두고 있다. 제126조에서는 도지사의 자치경찰공무원의 임면, 휴직. 면직과 징계에 관하여 규정하고 있으며, 제127조는 자치경찰인사위원회에 관하여 규정하고 있다.

제 3 절 제주도 특별자치경찰제도 개선방안

1. 문제점

제주자치경찰은 국가경찰 대비 8%에 불과한 인력규모, 수사권이 없는 순찰·예방 중심의 제한적 권한, 초기 이관인력에 한정된 국가재정 지원 등으로 본연의 자치경찰 역할 수행에 한계가 있었다.

제주자치경찰은 국비(보조금)와 도비로 운영되고 있으며, 운영에 필요한 예산은 중앙정부에 출범 첫 해인 2006년부터 매년 요청하고 있다. 하지만 국가 보조금의 지원은 늘 요청한 금액에 절반에도 미치지 못하고 있는 실정이다. 예산부족은 자치경찰제도의 운영에 차질을 가져오고 자치경찰공무원의 직무 및 사기에도 영향을 미친다. 예산부족이 낳은 가장 큰 문제점은 인력부족이 라고 할 수 있다. 제주자치경찰제는 크게 두 가지 사무를 수행하고 있다. 하나는 법적사무로 주민의 생활안전 활동사무, 지역교통 활동사무, 지역경비 활동사무, 특별사법경찰관리 직무관련사무(17종) 등 4가지 사무가 있다.

다른 하나는 국가경찰과의 업무협약사무로 제주국제공항내 교통관리 및 관광객보호사무, 주요관광지 관광객보호 및 위반사범의 예방 및 단속사무, 한라산 등산객 보호및 자연보호, 단체관광객 등 수송안전 활동사무, 지역 문화행사 등의 경비 및 교통관리 사무, 민속 5일장 질서유지 및 교통관리, 시내권 교통혼잡지역 주정차지도 및 단속 사무 등 7가지 사무를 담당하고 있다.

제주자치경찰단 사무는 위의 법적사무와 협약사무에서 불 수 있듯이 제한된 범위의 사무를 실시함을 알 수 있고 또한 주어진 사무범위에서 교통단속, 지역경비, 지역내 주민 및 관광객의 안전 등의 면에서 많은 성과를 올리고 있다. 그러나 제주자치경찰단의 직무에서 극히 제한적 권한만 부여되어 현장업무 수행이 곤란하다는 문제점이 지적되고 있다. 예를 들어 교통단속에서 음주운전 단속

권한 제외, 법칙금 미납자에 대한 즉심 회부권 미부여, 수사권 제한이 특별사법 경찰 사무관련 17종에 한정 등으로 인해 자치경찰의 본래의 취지를 살리지 못하고 단순사무만 처리하고, 국가경찰사무의 신고자 역할 정도에 그치고 있다.

수사권 및 권한의 미비는 자치경찰을 일부 시민들의 무시, 비협조적인 반응을 발생 시킨다. 따라서 자치경찰의 사무와 부합하는 수사권과 권한을 부여함으로써 직무수행을 함에 있어 당하는 어려움을 최소화 시킬 필요가 있다. 국가경찰과 제주자치경찰 상호간의 협력체제의 미비와 구체적이고 명확하지 않는 역할 분담으로 종종 원활한 협조가 이루어지지 않으며, 중복업무로 인하여 인력낭비와 업무의 비효율성을 초래하고 있다.

'무늬만 경찰'이란 평가를 받는 제주자치경찰관들은 10명 중 9명이 '수사권 확보'가 필요하다는 의견이 있다. 자치경찰제도는 지방자치단체에 경찰권을 주고 경찰조직을 운영하는 제도이다. 국가경찰에서 충분한 사무와 수사권이 인력 및 재정과 함께 자치경찰로 이관됨으로써 국가경찰과 자치경찰간 업무 중복 등이 발생하지 않는다. 그동안 제주자치경찰과 국가경찰인 제주지방경찰청간 협조 체제가 원활하지 않는점 등은 자치경찰 업무를 수행하는데 한계가 있었다.

2. 운영현황 및 개선방안

1) 운영현황

제주 자치경찰의 주요 사무범위 중에 교통시설물 개선 등 교통사고 예방활동, 학교폭력 및 청소년 선도활동 등에 대해 제주특별자치도 제주연구원에서 도내 20세 이상 現 제주거주 도민 706명과 관광객 302명 등 총 1,008명을 대상으로 실시한 『'20 제주자치경찰 활동에 대한 치안만족도 조사』 결과 '19년도5점 만점 기준 2.7점, 100점 기준 54점이다. 전년도 대비 29% 향상되었다. 상승한 5점 만점 기준 3.5점, 100점 기준 70점으로 조사되었다. 자세하게 내용을 살펴보면, 교통시설물 개선 등 교통사고 예방활동은 5점 기준 3.65점, 100점 기준 73점으로 '19년도 5점 기준 2.59점, 100점 기준 51.8으로 전년대비 대비 30% 향상되었다. 주요도로 교통관리 등은 5점 기준 3.59점, 100점 기준 71.8점이었으며,

'19년도 5점 기준 2.57점, 100점 기준 51.4으로 전년도 대비 29% 향상되었다. 학교폭력 및 청소년 선도활동은 5점 기준 3.55점, 100점 기준 71점으로 '19년도 5점 기준 2.76점, 100점 기준 55.2로 전년도 대비 23% 향상하였다. 전년대비 큰 만족도 상승의 원인으로 '18. 4. 30. 이후 현재까지 총 4단계에 걸쳐 교통외근을 포함한 12종 사무 268명의 국가경찰을 파견 받아 정부의 이원화 모형을 충실하게 운영 중인 제주자치경찰에 대한 도민들의 관심도가 상승했고 지역교통·생활안전·아동청소년 분야 등 시범실시 기간 동안 분야별로 가시적인 성과 도출을 주요 원인으로 꼽았다.

자치경찰제도로 변화하면서 교통행정을 자치경찰로 일원화로 인한 교통사망사고의 획기적 감소부분이다. '16년도에서 '18년도까지 제주지역 3년간 교통사망사고는 평균 81명대이다. 그러나 지역별로 정밀 분석하여 횡단보도 인근 가로등 설치로 조도 개선, 중앙분리대 설치하고, 이동식 과속 단속 전담부서인 '교통민원팀' 신설을 신설하고, 경로당과 마을회관, 노인운전자 안전교육, 이륜차 특별단속기간 운영 및 사고예방 반사지 부착 등으로 지역별 맞춤형 교통안전종합대체 수립하고 추진하면서 '19년 전년대비 교통사고사망자 19.5% 감소(사망자 66명) 한 부분이다. '20년 10월까지는 전년 동기대비 7% 감소(57명 → 53명) 하였다. 또한 「어린이통학로 안전을 위한 조례」 개정을 통해 분산된 통학로 안전사무를 자치경찰로 일원화하면서, 자치경찰단 교통정보센터 내 '어린이통학로 안전팀'을 신설하고, 통학로 내 어린이보호구역 교통안전시설물 설치·관리, 방범용 CCTV설치, 주정차 CCTV설치, 일방통행로 지정, 도로구조개선 등의 사무를 전담하여 신속하고 안전에 대한 효율성을 향상시켰다.

제주는 지리적 특성상 경찰관서와 행정관서가 해안선을 중심으로 위치하여 중산간지역은 상대적으로 치안·행정의 공백 발생하였다. 그러나 이러한 중산간 지역의 치안사각지대를 해소하고 치안과 행정을 연계한 융합서비스를 제공하기 위해 도내 2개소에 행정복합치안센터(약칭 : 행복치안센터)를 개설하고, 기존의 경찰 치안사무에 복지, 보건, 산림, 축산행정 등을 융합하여 주민들이 필요로 하는 서비스를 원스톱으로 제공하였다. 그 결과 상반기 주민만족도 조사 결과 93.9점의 높은 만족도를 나타냈고, '20년 적극행정우수사례(행정안전부), 제주도

브랜드과제로 선정되었다. 복지와 치안행정융합은 코로나-19 민·경 방역활동 활성화, 독거노인 대상 코로나-19 긴급재난지원금 신청 안내, 독거노인 대상 마스크 전달 및 건강상태 문답형 체크 등을 하였다. 또한 재난과 치안행정융합은 고사리철 길 잃음사고 예방을 위해 특별 비상근무를 실시하고, 하산 안내 문자메시지 개별 발송, 사이렌 취명 등 활동으로 전년 대비 길 잃음사고 24% 감소하는 효과를 보았다. 보건과 치안행정융합은 치매안심센터와 업무협약하여 치매환자 돌봄 및 조기 검진 지원하였다. 축산과 치안행정융합은 반려견 안전활동 홍보 및 유기견 포획틀 자체 제작, 포획활동 강화하였다. 소방과 치안행정융합은 산림·오름 등지 흡연 및 농작물 소각금지 등을 홍보하고, 기상 악화에 따른 큰 불이나 방치된 소각 현장 초기 진화활동 등을 진행하였다.

학교전담경찰관(SPO) 부분은 학교안전점담경찰관(SSPO)으로 확대를 하였다. 기존 국가경찰의 학교전담경찰관(SPO)은 학교폭력예방 활동에만 중점을 두었으나, 제주자치경찰단에서는 학교폭력예방활동을 비롯하여 어린이통학로 안전, 방범용CCTV 등 시설개선, 초등학교 주변 불량음식 및 유해업소 단속, 등하교시간대 불법 주정차 단속, 학교 관련 민원 전담 등 '학교의 전반적인 안전'을 책임지는 '학교안전전담경찰관(SSPO)'으로 발전하였다.

주취자 응급의료센터 운영 및 상습주취자의 건전한 사회복귀 도모 활동 부분을 살펴보면, '19년 주취자 응급의료센터 2개소를 신설, 알콜상담센터(보건복지부) 및 중독관리통합지원센터(행정시) 등과 업무협약을 통해 상습주취자에 대한 치료 및 재활을 연계하여, 지역사회의 음주문화 개선에 기여하였다.

자치경찰 관광경찰과, 산지자치지구대, 주취자응급의료센터 등 협업부분을 살펴보면, 탐라문화광장(도심공원) 일대 노숙인 문제 해결에 기여하였다. '20년 중독관리통합지원센터 등과 연계하여 알콜 중독을 개인의 문제가 아닌 사회적 문제로 접근하였으며, 근본적 개선을 위한 사무 처리로 지역 사회 큰 호응을 얻었다.

전국 최초 통합유실물센터를 구축부분을 살펴보면, 유실물 반환율을 대폭 향상시켰다. 기존 제주도내 3개 경찰서로 분실된 유실물 업무를 자치경찰단 통합유실물센터로 통합 관리하여, '18년도 통합유실물센터 개소 前 제주지역 유실물

반환율 56.9%(전국평균 59%)로 향상시켰으며, '19년도 66.7%, '20년 상반기 71.2%로 반환율 대폭 상향하였다.

마지막으로 발생신고사건에 대해 신속·유연한 대응으로 '골든타임' 확보하여, 초기 확산차단 성공에 기여하였다. 他시·도는 지자체와 경찰의 '기관 협조'를 통해 방역조치를 협업하고 있으나, 제주자치경찰의 특사경 수사권 및「경찰관직무집행법」상 즉시강제 수단을 활용하여, 지자체장의 일원화된 지휘 아래 다양한 행정명령 조치를 신속하게 지원하였다. 이는 단순히 지휘권이 일원화된 차원을 넘어, 코로나-19 실·국장 대책회의에 제주자치경찰단장이 직접 참여하여 각 실·국별 문제점을 공유하고 다양한 지원조치를 신속하게 결정을 한 것이다. 자치경찰단에서는 자체 재난안전 대책본부를 구성하고, 예비대(86명)를 편성하여, 공항만 발열감시 지원(10.19. 기준 延 3,383명), 격리시설 경비 지원(10.19. 기준 5개소 延 1,843명), 다중이용시설 점검 지원 등을 신속하게 조치하였다.

2) 개선방안

제주자치경찰은 시범적인 성격을 가진다는 면에서 보더라도 성공적인 자치경찰제의 정착을 위해서는 지방재정의 한계라 할지라도 제주특별자치도에서 국가경찰공무원의 이관, 신규채용 등을 통해 신속히 충원하여야 한다. 제주자치경찰은 자치경찰기관을 자치단체장의 직속기관으로 하고 있기 때문에 자치단체장이 자치경찰을 자의적으로 운영할 우려가 있으므로 경찰의 정치적 중립성 및 독립성확보방안이 필요하다.

제주특별자치도 설치 및 국제자유도시 조성을 위한 특별법 제130조에 의하면 제주자치경찰 정원의 5% 범위에서 국가경찰과의 인사교류가 가능하도록되어 있다. 자치경찰의 능력을 발전시키고 국가경찰과의 사무연계성을 높이기 위해서라도 양 경찰사이의 인사교류 폭을 확대하는 것이 바람직하다. 제주특별자치도 자치경찰에 대한 예산은 매우 부족하다. 중앙정부가 소요 비용 대부분을 지원해 주어야 할 것으로 본다.

자치경찰예산은 국가사무에 대해 국고지급경비와 국가와 자치단체가 상호 관련성을 갖는 사무에 소요되는 경비에 대해 국가가 교부하는 보조금, 지방자치단체가 부담하는 보조금, 지방자치단체가 부담하는 지방세 등으로 구성되어야 한다. 제주특별자치도는 자치경찰의 창설에 따른 국세와 지방세의 재조정을 통하여 자치경찰의 재정문제를 해결하는 작업을 해야 한다.이러한 작업과 함께 법률로 제정된 국비지원 사항을 제외하고는 자치경찰 예산은 지방비로 충당하는 방향으로 지방예산을 편성해야 한다.

제주자치경찰은 불심검문, 임의동행, 긴급보호조치, 위험발생 방지조치, 긴급출입 및 제지권한 등 강제력을 보유하고 있으나 이러한 권한을 실제로 사용하고 있지 않는 점에 운영상의 문제점이 있다고 본다. 또한 자치경찰 공무원이 자치경찰 업무 수행 시 발생할 수 있는 폭행 등 공부 집행 방해 사범 발생 시 국가경찰 공무원과는 달리 조사 권한이 없어 업무 수행에 많은 지장을 받고 있다. 이와 같은 문제점은 자치경찰의 위상을 정립하는 데 중요한 사항이다. 또한 제주자치경찰은 음주운전 단속 및 즉결심판 청구권한이 없으며, 현재 제주자치경찰은 음주운전자 및 즉심대상자를 발견시 국가경찰로 이첩하여 처리하고 있다. 따라서 자치경찰에 대해서는 경미사범에 대한 일반수사권(공무집행방해 사범 포함) 및 음주단속. 즉결심판 청구권한 등을 행사할 수 있도록 법적권한 부여하여 업무의 효율성을 제고하여야 하고 아울러 특별사법경찰관으로서의 수사업무 범위 확대가 필요하다.

제주자치경찰은 국가경찰에 준하는 선발과정과 교육, 경력을 가지고 있음에도 불구하고 제주자치경찰에게 주어진 17개의 특별법수사와 경합되는 타 범죄의 수사를 제한하는 것은 도민의 치안복지에 반하는 것이다. 무엇보다도 범죄는 그 성격상 일반범죄와 특별사법경찰관리가 행사하는 직무범위상의 범죄로 명확히 구분하기 어렵다.

제 4 장
한국 자치경찰제도

제 1 절 자치경찰제도 도입

「지방자치분권 및 지방행정체제개편에 관한 특별법」 제12조에는 국가는 「정부조직법」 제3조에 따른 특별지방행정기관이 수행하고 있는 사무 중 지방자치단체가 수행하는 것이 더 효율적인 사무는 지방자치단체가 담당하도록 하여야 하며, 새로운 특별지방행정기관을 설치하고자 하는 때에는 그 기능이 지방자치단체가 수행하고 있는 기능과 유사하거나 중복되지 아니하도록 하여야 하고 국가는 교육자치와 지방자치의 통합을 위하여 노력하여야 한다. 또한 국가는 지방행정과 치안행정의 연계성을 확보하고 지역특성에 적합한 치안서비스를 제공하기 위하여 자치경찰제도를 도입하여야 함을 명시하고 있다. 자치경찰 도입은 지역 주민과 가장 가까운 지방정부가 지역 주민중심의 치안서비스를 제공하는 데 목적이 있다.

경찰 조직을 대대적으로 개편하는 내용의 경찰법 개정안이 2020년 12월 9일 국회를 통과함에 따라, 자치경찰제가 2021년 1월 1일부터 도입되었다. 현재 경찰의 업무를 국가경찰과 자치경찰로 나누고, 각각 국가경찰위원회와 시도 자치경찰위원회의 통제를 받게 했다. 이에 따라 자치경찰은 관할 지역 내 주민의 생활과 밀접한 생활안전, 교통 및 안전관리 등을 담당하며 국가경찰은 자치경찰사무를 제외한 보안·외사·경비 등 임무를 맡게 된다. 아울러 자치경찰 도입에 따라 시·도별로 자치경찰본부가 신설되고 산하에 자치경찰대가 설치된다. 여기에 현재 읍·면·동 단위에 있는 지구대·파출소는 자치경찰 소속으로 바뀌며, 다만 일부를 지역순찰대로 남겨 국가경찰이 관할하게 할 계획이다.

경찰제도는 그 나라의 역사적 배경, 시민의식, 정치제도, 치안상태 등의 여건에 따라 그 형태를 달리할 뿐만 아니라 나라마다 그 운영방법도 서로 다르다.

우리나라는 1995년 7월 1일부터 지방자치를 전면적으로 다시 실시하여 지방자치시대를 열었지만 자치경찰제를 도입할 것인지에 대한 결론을 내고 있는 것은 아니다. 자치경찰제 도입의 필요성을 주장하는 입장은 자치경찰을 포함한 지방자치의 완전한 실현, 권력의 수직적 배분에 의한 민주성의 도모, 과거 경찰작용에 대한 회의적인 인식에 의한 경찰개혁의 필요성 등을 역설하고 있다. 반면에 자치경찰제의 도입에 회의적인 시각을 가진 측에서는 우리나라의 중앙집권적 전통과 좁은 국토, 남북분단, 범죄의 광역화, 검찰위주의 수사구조 등 치안여건이 자치경찰제 도입에 적절하지 않다는 것이다. 특히 지방자치제가 실시된 이후 그 문제점이 크게 부각되면서 경찰까지 자치화 되면 지금보다 심각한 지방자치제의 병폐가 발생할 것이라는 인식이다. 지방자치의 진전과 더불어 국민들은 경찰의 치안정책에 대한 기대가 양보다는 질적인 치안서비스로 전환하고 있다. 또한 자율과 분권의 시대이념에 맞추어 주민중심의 치안을 위하여 과거의 중앙집권적 논리와 사고방식 그리고 행정체제에서 지방분권적 논리와 사고방식 그리고 지방위주의 행정체제로 전환하는 동시에 우리나라 실정에 맞는 새로운 경찰체제를 모색하여 주민의 권리보호와 경찰의 신뢰회복을 이룩하는 것이 요구되고 있다. 따라서 선진사회국가의 경찰이 지역주민과 함께하는 지역사회 경찰활동을 전개하고 있는 흐름속에서 우리나라도 어떤 형태로든 자치경찰제를 도입할 시점이 되었다고 생각된다.

지역사회 주민은 지역사회의 한 구성원으로서 강한 소속감을 지니고 있다. 지역적 전통과 함께 그들 모두에게 은연중에 생활화된 그들대로의 문화와 지역사회 주민들간의 보다 쉽게 이해되고 공감하는 동질성이 있다. 우리나라에 적합한 자치경찰에 대한 바람직한 모형은 외국의 사례와 지정학적 조건 및 범죄의 광역화라는 우리가 처한 치안환경에 비추어 볼 때 혼합형 자치경찰제, 즉 국가·지방자치경찰로 이원화 하여 치안정책 등 전국적 통일이 필요한 사무는 국가경찰이, 방범·교통·경비·일반수사 등 민생치안은 자치경찰이 담당하는 체제가 적당하다고 본다.

1. 자치경찰제 도입 방향

경찰제도는 그 나라의 역사적 배경, 시민의식, 정치제도, 치안상태 등 여러여건에 따라 그 형태를 달리하며 그 운영해왔던 방법도 다르다. 자치경찰제를 도입할 경우 어느 자치단체 단위까지 도입할 것인가의 문제로, 이에 대해서는 크게 광역자치단체 범위까지만 도입하여야 한다는 견해와 기초자치단체까지 도입하여야 한다는 의견으로 대별된다.

자치경찰제를 채택하는 경우 광역자치단체 뿐만 아니라 기초자치단체에 이르기까지 실시하는 것이 광역적인 치안수요에 부응하고 경찰업무 수행의 탄력성을 가질 수 있게 되며 주민위주의 치안서비스를 제공할 수 있기 때문에 이상적이다. 그러나 남북분단과 경찰행정의 효율성 등 우리나라의 특수성에 비추어 광역자치단체에만 자치경찰을 두고 소속 시·도경찰청은 물론 관할구역의 하급경찰기관을 지휘·감독하도록 하는 것이 바람직하다는 견해가 다수의 의견이다. 경찰청의 의견 또한 첫째, 좁은 국토, 교통·통신의 발달, 사건·사고의 연쇄성과 광역화을 고려하고, 둘째, 남북한이 대치하고 있는 특수한 안보상황, 기초자치단체의 재정자립도를 감안하여, 광역자치단체인 시·도를 기준으로 하여야 한다고 한다. 민주주의 국가에 있어서의 경찰조직은 민주성과 봉사성을 추구하면서 동시에 능률성과 전문성을 도모하여야 한다.

1) 절충형 자치경찰제도

우리나라의 경우 경찰제도는 남북이 대치하고 있는 특수한 안보상황, 교통과 국토와 통신의 발달에 따른 반나절 생활권 등 특수한 여건 때문에 중앙집권적인 국가경찰체제를 유지하여 왔다. 그러나 지방자치제도의 지방분권이라는 흐름에 부응하고 지방자치를 완성시키기 위하여 자치경찰제도의 도입을 하기에 이르렀다. 절충형 자치경찰제는 국가적 요소와 지방적 요소를 동시에 충족시킬 수 있으며, 경찰의 민주성과 능률성, 중앙집권과 지방분권, 정치적 중립성을 조화시키면서 조직의 목표에 접근할 수 있는 장점을 가지고 있어 국민으로부터 신뢰성은 물론 봉사하는 경찰로서 이해와 협조에 의한 대민관계의 개선도 한층 촉진할 것이다.

경찰의 기능은 국가적 사무와 자치적 사무를 포괄하고 있는 바, 국가경찰사무와 자치경찰사무를 구분하여 자치경찰사무는 자치경찰기관이 독립하여 자기 책임하에 자율적으로 고유의 경찰권을 행사하도록 하여야 할 것이다. 다만 자치제경찰이 담당할 기능(사무)을 어느 수준으로 할 것인가는 중요한 문제의 하나이다. 국가경찰과 자치경찰간의 기능배분에 있어서도 국가사무와 자치사무에 관한 지방자치법상의 일반원칙, 즉 국가사무의 처리제한을 규정하고 있는 보충성의 원칙을 규정하고 있는 지방자치법 제10조 제3항에 따라 행해져야 한다고 본다. 따라서 국가경찰은 정책기획, 지침제시 등 중앙부처적 기능과 전국적인 치안유지에 역점을 두면서 자치제경찰조직 간에 조정적 역할이나 보조적 기능을 담당하여야 한다. 그리고 자치경찰은 중요한 범죄에 관한 수사, 정보, 대공, 작전, 경호 등을 제외한 사무, 즉 당해 지역의 방범, 교통, 경비, 경미한 사건에 대한 일반수사 등 민생치안사무를 담당하는 것이 타당할 것이다.

2) 광역자치단체(시 · 도) 기준의 자치경찰제도

자치경찰제를 도입한다 하더라도 그 도입범위, 즉 광역자치단체와 기초자치단체 모두를 대상으로 할 것인지, 아니면 광역자치단제 또는 기초자치단체 중 어느 하나를 대상으로 할 것인지가 문제된다. 광역단위 자치경찰제도는 대도시내에 긴요한 지역경찰문제를 광역단위로 해결하려는 것으로, 지방자치제도의 취지에 맞게 시도지사에게 경찰권을 주는 것이다. 남북분단과 경찰행정의 효율성 등 한국의 특수성에 비추어 광역자치단체에만 자치경찰기관을 두고 소속 시도경찰은 물론 관할기관의 하급경찰기관을 지휘. 감독하도록 하는 것이다.

최근 자치경찰제도 시행을 앞두고 전국 17개 광역자치단체장들이 시 · 도경찰청장 인사권, 자치경찰 총괄부서장 등의 임용권 행사를 요청했다. 자치경찰의 책임성 확보를 위해 '시 · 도지사의 인사권 강화'를 요구한 점이다. 또한 자치경찰을 운영하기 위해서는 국가의 재정지원도 명확히 할 필요가 있다. 현행 법률에는 지자체가 이관 받은 사무 수행에 필요한 최소한의 재정 지원만을 규정하고 있는데, 이는 시 · 도의 재정 차이에 따른 치안서비스의 불균형으로 이어질 수 있다. 자치경찰교부세 같은 별도의 재정지원 방안은 자치경찰 사무 수행비용과 사무국의 운영 비용 등에 필요하기 때문이다.

3) 국가경찰위원회와 자치경찰위원회 제도

경찰법 제7조(국가경찰위원회의 설치) ① 국가경찰행정에 관하여 제10조 제1항 각 호의 사항을 심의 · 의결하기 위하여 행정안전부에 국가경찰위원회를 둔다.

② 국가경찰위원회는 위원장 1명을 포함한 7명의 위원으로 구성하되, 위원장 및 5명의 위원은 비상임(非常任)으로 하고, 1명의 위원은 상임(常任)으로 한다.

③ 제2항에 따른 위원 중 상임위원은 정무직으로 한다.

제8조(국가경찰위원회 위원의 임명 및 결격사유 등) ① 위원은 행정안전부장관의 제청으로 국무총리를 거쳐 대통령이 임명한다.

② 행정안전부장관은 위원 임명을 제청할 때 경찰의 정치적 중립이 보장되도록 하여야 한다.

③ 위원 중 2명은 법관의 자격이 있는 사람이어야 한다.

④ 위원은 특정 성(性)이 10분의 6을 초과하지 아니하도록 노력하여야 한다.

⑤ 다음 각 호의 어느 하나에 해당하는 사람은 위원이 될 수 없으며, 위원이 다음 각 호의 어느 하나에 해당하는 경우에는 당연퇴직한다.

1. 정당의 당원이거나 당적을 이탈한 날부터 3년이 지나지 아니한 사람
2. 선거에 의하여 취임하는 공직에 있거나 그 공직에서 퇴직한 날부터 3년이 지나지 아니한 사람
3. 경찰, 검찰, 국가정보원 직원 또는 군인의 직에 있거나 그 직에서 퇴

직한 날부터 3년이 지나지 아니한 사람

4. 「국가공무원법」 제33조 각 호의 어느 하나에 해당하는 사람. 다만, 「국가공무원법」 제33조제2호 및 제5호에 해당하는 경우에는 같은 법 제69조제1호 단서에 따른다.

⑥ 위원에 대해서는 「국가공무원법」 제60조 및 제65조를 준용한다."

국가경찰행정에 관하여 「국가경찰과 자치경찰의 조직 및 운영에 관한 법률」 제10조 제1항 각 호의 사항을 심의·의결하기 위하여 행정안전부에 국가경찰위원회를 두도록 하였고, 국가경찰위원회는 위원장 1명을 포함한 7명의 위원으로 구성하되, 위원장 및 5명의 위원은 비상임(非常任)으로 하고, 1명의 위원은 상임(常任)으로 하고, 위원 중 상임위원은 정무직으로 한다.

〈국가경찰위원회의 심의·의결 사항〉

1. 국가경찰사무에 관한 인사, 예산, 장비, 통신 등에 관한 주요정책 및 경찰 업무 발전에 관한 사항
2. 국가경찰사무에 관한 인권보호와 관련되는 경찰의 운영·개선에 관한 사항
3. 국가경찰사무 담당 공무원의 부패 방지와 청렴도 향상에 관한 주요 정책사항
4. 국가경찰사무 외에 다른 국가기관으로부터의 업무협조 요청에 관한 사항
5. 제주특별자치도의 자치경찰에 대한 경찰의 지원·협조 및 협약체결의 조정 등에 관한 주요 정책사항
6. 제18조에 따른 시·도자치경찰위원회 위원 추천, 자치경찰사무에 대한 주요 법령·정책 등에 관한 사항, 제25조제4항에 따른 시·도자치경찰위원회 의결에 대한 재의 요구에 관한 사항
7. 제2조에 따른 시책 수립에 관한 사항
8. 제32조에 따른 비상사태 등 전국적 치안유지를 위한 경찰청장의 지휘·명령에 관한 사항
9. 그 밖에 행정안전부장관 및 경찰청장이 중요하다고 인정하여 국가경찰위원회의 회의에 부친 사항

경찰법 제18조(시 · 도자치경찰위원회의 설치) ① 자치경찰사무를 관장하게 하기 위하여 특별시장 · 광역시장 · 특별자치시장 · 도지사 · 특별자치도지사(이하 "시 · 도지사"라 한다) 소속으로 시 · 도자치경찰위원회를 둔다. 다만, 제13조 후단에 따라 시 · 도에 2개의 시 · 도경찰청을 두는 경우 시 · 도지사 소속으로 2개의 시 · 도자치경찰위원회를 둘 수 있다. 〈개정 2021. 3. 30.〉

② 시 · 도자치경찰위원회는 합의제 행정기관으로서 그 권한에 속하는 업무를 독립적으로 수행한다.

③ 제1항 단서에 따라 2개의 시 · 도자치경찰위원회를 두는 경우 해당 시 · 도자치경찰위원회의 명칭, 관할구역, 사무분장, 그 밖에 필요한 사항은 대통령령으로 정한다. 〈신설 2021. 3. 30.〉

제19조(시 · 도자치경찰위원회의 구성) ① 시 · 도자치경찰위원회는 위원장 1명을 포함한 7명의 위원으로 구성하되, 위원장과 1명의 위원은 상임으로 하고, 5명의 위원은 비상임으로 한다.

② 위원은 특정 성(性)이 10분의 6을 초과하지 아니하도록 노력하여야 한다.

③ 위원 중 1명은 인권문제에 관하여 전문적인 지식과 경험이 있는 사람이 임명될 수 있도록 노력하여야 한다.

제20조(시 · 도자치경찰위원회 위원의 임명 및 결격사유) ① 시 · 도자치경찰위원회 위원은 다음 각 호의 사람을 시 · 도지사가 임명한다.

1. 시 · 도의회가 추천하는 2명
2. 국가경찰위원회가 추천하는 1명
3. 해당 시 · 도 교육감이 추천하는 1명
4. 시 · 도자치경찰위원회 위원추천위원회가 추천하는 2명
5. 시 · 도지사가 지명하는 1명

② 시 · 도자치경찰위원회 위원은 다음 각 호의 어느 하나에 해당하는 자격을 갖추어야 한다.

1. 판사 · 검사 · 변호사 또는 경찰의 직에 5년 이상 있었던 사람
2. 변호사 자격이 있는 사람으로서 국가기관등에서 법률에 관한 사무에

5년 이상 종사한 경력이 있는 사람
3. 대학이나 공인된 연구기관에서 법률학 · 행정학 또는 경찰학 분야의 조교수 이상의 직이나 이에 상당하는 직에 5년 이상 있었던 사람
4. 그 밖에 관할 지역주민 중에서 지방자치행정 또는 경찰행정 등의 분야에 경험이 풍부하고 학식과 덕망을 갖춘 사람

③ 시 · 도자치경찰위원회 위원장은 위원 중에서 시 · 도지사가 임명하고, 상임위원은 시 · 도자치경찰위원회의 의결을 거쳐 위원 중에서 위원장의 제청으로 시 · 도지사가 임명한다. 이 경우 위원장과 상임위원은 지방자치단체의 공무원으로 한다.

④ 위원은 정치적 중립을 지켜야 하며, 권한을 남용하여서는 아니 된다.

⑤ 공무원이 아닌 위원에 대해서는 「지방공무원법」 제52조 및 제57조를 준용한다.

⑥ 공무원이 아닌 위원은 그 소관 사무와 관련하여 형법이나 그 밖의 법률에 따른 벌칙을 적용할 때에는 공무원으로 본다.

⑦ 다음 각 호의 어느 하나에 해당하는 사람은 위원이 될 수 없다. 위원이 각 호의 어느 하나에 해당한 경우에는 당연퇴직한다.
1. 정당의 당원이거나 당적을 이탈한 날부터 3년이 지나지 아니한 사람
2. 선거에 의하여 취임하는 공직에 있거나 그 공직에서 퇴직한 날부터 3년이 지나지 아니한 사람
3. 경찰, 검찰, 국가정보원 직원 또는 군인의 직에 있거나 그 직에서 퇴직한 날부터 3년이 지나지 아니한 사람
4. 국가 및 지방자치단체의 공무원(국립 또는 공립대학의 조교수 이상의 직에 있는 사람은 제외한다. 이하 이 조에서 같다)이거나 공무원이었던 사람으로서 퇴직한 날부터 3년이 지나지 아니한 사람. 다만, 제20조제3항 후단에 따라 위원장과 상임위원이 지방자치단체의 공무원이 된 경우에는 당연퇴직하지 아니한다.
5. 「지방공무원법」 제31조 각 호의 어느 하나에 해당하는 사람. 다만, 「지방공무원법」 제31조제2호 및 제5호에 해당하는 경우에는 같은 법 제

61조제1호 단서에 따른다.

⑧ 그 밖에 위원의 임명방법 등에 관하여 필요한 사항은 대통령령으로 정하는 기준에 따라 시 · 도조례로 정한다."

시 · 도지사 소속하에 시 · 도경찰위원회를 합의제행정관청으로 설치하여 시 · 도경찰청을 관리하게 하여야 한다. 이 경우 시 · 도경찰위원회는 경찰행정의 최고 심의의결기관으로서의 위상을 갖는 점에 비추어 위원회의 구성에 있어서는 객관성과 투명성 및 민주성이 담보될 수 있어야만 할 것이다. 그러나 위원의 숫자가 지나치게 많을 경우에는 위원회의 운영상 비능률이 초래될 수 있기 때문에 위원의 숫자는 5인 내지 7인으로 하고 또한 주민의 의사를 반영할 수 있도록 3인 내지 4인은 해당 지방의회가 추천한 자를, 그리고 나머지는 지방자치단체의 장이 그 관할 구역에 상주하는 자 중에서 지방의회의 동의를 얻어 임명하도록 하는 것이 바람직할 것이다. 시 · 도경찰청장은 시 · 도경찰위원회의 추천을 받아 시 · 도의회의 동의를 얻어 시 · 도지사가 임명하도록 하는 방안이 타당하다고 본다.

〈시 · 도자치경찰위원회의 소관 사무〉

1. 자치경찰사무에 관한 목표의 수립 및 평가
2. 자치경찰사무에 관한 인사, 예산, 장비, 통신 등에 관한 주요정책 및 그 운영지원
3. 자치경찰사무 담당 공무원의 임용, 평가 및 인사위원회 운영
4. 자치경찰사무 담당 공무원의 부패 방지와 청렴도 향상에 관한 주요 정책 및 인권침해 또는 권한남용 소지가 있는 규칙, 제도, 정책, 관행 등의 개선
5. 제2조에 따른 시책 수립
6. 제28조 제2항에 따른 시 · 도경찰청장의 임용과 관련한 경찰청장과의 협의, 제30조 제4항에 따른 평가 및 결과 통보
7. 자치경찰사무 감사 및 감사의뢰
8. 자치경찰사무 담당 공무원의 주요 비위사건에 대한 감찰요구
9. 자치경찰사무 담당 공무원에 대한 징계요구
10. 자치경찰사무 담당 공무원의 고충심사 및 사기진작

> 11. 자치경찰사무와 관련된 중요사건 · 사고 및 현안의 점검
> 12. 자치경찰사무에 관한 규칙의 제정 · 개정 또는 폐지
> 13. 지방행정과 치안행정의 업무조정과 그 밖에 필요한 협의 · 조정
> 14. 제32조에 따른 비상사태 등 전국적 치안유지를 위한 경찰청장의 지휘 · 명령에 관한 사무
> 15. 국가경찰사무 · 자치경찰사무의 협력 · 조정과 관련하여 경찰청장과 협의
> 16. 국가경찰위원회에 대한 심의 · 조정 요청
> 17. 그 밖에 시 · 도지사, 시 · 도경찰청장이 중요하다고 인정하여 시 · 도자치경찰위원회의 회의에 부친 사항에 대한 심의 · 의결

자치경찰제를 국가경찰기관의 소속기관으로 두는 방안은 자치경찰제의 실시 의미가 부족하다고 보여 지며, 시 • 도 지방경찰의원회의 관리 하에 두는 방안도 자치경찰의 정치적 중립성과 민주성 확보에는 도움이 되나, 경찰업무의 속성상 신속한 법집행이 이루어져야 하는데 지장이 많아 그 효율성이 떨어져 선택하기 어려다. 그러므로 우리나라에는 시. 도지사 소속하에 광역적 업무를 담당하는 시. 도경찰본부를 두고, 시. 군. 구에 기초적 민생치안을 담당하는 자치경찰대를 주고 자치경찰대 소속하에 파출소 또는 치안센타를 두는 방안을 모색해야 할 것이다.

자치경찰사무를 수행하는 경찰공무원의 신분을 어떻게 할 것인가의 문제이다. 국가직과 지방직의 갈등관계와 통제권한의 확보 문제이다. 국가직으로 되어 있는 경찰인력을 어느 정도까지 지방직으로 할 것인지의 문제가 있다. 자치경찰제로 이행하는 분권화의 취지에 부합하고, 실질적인 권한의 이양을 도모하기 위해서는 경정이하의 경찰직을 지방직으로 전환하는 것이 바람직 하다. 지방경찰청장의 선임 방법이다.

자치경찰은 경찰조직의 권한과 책임을 지방자치단체가 지는 것으로 재정에 대하여도 지방자치단체가 지는 것이 바람직하다. 그러나 아직 우리 지방자치단체의 경우 재정자립도가 낮고 조세체제가 충분히 조정되지 않은 상태여서 이러한 제반여건이 갖추어질 때까지는 당분간 국고의 보조를 필요로 한다. 실제 우리 지방자치단체들의 재정상황은 매우 열악한 실정이다. 재정자립도가 낮고 지

역 간 재정격차가 크기 때문에 가중되는 재정 부담을 감당하기 어려운 것은 물론 자치단체 간 재정력의 불균형이 경찰서비스의 불균형을초래할 우려가 있기 때문이다.

자치경찰제도의 도입을 위한 지방재원의 확보는 지방자치단체가 자체수입으로 충당하는 것이 가장 이상적이다. 그러나 현재의 지역별 산업구조 내지 조세기반의 구성으로 보아 전적인 국세의 지방세 이양으로 자체 수입을 확보하는 것은 지방자치 단체의 부익부, 빈익빈 현상을 조장하여 지역격차를 심화시키는 결과가 된다. 즉 지방차치경찰제 도입을 반대하는 이유 중에 자치단체의 비용부담이 가중되어 재정자립이 약한 지역 간 경찰공공서비스의 불균형을 들 수 있다. 자치경찰의 운영경비는 자치단체 자체부담으로 하되 국가적 활동에 소요되는 경비는 국고에서 보조 지원되어야 하며, 특히 차량 및 통신기기 구매비, 경찰기동대 운영, 교육기관의 신.개축비, 특정한 중요범죄의 수사비 등은 국고에서 보조해 주는 체계로 전환되어야한다. 이는 국가경찰이 자치경찰에 대한 간접적 지휘.감독권이 되며, 전국적 상황에 효율적으로 대처할 수 있는 좋은 계기가 될 수 있기 때문이다. 또한 빈약한 지방재원의 확보를 위해서는 국세 중 일부분 이양과 지방교부세의 증액, 지방양여세의 확대 등으로 해결해야 할 것이다.

국세의 지방세로의 이전이 곤란하거나 충분한 재원확충 방안이 마련되지 못할 경우 경찰교부금제도의 신설을 검토해 볼 수 있다. 경찰교부금은 자치경찰재정의 확보와 자치경찰간 균형재정을 유지하는 데 유리한 방법으로서, 지방자치단체의 재정력 취약 및 불균형으로 인한 지역치안확보의 차질과 지역 간 치안서비스의 불균형 방지 등을 위해 시.도경찰기관의 설치 및 경영에 필요한 재원을 국가가 교부하여 주는 제도이다. 이는 전국적으로 표준적인 경찰서비스 수준을 확보하는데 필요한 재원을 확보하는 재원보조장치로 활용할 수 있을 것이다.

2. 자치경찰제도 운영 방향

1) 경찰사무

지방자치는 지역주민들이 스스로 자신들의 힘에 의해서 자신들의 업무를 처리하는 것을 말한다. 즉, 지역주민들이 대의제에 의해서, 아니면 직접 나서서 지방자치단체에 속하는 사무를 자신들의 행정 및 재정능력에 의해서 스스로 처리해 나가는 것을 말한다.

자치경찰제의 성공적인 도입을 위해서는 무엇보다도 경찰사무 를 어떻게 국가와 지방자치단체 간에 배분할 것인가가 중요한 문제로 대두된다. 중앙·지방정부가 수행하는 사무를 국가사무, 위임사무, 자치사무로 분류할 때 경찰사무는 국가적인 사무와 자치적인 사무를 아울러 가진다고 할 수 있는 데, 이중 사법경찰 즉 범죄의 수사와 체포는 국가적 사무로, 행정경찰과 교통경찰은 자치적인 사무라고 할 수 있다. 그러나 국가·자치사무 배분원칙이 법 이론적으로 또는 지방자치법 등 현행 법률에 의해 명확하지 아니하므로, 구체적인 사무의 배분은 결국 입법으로 해결할 수밖에 없다고 할 것이다. 구체적인 경찰사무에 대해서는 국가사무와 자치사무로 명확하게 구분할 수 없으나, 대체적으로 전국적 통일을 요하는 경찰법령, 통신·통계사무 등과 국가안보 및 공안에 관계되는 사무, 강력사건·사고, 국제협력에 관한 업무를 국가사무로 하고, 교통경찰, 방범 등 생활경찰, 행정법규 위반단속의 행정경찰 등 민생치안이나 지역서비스의 기본적인 활동에 대해서는 자치사무로 하는 것이 합리적이라는 의견이 있다.

자치사무는 개인의 생명, 신체 및 재산에 대한 위험의 방지 및 위해의 제거, 지방차원에서 가능한 범죄의 일반수사 및 범인의 체포, 운전면허, 교통법규위반에 대한 단속, 고속도로 및 국도를 제외한 도로의 교통표지판 및 신호체계의 설치·운영·관리, 기타 법률에 의하여 국가경찰사무로 규정되지 아니한 사무와 법령에 의하여 위임받은 사무 등이다.

2) 자치경찰 소속

자치경찰은 지방자치단체의 조직이어야 한다. 우선 자치경찰조직은 지방자치단체의 조직 내에 있어야 한다는 것이다. 또한 자치경찰관은 해당 자치단체 공무원이어야 한다. 자치단체를 움직이는 사람은 지방공무원이다. 따라서 자치경찰을 움직이는 경찰관도 당연히 자치경찰소속이어야 한다. 자치단체의 조직이 되기 위해서는 그 조직이 수행해야 할 사무가 다른 조직과 중복되지 않는 독점적이어야 한다.

자치경찰법은 지역교통·지역방범·지역경비를 자치경찰 사무로 하고 있다. 자치경찰운영은 자치단체능력에 의해서 이루어져야 한다. 자치경찰은 자신의 자치단체 주민의 생명과 재산을 보호하기 위하여 운영되는 제도이다. 따라서 자치경찰사무는 자치단체가 가장 우선시해야 해야 하는 사무인 것이다. 이렇게 중요한 사무를 다른 자치단체나 국가에 위탁하거나 의존하는 것은 지방자치의 의의를 저버리는 것이 할 수 있다. 자치경찰의 사무를 자신들의 행정 및 재정적 능력에 의해서 처리할 수 있을 때 진정한 자치경찰이 되는 것이다.

광역자치단체와의 협력관계 강화되어야 한다. 지역주민과 경찰이 보다 더 친밀한 관계를 유지하면서 지역사회문제를 함께 풀어나가려는 지역사회 경찰활동(Community Policing)이 강조되는 시점에서 광역 자치단체 간의 협력을 통해 양질의 치안서비스를 국민들에게 보다 효율적으로 제공하여야 한다. 자치경찰의 주체를 누구로 할 것인가, 즉 자치경찰을 지방자치단체장의 직속 또는 부속기관으로 설치하여 자치단체장을 자치경찰의 주체로 할 것인가, 아니면 경찰기능의 독립성을 부여하기 위하여 자치경찰을 지방자치단체장으로부터 분리하여 독립기관으로 설치할 것인가가 또한 중요한 논의의 대상이다.

관할구역의 질서유지 및 주민의 생명·신체·재산의 보호가 자치사무로서 지방자치단체장의 권한에 속한다는 관점에서 본다면, 자치경찰의 기능도 당연히 이에 포함되므로 자치경찰조직을 자치단체장의 보조기관 또는 직속기관으로 설치하는 것이 이론적이다. 그러나 자치경찰을 자치단체장의 보조기관 또는 직속기관으로 하면 정당의 공천을 받아 당선된 시·도지사나 시장·군수·구청장으로부터 정치적 영향을 받아 자치경찰의 이념인 정치적 중립성이 훼손될 가능성이 있다. 반면, 자치경찰조직을 지방자치단체장으로부터 분리하여 독립기관으로 설치하면 자치경찰기능이 중앙정부로부터의 자주성은 물론 지방자치단체장으로부터의 중립성도 가능하여 유력한 대안으로 제시되고 있다.

3) 민주적 효율성

자치경찰제도의 민주적 효율성을 도모해야 한다. 각 지역 실정에 적합하고 필요한 치안서비스를 제공하는데 있다. 그동안 경찰청을 중심으로 일방적인 지시, 불필요한 치안행정, 조직상급주의에서 벗어나 상호소통하고, 지역에 적합한 치안행정 등을 통해 진정으로 국민에게 봉사하는 치안체계를 확립하는 것이다.

지방자치는 지역주민의 의사에 따른 민주주의를 실현하고 헌법에 보장된 기본권을 보장하는 길이기도 하다. 국가경찰제도에서 광역자치단체를 중심으로 자치경찰을 시행하는 이유는 지역사회 경찰활동을 통해 치안에 대한 주민의 의사가 반영되고, 지역주민의 생활안적욕구를 충적시키는 것을 목표로 한다. 그러나 국가에서 자치경찰에 대한 예산과 인사, 모든 수사권 등을 주관한다면 진정한 자치경찰과는 거리가 멀다. 따라서 이러한 인사와 예산에 대해서 각 광역자치단체에서 주관 할 수 있도록 제도 개선안이 마련되어야 할 것이다.

자치경찰은 민주주의를 표방하는 국가가 주권자인 국민의 의사를 반영하는 원초적인 경찰제도라고 할 수 있다. 지금까지 시도지사와 시장, 군수, 구청장은 물론이고, 교육감도 주민직선으로 선출하여, 일반행정과 교육 분야의 지방자치는 이룩했다. 그러나 일반행정, 교육, 경찰의 3대 지방자치 분야 중 유독 경찰만큼은 국가경찰체제를 고수해왔다. 지방분권 내지 지방자치란 대국민 서비스와 경찰활동에 대하여 제대로 민주적 통제를 하는데 효율성이 검증된 기초적인 방식이다. 정치제도 중에서 역사적으로 민주주의가 가장 국민의사를 잘 반영하는 제도로 입증된 것과 마찬가지로 자치경찰도 그렇다고 보아야 한다. 시민과 지역주민의 참여를 보장하기 위해 시・도 자치경찰위원회를 설치해야 하며, 시・도 자치경찰청을 '시・도지사' 소속으로 하되, '시・도 자치경찰위원회'의 통제를 받도록 함으로써, 법 집행기관의 특성과 독립성을 보장해야 한다. 지역주민의 경찰에 대한 민주적 통제를 강화하고 보다 효율적이며 국민 눈높이에 맞는 경찰민주화를 바라기 때문이다.

학습정리

1. 자치경찰제도 도입

• 자치경찰 도입은 지역 주민과 가장 가까운 지방정부가 지역 주민중심의 치안서비스를 제공하는데 목적이 있다.

• 자치경찰제를 채택하는 경우 광역자치단체 뿐만 아니라 기초자치단체에 이르기까지 실시하는 것이 광역적인 치안수요에 부응하고 경찰업무 수행의 탄력성을 가질 수 있게 되며 주민위주의 치안서비스를 제공할 수 있기 때문에 이상적이다.

• 절충형 자치경찰제는 국가적 요소와 지방적 요소를 동시에 충족시킬 수 있으며, 경찰의 민주성과 능률성, 중앙집권과 지방분권, 정치적 중립성을 조화시키면서 조직의 목표에 접근할 수 있는 장점을 가지고 있어 국민으로부터 신뢰성은 물론 봉사하는 경찰로서 이해와 협조에 의한 대민관계의 개선도 한층 촉진할 것이다.

• 광역단위 자치경찰제도는 대도시내에 긴요한 지역경찰문제를 광역단위로 해결하려는 것으로, 지방자치제도의 취지에 맞게 시도지사에게 경찰권을 주는 것이다. 남북분단과 경찰행정의 효율성 등 한국의 특수성에 비추어 광역자치단체에만 자치경찰기관을 두고 소속 시도경찰은 물론 관할기관의 하급경찰기관을 지휘. 감독하도록 하는 것이다.

2. 자치경찰제도 운영방향

• 자치사무는 개인의 생명, 신체 및 재산에 대한 위험의 방지 및 위해의 제거, 지방차원에서 가능한 범죄의 일반수사 및 범인의 체포, 운전면허, 교통법규위반에 대한 단속, 고속도로 및 국도를 제외한 도로의 교통표지판 및 신호체계의 설치·운영·관리, 기타 법률에 의하여 국가경찰사무로 규정되

지 아니한 사무와 법령에 의하여 위임받은 사무 등이다.

- 시 · 도 자치경찰청을 '시 · 도지사' 소속으로 하되, '시 · 도 자치경찰위원회'의 통제를 받도록 함으로써, 법 집행기관의 특성과 독립성을 보장해야 한다. 지역주민의 경찰에 대한 민주적 통제를 강화하고 보다 효율적이며 국민 눈높이에 맞는 경찰민주화를 바라기 때문이다.

제 2 절 제주도 자치경찰제도 운영 사례

1. 조직구성 및 운영업무

제주도는 2007년 2월 28일 오전 10시에 제주특별자치도 자치경찰단(구, 제주세무서) 청사앞에서 도지사, 도의회 의장, 제주지방경찰청장, 자치경찰 83명(순찰차 9대, 싸이카 4대) 등 100여명이 참석한 가운데 자치경찰 발대식을 개최하였다. 제주도 자치경찰제도는 관광과 환경에 중점을 도민의 입장에서 도민이 필요로 하는 것을 찾아내서 적극적으로 실천해 줄 것과 관광제주의 이미지를 흐리는 관광저해사범 척결 및 환경치안의 파수꾼으로서의 역할도 충실히 수행해 줄 것을 목표로 운영되었다.

제주특별자치도 출범과 함께 창설된 제주자치경찰단에는 지난 2018년 이후 생활안전, 교통, 아동청소년 분야의 국가경찰 인력이 파견되기 시작했다. 제주자치경찰단은 제주경찰청과 제주도의 업무협약에 따라 국가경찰 중 특별임용한 38명으로 시작해 점차 규모가 확대돼 총 419명이 근무 중이었다.

2. 운영사례

1) 약사법 위반사범 단속

자치경찰 운영 중 사례로는 마스크 6,000점을 매점매석하여 인터넷으로 판매한 중국인을 구속하였다. '20. 2. 24, 자치경찰단 수사과에서 도내 온라인 카페를 모니터링하던 중 마스크 6,000점을 판매할 수 있다는 게시글을 확인하여, 즉시 전담 수사반을 편성하고 판매자의 주거지에서 잠복수사를 실시, 2. 27, 중국국적 판매자의 주거지와 차량에서 마스크 2,430점을 압수하여 약사법과 물가안정법 위반으로 구속하였다. '20. 2. 25, 인증받지 않은 보건용 마스크가 유통되고 있다는 첩보 입수 후 전담 수사관 5명 편성, 해당 마스크를 확보한 결과 공업용 마스크를 보건용 마스크로 둔갑하고 이미 유효기간이 경과한 보건환경연구원 발행 검사성적서와 식약청 발행 품목허가서까지 위조한 것을 확인, 유통단계 수사를 통해 3월 9일 제주도가 아닌 지역에서 최초 유통한 업자와 이에 공모한 중간 유통업자 2명을 약사법 위반으로 모두 구속하였다.

2) 아동학대사범 단속

제주경찰청은 A어린이집 아동학대와 관련해 원장 1명(아동복지법 위반 혐의)과 교사 6명(아동학대 범죄의 처벌 등에 관한 특례법 위반)를 입건 조사하였다. 학대를 당한 아동은 청각, 자폐아동을 포함해 총 16명이며, 연령대는 1~4세 가량이다. 피해 아동들의 학대 횟수는 100회가 넘어선 것으로 조사되었으며, 아동학대 기간은 2020년 11월부터 최근까지인 것으로 알려졌다. 어린이집 사건은 자신의 아이의 귀가 빨개져 있는 사안을 수상히 여긴 학부모가 경찰에 신고하며 드러났다. 경찰은 어린이집에 있는 CCTV 영상 등을 통해 물리적·정신적 학대를 행사한 관련자들을 차례로 입건했다. 녹화된 CCTV 영상은 입건된 교사들이 아동의 배를 수차례 때리고, 주먹으로 머리를 내리치는 장면들이 담겨 있는 것으로 전해지고 있다. 경찰은 상습적으로 학대가 이뤄진 것으로 보고 있다.

3) 보호구역 안전점검

등교수업 재개에 따라 어린이 안전사고 방지를 위해 보호구역 안전점검을 실시한다. 봄 개학기 맞이 '구석구석 살펴 봄' 초등학교 안전 점검은 제주시 69개교(시내권 34, 동부권 16, 서부권 19), 서귀포 44개교(시내권 9개소, 읍면 35개소) 등 총 113개 초등학교에 대해 안전점검을 3월말까지 실시한다. 이에 따라 초등학교 스쿨존이나 통학로 주변을 중심으로 안전시설물 파손 여부, 스쿨존 내 공사장 보행자 안전조치 여부, 교통시설 표지판 파손 여부, 스쿨존 장기주차 또는 방치 차량, 불법 광고물 게시, 안심 비상벨 작동 여부 등 6개 항목을 중점적으로 점검한다. 또한 지난해부터 역점으로 추진 중인 안전한 통학로 조성사업도 차질 없이 진행할 방침이다. 안전점검 중 시급하고 위험한 사항이 발견된 경우에 즉시 현장 조치를 취하고 관계 부서에 후속조치를 요청할 것이다.

4) 건축폐기물 단속

제주시 애월읍 한담해변 인근 신축 공사현장에서 건축폐기물을 무단 매립했다는 의혹이 제기돼 자치경찰이 수사에 나섰다. 제주도자치경찰단은 건설현장에서 발생한 폐기물이 적법한 절차를 거쳐 처리됐는지, 현장에 불법 매립한 폐기물량이 어느 정도인지 등을 조사할 방침이다. 관련 법상 폐기물 처리시설이 아닌 곳에서 허가·승인 없이 폐기물을 매립하거나 소각해서는 안 되며, 이를 어길 시 처벌받을 수 있다.

5) '주취자 보호 등 치안역량 강화를 위한 주취자 응급의료센터 개소' 업무협약

제주특별자치도경찰청은 제주대학교병원과 '주취자 보호 등 치안역량 강화를 위한 주취자 응급의료센터 개소' 업무협약식을 개최했다. 주취자 응급의료센터는 만취로 인해 의학적 개입이 필요한 주취자 뿐만 아니라 자·타해 위험이 높은 정신질환자 등 보호조치가 필요한 사람을 병원으로 인계해 보호하고, 병원 내 주취폭력·난동·음주소란으로 인한 진료 방해행위 등을 예방하기 위해 시행하게 됐다. 주취자 응급의료센터에는 경찰관이 24시간 배치돼 병원 내 응급상황 및 질서유지 업무를 담당하게 된다. 그동안 제주경찰청은 2019년도 자치경찰

시범운영에 맞춰 제주시 한라병원과 서귀포시 서귀포의료원에 주취자 응급의료센터를 개설해 자치 경찰에서 운영해 왔다.

경찰은 자·타해 위험이 높은 정신질환자 등 응급입원 인계 시, 지역경찰이 병원 응급실에서 4~5시간 대기하면서 기본업무를 수행하지 못하는 문제점 등 보호조치 업무의 중요성이 나날이 증가함에 따라 제주대학교병원 내 주취자 응급의료센터 신설을 추진했다. 이번에 제주대학교병원에 주취자 응급의료센터를 개소함에 따라 제주경찰청은 각 경찰서별 1개소씩 총 3곳을 운영하게 됐다. 전국적으로도 제주를 포함해서 6개 시도경찰청 14개 병원에서 운영 중으로, 타시도 경찰청에서도 주취자 응급의료센터운영의 필요성에 공감해서 확대 운영할 예정에 있다. 그동안 운영됐던 한라병원 및 서귀포의료원 주취자 응급의료센터 2곳에서는 지난 2019년 644건, 2020년에는 645건의 주취자 등 보호 및 음주소란·난동 제지 등 업무를 처리했다.

6) 불량급식사범 단속

제주특별자치도는 자치경찰, 위생부서, 보육부서로 합동조사반을 편성해 어린이집 등을 대상으로 특별점검을 실시했다. 보존식 보관 적정성, 위생기준 준수 여부, 개인위생, 시설·설비, 식재료 공급·유통·구입·보관·조리·배식 단계별 위생관리 등이 중점 확인된다. 자치경찰단 등과 함께 점검하고, 위반사항이 있는 경우 행정조치를 취할 계획이다. 자치경찰제도 시행으로 제주시내 어린이집을 방문해 실제 급식 상황을 점검하고, 현장 보육교사들의 의견을 청취하는 등 다양한 맞춤형 치안을 정립해가고 있다.

제 3 절 한국의 자치경찰제도

최근 우리나라에서는 진정한 지방자치를 위해 경찰권한의 분권화와 함께 지역특성에 적합한 치안서비스의 제공이 필요하다는 점에서 자치경찰제 전면 시행의 필요성이 꾸준히 제기되고 있으며, 더욱이 수사권 조정 시행과 함께 자치경찰제의 도입을 통해 비대해진 경찰권을 효율적으로 분산하여야 한다는 의견이 제기되고 있다.

자치경찰제를 도입함에 있어서는 경찰행정에 분권과 민주성에 대한 요구를 반영하는 동시에, 국민 안전에 공백이 없도록 국가 전체의 치안 총량과 현재의 안정적 경찰활동 체계가 흔들리지 않도록 유지할 필요가 있는 것이다. 한편, 지방행정과 치안행정의 연계성을 확보하여 지역주민의 치안수요에 적합한 다양한 치안서비스를 제공하고 지역실정에 맞는 주민밀착형 경찰서비스가 실현되어야 할 뿐만 아니라 현행 조직체계의 변화와 추가 소요비용 최소화를 통해 국민부담을 경감할 필요가 있다. 이에 현행법을 개정하여 경찰사무를 국가경찰사무와 자치경찰사무로 나누고, 각 사무별 지휘 · 감독권자를 분산하며, 시 · 도자치경찰위원회가 자치경찰사무를 지휘 · 감독하도록 하는 등 자치경찰제 도입의 법적 근거를 마련함으로써, 경찰권 비대화의 우려를 해소하면서 지방행정과 치안행정의 연계성을 확보하여 주민 수요에 적합한 다양한 양질의 치안서비스를 제공하는 한편 국가전체의 치안역량을 효율적으로 강화할 수 있도록 하려는 것이다.

국민의 생명 · 신체 · 재산 또는 공공의 안전 등에 중대한 위험을 초래하는 긴급하고 중요한 사건의 수사에 있어서 경찰의 자원을 대규모로 동원하는 등 통합적으로 현장 대응할 필요가 있는 경우에 경찰청장은 국가수사본부장을 통하여 개별 사건의 수사에 대해 구체적으로 지휘 · 감독할 수 있도록 하는 내용으로 「경찰법」이 「국가경찰과 자치경찰의 조직 및 운영에 관한 법률」로 개정(법률 제17689호, 2020. 12. 22. 공포, 2021. 1. 1. 시행)됨에 따라, 경찰청장이 구체적으로 지휘 · 감독할 수 있는 긴급하고 중요한 사건을 전시 · 사변의 발생으로 전국적인 치안유지가 필요한 사건이나 재난 · 테러 등이 발생하여 신속한 조치가 필요한 사건 등으로 정하고, 경찰청장은 국가수사본부장에게 개별 사건의 수사에 대한 구체적 지휘를 하는 경우 서면으로 지휘하는 것을 원칙으로 정하는 등 법률에서 위임된 사항과 그 집행에 필요한 사항을 정하려는 것이다.

경찰법 제32조(비상사태 등 전국적 치안유지를 위한 경찰청장의 지휘 · 명령) ① 경찰청장은 다음 각 호의 경우에는 제2항에 따라 자치경찰사무를 수행하는 경찰공무원(제주특별자치도의 자치경찰공무원을 포함한다)을 직접 지휘 · 명령할 수 있다.

1. 전시 · 사변, 천재지변, 그 밖에 이에 준하는 국가 비상사태, 대규모의 테러 또는 소요사태가 발생하였거나 발생할 우려가 있어 전국적인 치안유지를 위하여 긴급한 조치가 필요하다고 인정할 만한 충분한 사유가 있는 경우
2. 국민안전에 중대한 영향을 미치는 사안에 대하여 다수의 시 · 도에 동일하게 적용되는 치안정책을 시행할 필요가 있다고 인정할 만한 충분한 사유가 있는 경우
3. 자치경찰사무와 관련하여 해당 시 · 도의 경찰력으로는 국민의 생명 · 신체 · 재산의 보호 및 공공의 안녕과 질서유지가 어려워 경찰청장의 지원 · 조정이 필요하다고 인정할 만한 충분한 사유가 있는 경우

② 경찰청장은 제1항에 따른 조치가 필요한 경우에는 시 · 도자치경찰위원회에 자치경찰사무를 담당하는 경찰공무원을 직접 지휘 · 명령하려는 사유 및 내용 등을 구체적으로 제시하여 통보하여야 한다.

③ 제2항에 따른 통보를 받은 시 · 도자치경찰위원회는 정당한 사유가 없으면 즉시 자치경찰사무를 담당하는 경찰공무원에게 경찰청장의 지휘 · 명령을 받을 것을 명하여야 하며, 제1항에 규정된 사유에 해당하지 아니한다고 인정하면 시 · 도자치경찰위원회의 의결을 거쳐 경찰청장에게 그 지휘 · 명령의 중단을 요청할 수 있다.

④ 경찰청장이 제1항에 따라 지휘 · 명령을 하는 경우에는 국가경찰위원회

에 즉시 보고하여야 한다. 다만, 제1항제3호의 경우에는 미리 국가경찰위원회의 의결을 거쳐야 하며 긴급한 경우에는 우선 조치 후 지체 없이 국가경찰위원회의 의결을 거쳐야 한다.

⑤ 제4항에 따라 보고를 받은 국가경찰위원회는 제1항에 규정된 사유에 해당하지 아니한다고 인정하면 그 지휘·명령을 중단할 것을 의결하여 경찰청장에게 통보할 수 있다.

⑥ 경찰청장은 제1항에 따라 지휘·명령할 수 있는 사유가 해소된 때에는 경찰공무원에 대한 지휘·명령을 즉시 중단하여야 한다.

⑦ 시·도자치경찰위원회는 제1항제3호에 해당하는 경우 의결로 지원·조정의 범위·기간 등을 정하여 경찰청장에게 지원·조정을 요청할 수 있다.

⑧ 경찰청장은 제주특별자치도경찰청의 관할구역에서 제1항의 지휘·명령권을 제주특별자치도경찰청장에게 위임할 수 있다."

〈비상사태 등 전국적 치안유지를 위한 경찰청장의 지휘·명령〉

① 경찰청장은 다음 각 호의 경우에는 제2항에 따라 자치경찰사무를 수행하는 경찰공무원(제주특별자치도의 자치경찰공무원을 포함한다)을 직접 지휘·명령할 수 있다. 1. 전시·사변, 천재지변, 그 밖에 이에 준하는 국가 비상사태, 대규모의 테러 또는 소요사태가 발생하였거나 발생할 우려가 있어 전국적인 치안유지를 위하여 긴급한 조치가 필요하다고 인정할 만한 충분한 사유가 있는 경우 2. 국민안전에 중대한 영향을 미치는 사안에 대하여 다수의 시·도에 동일하게 적용되는 치안정책을 시행할 필요가 있다고 인정할 만한 충분한 사유가 있는 경우 3. 자치경찰사무와 관련하여 해당 시·도의 경찰력으로는 국민의 생명·신체·재산의 보호 및 공공의 안녕과 질서유지가 어려워 경찰청장의 지원·조정이 필요하다고 인정할 만한 충분한 사유가 있는 경우 ② 경찰청장은 제1항에 따른 조치가 필요한 경우에는 시·도자치경찰위원회에 자치경찰사무를 담당하는 경찰공무원을 직접 지휘·명령하려는 사유 및 내용 등을 구체적으로 제시하여 통보하여야 한다. ③ 제2항에 따른 통보를 받은 시·도자치경찰위원회는 정당한 사유가 없으면

즉시 자치경찰사무를 담당하는 경찰공무원에게 경찰청장의 지휘·명령을 받을 것을 명하여야 하며, 제1항에 규정된 사유에 해당하지 아니한다고 인정하면 시·도자치경찰위원회의 의결을 거쳐 경찰청장에게 그 지휘·명령의 중단을 요청할 수 있다.

④ 경찰청장이 제1항에 따라 지휘·명령을 하는 경우에는 국가경찰위원회에 즉시 보고하여야 한다. 다만, 제1항 제3호의 경우에는 미리 국가경찰위원회의 의결을 거쳐야 하며 긴급한 경우에는 우선 조치 후 지체 없이 국가경찰위원회의 의결을 거쳐야 한다.

⑤ 제4항에 따라 보고를 받은 국가경찰위원회는 제1항에 규정된 사유에 해당하지 아니한다고 인정하면 그 지휘·명령을 중단할 것을 의결하여 경찰청장에게 통보할 수 있다.

⑥ 경찰청장은 제1항에 따라 지휘·명령할 수 있는 사유가 해소된 때에는 경찰공무원에 대한 지휘·명령을 즉시 중단하여야 한다.

⑦ 시·도자치경찰위원회는 제1항 제3호에 해당하는 경우 의결로 지원·조정의 범위·기간 등을 정하여 경찰청장에게 지원·조정을 요청할 수 있다.

⑧ 경찰청장은 제주특별자치도경찰청의 관할구역에서 제1항의 지휘·명령권을 제주특별자치도경찰청장에게 위임할 수 있다.

1. 경찰위원회제도

경찰위원회의 설치는 경찰조직의 독립성과 민주성을 확립하는데 적절한 형태로서 계급적 관료제 경찰조직의 경직성을 완화하고 민주적인 정당성을 가진 대표에 의하여 경찰행정의 중요한 정책을 결정하고 예산운영 및 예산감독을 하기 위해서는 합의제 행정기관으로 위원회제도를 도입하는 것이 바람직하다.

'시·도경찰위원회'를 합의제 행정기관으로 설치한다. 시·도지사의 경찰직무에 대한 직접적인 지휘·감독은 인정하지 않고 시·도경찰위원회가 자치경찰을 관리하도록 하여, 자치경찰의 정치적 중립성 확보, 자치단체장의 권한남용 방지를 제도화한다. 시·도별로 '경찰위원회'가 설치됨에 따라 지역 치안여건과 주민요구를 반영한 민주적·효율적 경찰운영이 가능해진다.

시·도경찰위원 5명은 시도지사가 임명(시·도지사 1명 지명, 시·도의회 2명(여·야 각 1명)·법원 1명·국가경찰위 1명 추천) 한다. 정치적 중립방안으로 합의제 행정기관으로 '시·도경찰위원회'를 설치한다. 지방자치 경찰제도의 조직과 인력은 국가경찰 인력을 단계적으로 자치경찰에 이관하는 방법이다. 1단계에서 7,000~8,000명정도 이관하고, 2단계에서 30,000~35,000명 정도 이관, 3단계에서 43,000명 정도 이관, 마지막으로 최종 평가 후 추가 확대하는 방안이다.

2. 자치경찰 사무

자치경찰은 '생활안전·여청·교통·지역경비' 등 주민밀착 민생치안활동 및 이와 밀접한 관계가 있는 성폭력·학교폭력·가정폭력·교통사고·음주운전·공무수행 방해 등 수사를 담당하며, 국가경찰은 정보·보안·외사 및 수사, 전국적·통일적 처리를 요하는 민생치안 사무를 담당한다. 아울러, 긴급하게 조치해야 할 현장성 있는 사건의 현장보존·범인검거 등 초동조치를 국가·자치경찰의 공동 의무사항으로 규정하여 사건처리의 혼선을 방지하고 협력체계를 강화한다.

자치경찰특위안은 국가경찰 대비 자치경찰 인력을 36%까지 대폭 확대하고, 지역 민생치안 관련 사무이양 및 관련 수사권 부여, 국가 재정부담을 통해 자치경찰제가 활성화 될 수 있도록 하였다. 지방자치경찰에 대한 사무배분은 생활안전·여성청소년·교통 등 주민밀착형 민생치안 활동 수행을 중심으로 한다. 112신고 출동 및 현장 초동조치는 공동 대응하고, 업무혼선 및 국민불편 최소화하는 방안으로 진행된다. '치안'이 독자적으로 한 개 범주에 속할 만큼 안전은 삶의 질을 좌우하는 중요 요소다. 범죄발생은 범죄 피해 회복이 어렵고, 사회적으로도 불안·두려움을 조장한다는 점에서 예방이 무엇보다 중요하다.

최근 우리나라는 5대 범죄 및 사회적 약자 보호 지표 등 객관적인 통계 지표가 꾸준히 개선되고 있음에도 여전히 국민은 범죄에 대한 불안감을 떨쳐버리지 못하는 실정이다. 이에 경찰의 패러다임도 사후대응에서 사전대응으로 변화하고 있다. 또 범죄뿐 아니라 그 두려움을 감소시키기 위해 범죄 취약요인을 사전에 예측·관리함으로써 범죄 기회를 미연에 차단하는 예방에 집중하고 있다. 각종 범죄 장소를 분석해보면 몇 가지 공통적인 특징을 발견할 수 있다. 지역별 범죄에 취약한 물리적 환경에서 범죄가 빈발하거나 집중되고 있는 낡은 건물과 방치된 공·폐가, 좁은 골목길, 부족한 방범시설 등은 범죄예방을 위한 도시 환경 디자인과 적절한 관리를 통해 범죄의 기회를 근본적으로 억제함으로써 범죄를 예방하고 범죄에 대한 사람들의 두려움을 감소시키는 전략을 구사해야 한다. 자치경찰이 추구해야 할 방향은 사전에 범죄발생 환경을 개선하고 적극적으로 예방할 수 있도록 해야 한다.

3. 자치경찰조직

경찰법 제28조(시·도경찰청장) ① 시·도경찰청에 시·도경찰청장을 두며, 시·도경찰청장은 치안정감·치안감(治安監) 또는 경무관(警務官)으로 보한다.

② 「경찰공무원법」 제7조에도 불구하고 시·도경찰청장은 경찰청장이 시·도자치경찰위원회와 협의하여 추천한 사람 중에서 행정안전부장관의 제청으로 국무총리를 거쳐 대통령이 임용한다.

③ 시·도경찰청장은 국가경찰사무에 대해서는 경찰청장의 지휘·감독을, 자치경찰사무에 대해서는 시·도자치경찰위원회의 지휘·감독을 받아 관할구역의 소관 사무를 관장하고 소속 공무원 및 소속 경찰기관의 장을 지휘·감독한다. 다만, 수사에 관한 사무에 대해서는 국가수사본부장의 지휘·감독을 받아 관할구역의 소관 사무를 관장하고 소속 공무원 및 소속 경찰기관의 장을 지휘·감독한다.

④ 제3항 본문의 경우 시·도자치경찰위원회는 자치경찰사무에 대해 심의·의결을 통하여 시·도경찰청장을 지휘·감독한다. 다만, 시·도자치경찰위원회가 심의·의결할 시간적 여유가 없거나 심의·의결이 곤란한 경우 대통령령으로 정하는 바에 따라 시·도자치경찰위원회의 지휘·감

독권을 시 · 도경찰청장에게 위임한 것으로 본다."

자치경찰제도는 시 · 도에 '자치경찰본부', 시 · 군 · 구에 '자치경찰대'를 신설하고, '지구대 · 파출소'는 사무배분에 따라 대부분 자치경찰로 이관하게 된다. 국가경찰은 1단계 7~8천명 → 2단계 3~3.5만명(누적기준) → 3단계 4.3만명(누적기준)을 단계적으로 자치경찰로 이관하며, 시 · 도지사에게는 자치경찰본부장 · 자치경찰대장에 대한 임명권을 부여해 자치분권의 기본 취지를 구현하였다. 다만, 정치적 중립성 보장을 위하여 독립된 합의제 행정기관인 '시 · 도경찰위원회'에서 자치경찰을 관리 · 감독하게 함으로써 견제와 균형이 이루어질 수 있도록 설계하였다.

자치경찰은 지방행정과 연계하여 주민생활과 밀접한 생활안전, 여성 · 청소년, 교통 등 주민밀착형 민생치안 활동을 수행하게 된다. 자치경찰에 민생치안 수사권 · 초동조치권 부여 등 실효성 있는 치안서비스 제공이 가능하도록 제도적 틀도 마련할 예정이다. 그 내용은 학교 · 가정폭력, 교통사고 · 음주운전 · 공무집행방해 등 일부 민생치안 부분에 수사권을 부여하고, 현장보존 등에 필요한 초동조치권 부여, 국가경찰에 적용되는 경찰관직무집행법 전면 준용 등이다.

자치경찰은 시 · 도 소속 특정직 지방공무원으로 하되, 초기에는 국가직을 유지하고 단계적으로 지방직으로 전환한다. 자치경찰본부장과 자치경찰대장은 시 · 도경찰위원회의 추천를 받아 시 · 도지사가 임명하며, 자치경찰대장 임명 시에는 시 · 군 · 구청장의 의견을 청취토록하여 기초자치단체와 상호 연계성을 증진하고 국가경찰은 국가와 자치경찰, 시 · 도 자치경찰 간 인사교류, 자치경찰의 교육 · 훈련 등을 지원한다.

자치경찰제 시행에 필요한 예산은 '국가부담'을 원칙으로 한다. 시범운영 예산은 우선 국비로 지원하고 장기적으로 '자치경찰교부세' 도입을 검토한다. 자치경찰은 국가경찰로부터 이관되는 인력으로 운영됨으로 이로 인한 국가경찰의 여분의 시설 · 장비는 자치경찰과 공동사용하는 것을 원칙으로 하여 신규 재정부담을 최소화한다.

4. 자치경찰의 재정

자치경찰의 재정에 있어서는 자치경찰제 실시에 소요되는 예산을 국가가 부담할 것인가가 문제되는 데, 자치경찰의 사무는 자치단체의 고유사무라는 견지에서는 전액 지방자치단체가 부담하는 것이 논리적이라 하겠으며, 이를 위해서는 자치단체의 경찰사무 증가분만큼의 국세가 지방세로 전환이 전제되어야 할 것이다.

자치단체의 재정자립도를 감안하면 자치경찰의 경비는 지방자치단체가 부담하는 것을 원칙으로 하되, 국가적 성격의 사무와 관련한 경비는 국가에서 직접 지급하고 기타 경비에 대해서도 일부 국고보조를 하는 해주는 것이 타당하다는 의견이 있다. 향후 자치경찰 수요는 폭발적으로 증가할 것으로 예측되는데도 국가의 재정지원에 대한 법적 근거만 있고 구체적 대책이 불명확한 것이 문제로 지적된다.

수도권과 비수도권과의 재정격차가 격심한 현실에서 재정지원이 없을 경우 비수도권의 서비스 질은 오히려 떨어질 우려가 있다. 이러한 차원에서 자치경찰에 대한 재정지원을 위해 재정분권 추진과 함께 재정이 열악한 지역을 위한 지방교부세율의 인상을 적극 검토할 필요가 있다.

제 4 절 자치경찰 기대효과

1. 생활안전

중앙집권적 국가경찰위주의 일제 지도단속 등 획일적 치안활동에서 탈피해서 보다 더 지역별 특성에 적합하고 지역 주민요구를 반영한 주민 친화적이고 탄력적인 치안활동이 활성화 될 수 있다. 또한 생활안전·범죄예방 관련정보를 자치단체와 자치경찰이 함께 공유하며, CCTV 및 가로등 설치·위치조정 등 범죄예방환경개선(CPTED)도 효율적 추진이 가능하게 된다. 자치경찰제도가 도입되면 지방자치의 완성도와 지방행정의 종합행정력을 결과적으로 높일 수 있으며, 국민들에 대한 치안서비스의 질도 향상될 것이다. 또한, 자치단체 소속으로 자치경찰이 운영되기 때문에 자치단체의 행정력과 자치경찰의 치안역량이 결합되면서 긍정적 효과가 발생할 것으로 파악된다. 지방자치단체 관광지·신도시·농어촌 등 지역적 특색에 맞는 창의적이고 자율적인 치안정책 등이 실현될 수 있다.

지역별 외국인 거주가 많은 도시의 경우 외국인 범죄 예방 활동에 중점을 두고, 농촌지역에서는 농산물 절도 등 범죄 대응에 중점을 두고 치안활동을 할 수 있다. 이러한 지역별 치안서비스는 섬세한 치안관리가 가능해지고 수요자가 주도하는 온디맨드 흐름 속에서 맞춤형 치안서비스 가능하게 된 것이다. 국가경찰에서 주도하고 일방적으로 지시하고 강제하는 치안이 아닌 지역별 특성에 따른 디자인된 치안을 한다고 보아야 한다.

자치경찰제도에서 지방행정과 치안이 결합돼 생활안전, 사회적 약자 보호, 범죄 예방을 진행함으로써 실질적인 치안서비스, 행정서비스의 수준을 높일 수 있다. 그동안 국가경찰에서 하지 못했던 각 지역의 치안 현장, 주민들의 생활 현장에서 문제점을 찾고 개선점을 구현하고 제도로 반영해 나가야 한다. 지역주민의 생활안전 확보 및 치안 불안감을 해소를 위해 지능형 CC-TV 통합관제센터 운영, 범죄예방환경설계(골목길 벽화 등), 편리하고 안전한 교통체계 구축 등을 적극적으로 고려할 필요가 있다.

사회적 약자 보호를 위한 맞춤형 치안 강화' 분야에 대해서는 유관기관 간 합동대응체계 및 협업 내실화를 통한 아동대상 범죄예방, 지자체와 교육청, 시민단체들과 협력을 통한 통합대응체계 구축으로 위기 청소년 선도・보호, 지역주민이 참여하는 자율방범대 운영, 찾아가는 치안설명회 등 주민과 마을공동체와의 협력을 통한 주민참여 치안체계 구축하고, 시군별 특성에 맞춘 경찰활동을 강화 함으로써 실질적인 범죄 감소 효과가 나타난다.

2. 여성·청소년 등 사회적 약자

최근 많이 발생되고 있는 성폭력, 가정폭력, 학교폭력 등 다양한 문제에 대하여 단순 사건처리에 그치지 않고 지역사회와 학교, 자치단체 등과 경찰이 함께 하는 문제 해결적 경찰활동을 활성화할 수 있다. 또한 학교전담경찰관(SPO)업무가 등・하교길 안전 활동업무, 안심비상벨 관리 분야로 확대되고, 사건 및 신고 접수 시 신속히 안전조치가 이루어질 수 있다. 자치경찰제도는 학교폭력, 치매노인 실종, 자살위험 신고 등 상황 발생 시 사건 처리와 피해자에 대한 복지행정과 연계된 지원서비스가 동시에 진행될 수 있다. 예를들면 자치경찰은 지역별로 발생된 사건에 대한 통계를 확인하고 반발장소를 순찰하여 예방을 하여야 하며, 지방자치단체와 협력하여 환경정비, 지역사회참여 등 활동을 통해 해결하는 방법이다.

모든 국민은 법 앞에 평등하다. 누구든지 성별 · 종교 또는 사회적 신분에 의하여 정치적 · 경제적 · 사회적 · 문화적 생활의 모든 영역에 있어서 차별을 받지 아니한다. 헌법 제11조의 평등권은 국가로부터 부당하게 차별대우를 받지 아니함은 물론 국가에 대해 평등한 처우를 요구할 수 있는 주관적 공권을 말한다. 중세 교황권이 높았던 시기에는 '신앞에 평등'이 시민혁명기를 거치면서 신이 아닌 '국가권력으로부터 평등'이 강조된다.

우리나라 헌법 제34조는 모든 국민은 인간다운 생활을 할 권리를 가지고 국가는 사회보장 · 사회복지의 증진에 노력할 의무를 진다. 또한 국가는 여자의 복지와 권익의 향상을 위하여 노력하여야 하고 노인과 청소년의 복지향상을 위한 정책을 실시할 의무를 진다. 신체장애자 및 질병 · 노령 기타의 사유로 생활능력이 없는 국민은 법률이 정하는 바에 의하여 국가의 보호를 받아야 하는 등 사회적 약자배려가 국민의 기본권으로 규정되어 있다. 또한 국민의 기본권은 국가에 대하여 청구할 수 있는 개인의 주관적 공권(公權)이다. 기본권은 천부인권으로 헌법에서 보장됨은 물론이고 국제법과 국제 연합 헌장 그리고 세계 인권 선언에서 보장하고 있다. 천부인권으로서 기본권인 국민의 권리는 인간의 생명권 · 평등권 · 명예 · 인격권, 사생활의 비밀을 보장받을 권리인 '인간의 존엄권'과 자연법상의 권리인 동시에 실정법상의 권리로서의 '행복추구권' 그리고 불평등과 경제생활에서의 생활약자(生活弱者)를 보호하기 위한 '평등권', '자유권적 기본권', '생존권적 기본권' 등이 있다.

헌법을 비롯해 국제법과 국제 연합 헌장 그리고 세계 인권 선언이 약자를 보호하는 이유는 약육강식의 동물이 아닌 인간이기 때문이다. 약자 배려는 힘의 논리가 정당화되는 동물의 세계에는 있을 수 없다. 사회적 약자는 틀린 사람들이 아니라 다른 사람들이다. 즉 '사회적 약자'란 경제적 빈곤층, 어린이, 노인, 장애인, 여성, 외국인 근로자 등 우리 주변에서 쉽게 볼 수 있는 사람들이다.

최근 아동과 여성, 노인 등 사회적 약자들을 대상으로 하는 가정폭력의 증가는 전 세계적으로 증가추세이다. 경제적 어려움과 생활환경에 대한 불확실성은 다양한 형태의 폭력을 유발할 수 있기 때문에 그 어느 때보다도 사회적 약자에 대한 배려와 지원이 필요하다. 아동과 여성, 노인과 장애인 등 사회적 약자들은 온전하게 자신 스스로를 보호하기 어렵다. 자치경찰이 민중의 지팡이, 주민생명지킴이로서 활동을 해야 하고, 사회적 약자 대상 범죄에 대해서는 철저한 피해자 보호를 해야 한다. 즉 피해자를 가해자로부터 완벽하게 분리시키고, 철저한 수사를 통해 가해자를 엄벌, 재발을 방지해야 한다.

향후 지방자치경찰은 여성 안심 치안망 구축, 아동 · 청소년 보호와 지원 강화, 실종 대응 역량 강화, 사회적 약자 보호 기반 확충을 위해 지방자치단체,

기업, 지역주민단체, 의료기관, 대학 등 지역의 모든 유관단체들이 합심하여 촘촘한 사회안전망을 만들어야 한다.

부모 학대로 16개월 입양아가 숨진 '정인이 사건'은 세 차례 아동학대 신고에도 제대로 된 수사 한 번 하지 않은 지역경찰이 문제가 되었다. 학대 피해를 당한 어린아이의 생명을 보호하지 못한 점에 대해 초동 대응과 수사 과정에서의 미흡했던 부분들이 나타났다. 자치경찰제도에서 국민 생명 · 안전, 특히 사회적 약자와 관련된 사건에 대해서는 초기 단계에서부터 적극적인 수사가 이루어지고, 아동 피해자 등 사회적 약자에 대한 반복신고가 모니터링되도록 아동학대 대응시스템을 개선해야 한다. 또한 지역 자치단체와 경찰들이 협력을 통해 아동학대 조기 발견 및 보호 · 지원과 학대사건 처리 업무가 유기적으로 이루어질 수 있도록 해야 한다. 자치단체별로 아동학대 의심사건에 대해 학대 혐의자의 정신병력 · 알코올 중독과 피해 아동의 과거 진료기록을 확인하도록 하고 사회적 약자에 대한 전문성과 인권 감수성을 바탕으로 학대 범죄에 대해 대응이 이루어져야 한다.

3. 교통분야

교통에 관련된 지도단속, 사고처리에 경찰이 전담하고 있으며, 시설관리 및 개선사업은 자치단체가 하고 있다. 이러한 이원화된 교통업무를 자치경찰과 자치단체가 유기적 협조를 통해 통합적으로 신속하게 추진가능하면서 주민 불편 및 시설개선 등을 신속하게 추진할 수 있으며, 교통행정에 주민의견 반영이 활성화되어 상습정체, 어린이 및 노약자취약 지역의 교통시설 개선 및 지역축제 등 행사 시 기관 간 원활한 업무협조가 가능하게 된다. 자치경찰제도는 신호등 · CCTV · 가로등 설치 등 자치단체의 교통안전시설과 자치경찰의 범죄예방 시설을 상호 유기적으로 연계하여 운영함으로써 치안서비스의 질을 높이고, 관련 시설 · 장비를 신속하게 보완 · 개선하는데 도움이 된다.

2020년 한해 동안 발생한 교통사고로 인한 사망자 수는 3,079명이다. 엄청난 사람들이 교통사고로 사망하고 있는 것을 알 수 있다. 도로교통공단의 통계에 의하면 2019년 한해 국내 총 교통사고사망자 3,349명이다. 즉 매년 교통사고 사망자는 평균 3,300명 정도 된다는 것은 심각한 문제이다.

자치경찰제도의 시행으로 가장먼저 지역별 자치단체와 주민단체 등과 함께 초등학교 주변 어린이 통학로 안전에 대한 개선방안 논의 및 현장점검 등을 실시 할 필요가 있다. 지역특성에 따른 초등학교 주변을 운전하는 운전자들의 안전운전 인식 개선과 학생들의 통학로 안전 개선방안을 모색 할 수 있기 때문이다. 현장 거주민들의 의견을 반영한 교통안전지도, 초등학교 정문 부근 무인교통단속카메라 및 안전시설물 설치, 횡단보도와 자전거도로 내 스쿨존 표시 학교주변 불법현수막 제거 등이 이루어질 수 있다. 자치경찰제도에서 신속하게 진행할 수 있는 부분은 교통부분으로 소방서, 교육당국, 건물소유자 등과 협의를 통해 근본적인 안전 대책방안을 수립 할 수 있다. 초등학교 통학생들의 건강을 위해 학교 주변 엘리베이터 청결상태 점검, 학교주변 금연구역 현수막 설치 및 통학로 내 금연, 어린이 교통사고 제로(ZERO)화를 위해 어린이 보호구역 내 불법주정차를 금지시키고 어린이와 차를 분리하는 어린이 안전 확보의 근본적인 대책을 마련 할 수 있다.

4. 치안행정에 대한 주민참여

시·도경찰위원회가 설치되어, 주요 지역 치안정책 심의·의결과 집행 관리 등의 기능을 수행하므로 치안행정에 주민참여가 가능하고, 의견반영이 활성화된다. 최근 시·군·구 단위에는 '시·군·구치안협의회'설치방안도 검토 가능하여 바람직한 방향으로 접근이 되고 있다. 또한 선거를 통해 주민이 뽑은 시도지사가 자치경찰본부장과 자치경찰대장 및 시·도경찰위원에 대한 임명권을 갖는 만큼 직·간접적인 주민참여 활성화될 것으로 본다. 무엇보다도, 각 자치단체별로 자치경찰 운영에 대한 주민들의 의견을 개진하고, 요구사항 반영 등도 활성화 되어, 주민들의 눈높이와 지역별 특성에 맞는 맞춤형 치안서비스를 제공할 수 있다.

지역사회를 기반으로 하는 스마트 치안은 국가가 아니라 지역사회를 기반으로 한다. 효과적인 치안업무 수행은 지역사회와의 협력관계를 수립해야 한다. 순찰, 수사, 체포, 지역 캠페인, 교육, 환경개선 등 모두 지역사회와 협업이 스마트치안의 방법인 것이다. 지역중심 자치경찰제도는 시민들과의 동반자적 성격이 강하다. 주민들에 대해 일방적인 명령과 통제, 단속 등의 수단을 통한 행정행위에서 경찰활동이 지역주민들 중심의 쌍방향적·교호적 역할로의 행정행위 전환으로 보아야 한다. 먼저 지역주민의 생활안전을 확보하기 위해 '지능형 CCTV 통합관제센터'를 운영하고, 골목길 벽화 그리기 등 다양한 범죄예방환경설계, 안전한 교통체계 구축 등을 적극적으로 진행하고, 유관기관 간 합동대응체계를 구축해 아동 대상 범죄 예방, 위기 청소년 선도 및 보호, 주취자나 정신질환자 등의 초기 보호부터 치료에 이르는 통합관리시스템 구축 등을 구축해야 한다.

학습정리

1. 경찰위원회 제도

- 경찰위원회의 설치는 경찰조직의 독립성과 민주성을 확립하는데 적절한 형태로서 계급적 관료제 경찰조직의 경직성을 완화하고 민주적인 정당성을 가진 대표에 의하여 경찰행정의 중요한 정책을 결정하고 예산운영 및 예산감독을 하기 위해서는 합의제 행정기관으로 위원회제도를 도입하는 것이 바람직하다.

2. 자치경찰 사무

- 자치경찰이 추구해야 할 방향은 사전에 범죄발생 환경을 개선하고 적극적으로 예방할 수 있도록 해야 한다.

3. 자치경찰 재정

- 자치경찰에 대한 재정지원을 위해 재정분권 추진과 함께 재정이 열악한 지역을 위한 지방교부세율의 인상을 적극 검토할 필요가 있다.

4. 자치경찰 기대효과

- '사회적 약자 보호를 위한 맞춤형 치안 강화' 분야에 대해서는 유관기관 간 합동대응체계 및 협업 내실화를 통한 아동대상 범죄예방, 지자체와 교육청, 시민단체들과 협력을 통한 통합대응체계 구축으로 위기 청소년 선도·보호, 지역주민이 참여하는 자율방범대 운영, 찾아가는 치안설명회 등 주민과 마을공동체와의 협력을 통한 주민참여 치안체계 구축하고, 시·군별 특성에 맞춘 경찰활동을 강화함으로써 실질적인 범죄 감소 효과가 나타난다.
- 시·도경찰위원회가 설치되어, 주요 지역 치안정책 심의·의결과 집행 관리 등의 기능을 수행하므로 치안행정에 주민참여가 가능하고, 의견반영이 활성화된다.

제 5 장

자치경찰제도 부패방지

제1절 개 요

서울시 · 대전시 · 세종시 · 충청남도 등 광역시 · 도(이하 '시 · 도') 중심의 자치경찰제도가 시행되었다. 자치경찰제도 시행은 민생치안에 지역별 특성에 따른 주민들의 수요에 필요한 맞춤형 치안을 추진할 수 있는 장점이 있다. 각 시 · 도마다 자치경찰사무를 관장할 자치경찰위원회를 구성하고 자치경찰사무에 관한 경찰인사, 예산, 임용, 평가 및 인사위원회 운영 등에 관하여 일정한 권한을 갖고 지역의 자치경찰사무 전반에 관한 책임을 지는 것이다. 따라서 국가경찰 운영과는 달리 자치경찰위원회의 구성과 운영은 주민의 생명 · 신체 및 재산을 보호하고 주민공동체의 안녕과 질서유지에 직결되는 중요한 일이다. 또한 다양한 주민 수요와 적절한 집행이 더욱 중요시 된다. 2019년도 경찰청 발표 경찰범죄 현황을 살펴보면 총 1,672건이 발생하였다. 그 중에 직권남용이 300건, 직무유기 120건, 증수뢰 36건 등 다양한 문제점이 확인되었다.

지금까지의 경찰의 부패 예방이 법적, 제도적으로 한계가 있었을 뿐만 아니라 효율적으로 운영되지 못하고 있는 부분도 많다. 경찰부패는 경찰의 효율적인 업무수행 능력을 크게 손상시키고 치안행정에 필요한 주민의 신뢰를 손상시킨다. 자치경찰제도에서 발생할 경찰의 부패 요인에는 어떤 것이 있고 그 요인들은 경찰부패 수준에 어떠한 영향을 미치고 있는지와, 부패통제를 위해서 어떠한 것들이 적합한지를 파악하는 일은 중요하다. 경찰부패 요인은 조직내재적 요인, 업무환경적 요인, 개인적 요인 등 다양하게 나타 날 수 있다. 따라서 경찰부패의 영향요인에 대한 철저한 분석과 경찰 부패의 통제에 대한 사전 연구가 필요하며 경찰업무 전반에 걸쳐 지속적인 예방 노력이 절실하다. 경찰부패와 관련해 경찰부패의 환경적 영향요인과 여러 가지 실태를 파악하고, 경찰부패에 대한 개선방안을 모색 할 필요가 있다.

제 2 절 경찰부패에 대한 기준과 원인

1. 경찰부패의 개념과 원인

경찰부패에 관한 개념은 상황에 따라 매우 다양하게 정의되고 있다. 부패의 개념으로 "부패는 공직자가 사적 이익을 추구하기 위해 공직을 남용하는 행위" 를 의미한다. 공직자는 국가로부터 받은 공권력을 적법하게 사용하지 않고 개인이 사리사욕을 위해서 권한을 남용하거나, 의무 불이행, 부당하게 처분 등을 하는 경우이다. 경찰 부정부패를 "그 대가로 경찰관이 가치 있는 어떤 것을 받든 받지 않던, 법을 집행하고 치안서비스를 제공함에 있어 불편부당하고 공정해야 할 경찰관으로서의 권한을 옳지 않게 사용하여 경찰력 행사의 대상이 되어야 할 부정한 행위를 보호해 주거나, 어느 한편을 유리하게 해주고 다른 한편을 불리하게 하는 것이다. 부정부패로 인해 처벌되는 경우는 뇌물수수, 부당한 처신, 의무위반, 공직의무이탈 행위 등 다양한 형태로 나타나고 있다. 경찰은 공공의 안녕과 질서를 위해 법을 집행하고 예방하는 권한을 가지고 있다. 그러나 이러한 권한을 소지하고 사건관련 거래행위, 범죄행위에 공모하는 등 일탈의 행위는 사회에 큰 악영향을 미치고 있다.

2019년도 경찰청 발표 경찰범죄 현황을 살펴보면 총 1,672건이 발생하였다.

그 중에 직권남용이 300건, 직무유기 120건, 증수뢰 36건 등 다양한 문제점이 확인되었다. 지금까지의 경찰의 부패 예방이 법적, 제도적으로 한계가 있었을 뿐만 아니라 효율적으로 운영되지 못하고 있는 부분도 많다. 지금까지 경찰공무원의 부패사례를 살펴보면, 경찰의 담당지위를 이용하여 뇌물을 받은 경우, 금품수수, 부당하게 사건을 처리하는 경우, 권한을 남용하는 경우, 법규남용, 재량권을 일탈하는 경우, 증거를 조작하는 경우, 불법적인 서비스를 받는 경우 등 다양하게 나타나고 있다. 부패통제 시스템은 공무원 윤리강령, 재산등록과 공개, 정보공개 등 스스로의 규제 강화를 통해 부패를 억제하고 축소하려는 자율적 통제와 부패전담기구, 회계검사기관, 법 집행기관 등과 같이 법적 강제력을 통해 부패에 대한 억제력을 강화하고자 하는 법적 통제로 형성되며, 부패통제 시스템의 운영효과는 자율적 통제와 법적 통제의 균형에 의해 배가된다고 할 수 있다. 이러한 경찰부패행위에 대하여 원인을 규명하고 대책에 대한 방향을 법적 제도적으로 보완 할 필요가 있다.

경찰은 2021년 7월부터 자치경찰과 수사경찰로 분리가 된다. 지방자치단체의 소속으로 업무를 처리하는 자치경찰의 경우 지역주민, 토착민과의 연계를 통해 부패행위가 더 나타날 수도 있다. 부패원인을 사안별로 세부적, 구체적으로 규명하고 대책방안을 마련해야 한다고 본다. 경찰의 부패를 단순히 개인적인 부패행위로 접근하는 경우도 있다. 개인적인 본성, 개인의 도덕적·윤리적 측면에서 부패행동을 접근하는 경우이다. 그러나 부패원인을 타인에게서 찾는 경우도 있다. '썩은 사과이론'은 사과상자안에 썩은 사과로 인해 모두 부패하게 된다는 이론이다. 마지막으로 사회구조적인 원인에서 찾는 경우도 있다. 경찰관이 가정과 사회생활 할 수 없도록 열악한 보수지급, 부패된 승진구조, 법적 및 제도적 통제장치 부족 등을 살펴볼 수 있다.

2. 경찰 부패의 구조적 특징

첫째, 과거 우리나라 문화에는 손님이 오면 식사대접을 하고 선물을 보내는 것을 유교적인 전통과 도덕으로 이해하는 경우를 많이 보아왔다. 이러한 유교적인 문화는 결국 경찰부패와 관련이 있다고 본다. 업무처리에 있어서도 연고주의, 온정주의로 인해 공평하게 사건처리가 이루어지지 않고 부정부패의 결과로 이어지고 있다.

둘째, 경찰은 법에 기초한 권력을 소유하고 있으며, 이러한 권력을 어떻게 행사하는가에 대한 구조적인 특징을 가지고 있다. 경찰공무원의 권력행사는 상황에 대처하는 재량적인 권한을 행사하는 경우가 많다. 주로 위법한 행위에 대한 단속, 범죄의 수사, 범죄의 예방과 진압, 위험 발생의 방지, 안전의 유지, 교통의 지도와 단속, 현행범의 단속질서유지를 위한 예방과 규제 등 포괄적인 권한이 주어져 있다. 이러한 행사는 지방자치제도의 경우 토착민과 경찰권력이 결속이 될 경우에는 조직적이고 장기적인 부패의 연결고리가 될 수 있다.

셋째, 조직의 성격이나 구조상의 문제로 인해 발생하게 된다. 경찰은 계급적인 구조를 가지고 있다. 계급에 따라 인사, 소득, 업무가 주어진다. 이러한 우위를 선점하기 위해 오랫동안 상납, 하납, 분배를 통해 이루어져서 조직의 문화로 이미 자리잡은 경우이다. 과거 연초 경찰의 정기인사철 마다 승진, 전보인사를 위해 금품수수, 줄서기, 지역안배 등 문제가 발생하곤 했다.

넷째, 경찰업무는 관련 업무 대상자와 유착가능성이 높다. 경찰관이 예방하고 단속하는 유흥업소는 다양하다. 풍속업무, 음식점, 불법 시설, 전당포, 자동차 정비업소, 고물상 등 광범위하고 다양하다. 이러한 업소를 단속하고 규제하는 고유업무를 경찰만 전담할 경우, 과도한 권한을 부여한 경우에는 유착관계로 변질될 우려가 크다.

3. 경찰부패의 사례유형

경찰이 현장에서 부패로 처벌된 사례유형을 살펴보면 일탈 및 권한남용, 수뢰, 사건업무, 정보유출 등 다양하게 나타났다. 경찰관이 현장에서 교통업무 처리중에 친분관계있는 자를 위해 음주운전자 혈액바꿔치기, 수배자를 도피하도록 돕는 경우가 있었으며, 경찰관이 윤락행위 또는 음란행위을 알선하거나 도박 행위에 가담하는 경우도 볼 수 있다. 관내에서 안마시술소를 운영하면서 정기적으로 상납하고 불법행위를 눈감아 주도록 요구하는 경우, 불법행위에 대해 청탁을 받고 입건조차 하지 않고 사건처리를 종결하는 경우이다. 또한 경찰관이 업무를 처리하면서 사전에 단속관련정보를 제공하고 금품을 수수하는 경우도 나타났다.

국민권익위원회가 2020년도 경찰청의 청렴도 조사결과 1단계 하락해 4등급을 받았다. 공공기관 업무 경험이 있는 국민(15만3천141명) 대상의 외부 청렴도 조사와 기관 소속 공직자(5만5천11명) 대상의 내부 청렴도 조사 점수를 합산하고 부패사건 발생 현황을 반영해 1~5등급으로 평가한 결과이다. 전국 공무원중에 경찰공무원의 수가 가장 많고 지역주민 등 일반 국민들과의 접촉빈도가 많은 공무원이 경찰공무원이기 때문에 경찰공무원이 가장 부패한 것으로 인식될 수도 있다.

제 3 절 외국의 부패통제제도

1. 미국의 경찰부패 통제제도

미국은 내부 감찰기구(InternalAffairs)를 통해 부패·비리를 조사하고 색출하고 있다. 뉴욕경찰의 경우 권력남용 형태의 사건관련 민원이 접수되는 경우, 상식이하의 불친절에 대해 경찰로부터 독립된 뉴욕시장 소속의 경찰비리심사 민간위원회(Civilian Complaint Review Board:CCRB)에서 관련민원을 조사한다. 경찰비리심사 민간위원회는 모두 민간인으로 구성되어 있으며, 이러한 구성은 객관적 판단을 가능하게 하고, 시민의 신뢰를 받게 한다. 즉 뉴욕 경찰의 경우 내부 감찰기구와 외부 경찰비리심사 민간위원회를 통해 상호 견재와 균형을 통해 정확한 조사와 처벌, 신뢰를 부여하고 있다. 로스앤젤레스 경찰국

(LAPD)도 시장 소속 경찰위원회 소속의 감사관실 제도를 운영하고, 외부적으로 경찰옴부즈만 제도를 운영하고 있다.

2. 영국의 경찰부패 통제제도

영국은 경찰 내부적으로 민원접수센터 또는 내부 감찰부서에서 조사하고 불법적인 사실이 발견되면 형사처벌이 되며, 외부적으로 내무부 산하의 독립기구인 경찰비리조사처에서 사건을 조사하고 법적 처리를 담당을 하고 있다. 영국은 경찰부패사건에 대해 인터넷, 전화, 방문, 서류 등 다양한 방법으로 접수하고 있다. 영국 런던 수도경시청은 내부적으로 비리수사국, 경찰민원 조사과를 두고 민원사건을 조사하고, 외부적으로 경찰로부터 독립된 경찰비리조사처에서 조사와 감독하도록 되어 있다.

3. 싱가포르의 경찰부패 통제제도

싱가포르는 경찰내부적으로 '반부패국(Anti-Corruption)'을 운영하고 있으며, 외부적으로는 경찰로부터 독립된 조직인 총리실 직속의 '부패행위조사국(CPIB :CorruptPractice Investigation Bureau)'을 운영해오고 있다. 싱가포르는 내부적으로, 외부적으로 강력하게 부패행위를 조사하고 강력한 처벌을 통해 부패행위가 급감한 나라이다. 싱가포르 예방조치의 하나로 공무원들의 부패행위를 차단하기 위해 대기업과 비교하여도 부족함이 없을 정도의 보수수준을 유지하고 있다.

제 4 절 경찰 부패에 대한 문제점

1. 경찰부패에 대한 개인적인 부패문제

경찰관이 되기위해서는 경찰시험을 통해 합격을 하고, 중앙경찰학교에서 6개월의 과정을 통해 경찰에 임용된다. 경찰에 임용되는 과정에 있어서 어릴 적부터 자라왔던 교육의 정도, 자라왔던 부모와 형제의 영향, 가정환경, 경조사, 답례문화 등 많은 개인적인 요소에도 기인한다고 본다. 특히 경찰관에 입직한 이후 나타나는 여러 가지 개인의 법적 및 윤리의식에도 중요한 영향을 주고 있다고 본다. 또한 개인적으로 부패에 대한 인식이 많이 부족한 경우도 많다. 어릴적 학습된 문화를 통해서 상납을 받거나 뇌물에 대해 탐욕이 많고 특별한 죄의식이 없는 경우이다. 이러한 문제에 대해 자기식구 감싸기, 온정주의로 인해 경찰 내부적으로 적절한 감찰기능 발동과 처벌이 제대로 이루어지지 않은 문제점이 있다. 동양의 유교문화권 국가의 사회규범으로 가족우선주의, 의리주의, 정실주의 등이 있다. 그중 의리의식은 경찰사회에 커다란 영향을 미치고 있다. 특히 경찰의 지나친 패거리적 가족주의관과 동료애를 강조하는 의리와 온정주의는 부패를 더욱 조장케 해 왔다. 이러한 전통적인 유교문화는 관존민비와 권력 지향적 가치관으로 공직자들의 의식구조를 지배하게 되고 권위주의적 경찰행태가 권력오용과 남용이란 결과를 가져와서 역시 부패의 좋은 서식처가 되어왔던 것이다.

2. 경찰부패에 대한 조직적인 부패문제

경찰문화는 조직문화이다. 과거 조직을 배신한 경우에는 낙오자 취급을 하며 경찰생활을 유지하기가 힘들 정도로 고통을 받는 경우를 볼 수 있다. 과거 우리나라 경찰조직 문화속에서 일정부분 상납을 정기적으로 받고 업소의 불법형태를 눈감아 주고 있는 사례가 많이 발견되었다. 이러한 조직부패 문화는 개인의 의지와 관계없이 조직의 일원이 되었을 경우 자연적으로 따라가야 하는 경우이다. 경찰공무원은 조직에 대한 충성심을 가장 높은 차원의 도덕성으로 간주하게 되고 경찰공무원들이 국가의 이익을 위해 희생하기보다는 조직 동료를 위해 패거리 체제를 형성하며 오히려 내부고발은 동료들 사이에서 소외되고 아웃사이더로 취급된다고 여겨 이 또한 부패의 한 원인이 되고 있다.

2000년도 초까지는 경찰은 낮은 보수와 신분의 불안정으로 인해 경찰의 일탈행위를 많이 발견해왔다. 또한 경찰은 그 지역사회에서 절대적인 권력자로서 군림할 수 있는 이유는 과도한 단속 및 규제권한을 소유하고 있기 때문이다. 풍속영업자는 경찰을 통해 안정적인 비호를 받고 불법을 자행함으로써 영업이익을 극대화 하고 수뢰자인 경찰은 이로 인해 영리를 취하고 각종 이권에 개입하는 범위가 확장되는 악순환이 이어져 왔다.

3. 경찰부패에 대한 통제시스템 부족

경찰조직에 대한 비리발견과 처벌은 아주 어렵다. 불법 풍속업자 등은 사후보복에 대한 두려움으로 침묵으로 일관하고, 경찰조직 내부에서는 의리의식, 조직에 대한 잘못된 충성심, 낙오자로 인식되는 것을 피하기 위하여 철저하게 불법을 숨기는 경우가 많다. 과거 경찰은 매일 반복되는 야근, 비상소집, 수배자 검거, 갑작스런 관내 대형사건 발생 등으로 근무를 하였지만 이에 비해 낮은 보수수준, 신분 불안정으로 피해의식 속에 근무하는 경우도 많았다. 따라서 이에 대한 보상심리가 많이 자리잡고 있었다. 경찰계급 문화속에 경찰인사가 불투명하고 객관적 근거없이 이루어지는 경우가 비일비재하여 경찰을 제도적으로 부패하게 만드는 경우가 많았다.

4. 경찰부패에 대한 환경적인 부패문제

경찰의 부패에 대해 환경적인 요인으로는 경찰조직은 중앙집권적 권력구조와 명령에 따르는 폐쇄적, 수직적 경직된 구조로 이루어져 있어서 상급자의 부패에 따르고 감싸주는 환경적 요인도 작용하고 있다. 경찰의 이러한 문화는 권력을 바탕으로 한 권위주의, 경직된 계급주의, 비밀주의, 단체주의 속성들이 부패에 큰 영향을 미치고 있다고 보아야 한다. 경찰조직이 이러한 수직적 관료주의로 인해 인사 청탁, 사건에 대한 압력, 조직 내 보복주의 등으로 인해 경찰내부의 부패는 쉽게 드러나지도 않으며, 처벌 또한 쉽지 않다. 경찰승진제도가 자주 불합리하게 운용되어 구성원의 욕구불만이 쌓이게 되고, 많은 유능한 경찰관들은 상급자와의 친분정도, 정치적 배려 또는 뇌물 등에 의해 불합리하게 승진되는 사람들로 인해 피해를 보게 되는 경우도 있다.

5. 경찰부패에 대한 외부 조사기구 부재

우리나라는 영국, 미국, 싱가포르 나라 등과 같이 내부의 감찰제도는 있으나, 경찰로부터 독립된 외부의 민간인 구성의 경찰부패조사전담 부서가 없다는 부분은 문제이다. 모든 권력은 한 기관에서 독점해서도 안되며, 기구에 대한 감시제도도 상호 견제차원에서 구성되고 운영되어야 한다. 이러한 경찰의 부패에 대한 견제제도가 없다는 것은 모든 민원인과 시민들의 불신의 원인이 되고 있다. 그동안 경찰부패와 민원에 대한 조사기구는 경찰내부로 운영되면서 시민의 눈높이와는 다른 경찰내부 편의주의적 조사, 온정주의 조사, 내식구 감싸기가 만연하였다. 이러한 경찰 부패 및 민원조사제도에 대한 구조적인 문제가 경찰부패문제를 해결하지 못하고 있다.

제 5 절 자치경찰 부패방지를 위한 개선방안

1. 경찰개인에 대한 의식변화와 입직과정에 대한 개선

경찰은 권력집행을 하는 곳이고 이에대한 경찰공무원은 법과 도덕의식으로 무장되어야만 한 업무를 할 수 있다. 따라서 경찰관 임용에 대해 모든 경찰관을 일정기간 교육과 평가, 적응기간을 거쳐서 경찰관을 임용할 수 있도록 경찰임용교육시스템을 개선해야 할 것이다. 전국에 190여개의 경찰학관련 학과가 있다. 이러한 학과에 일정기간 교육과 적응훈련을 가점으로 평가하고 최종 경찰교육기관에서 인증테스트를 통해 경찰관을 임용할 필요가 있다. 지금의 교육구조는 대학교육과 별개로 경찰관은 영어와 법과목을 통해 임용하는 자체는 이러한 부패과정과 관련없이 훈련되지 않은 후보생을 통해 경찰관에 임용한 것으로 보아야 한다. 경찰개인에 대한 업무처리과정에서 민원이 접수되었을 경우 제3의 견재기관에서 철저한 민원사건을 조사하고 합법적인 처리에 대해서는 경찰관에 대한 포상으로 이어져야하고, 경찰관에게 고통을 주기위한 민원으로 파악되었을 경우에는 그에 대한 민원인에 대한 조사와 처벌이 이루어져야 경찰의 사기와 호응을 얻을 수 있다.

현재 경찰은 그 반대로 민원접수가 되었을 경우, 경찰관 개은 적법절차대로 처리하였으나 각종 경찰 민원에 시달려 고통을 받은 후에 무혐으로 단순히 끝났을 경우, 담당 경찰은 오히려 이러한 민원을 피하기 위해 소극적인 조사, 업무처리, 불법적인 민원 야기자를 회피하는 경우가 늘고 있는 것이다.

2. 경찰부패 예방을 위한 공개주의적 조직개방

경찰문화는 조직적인 부패를 막기 위해서는 조직문화을 대대적 변화시켜야 한다. 경찰은 '포돌이 양심방'을 설치 운영하여 사건관련 금품을 받을 수 없게 하였다. '시민감시 포돌이 양심방과 포돌이 조사방'을 통해 경찰조직의 부패문화를 바꾸고 통제를 하여야 한다. 경찰의 비밀주의적 조직문화를 개방주의적 조직문화로 바꾸어 나가야 한다. 이러한 개방주의적 조직문화는 사건에 대해 깨끗하고 공정하게 업무를 처리할 수 있고 또한 양심에 따라 업무처리를 소신 것 할 수 있는 기반이 되는 것이다. 사건관련 업무처리에 대해서는 상급자는 업무절차 외에는 사건내용에 대해서는 관여할 수 없도록 제도적·법적 장치가 마련되어야 한다. 또한 4대범죄 등 강력 사건에 대해서 담당자의 조사이후에 3인의 상급자가 객관적이고 법적 보장된 지휘권을 통해 사건내용을 검토하고 처리할 수 있는 절차를 마련하여 서로 견재하고 권한을 분산할 수 있는 장치가 마련되어야 한다.

경찰의 조직적인 부패를 개선하기 위해서는 근무여건에 대한 처우개선이 이루어져야 한다. 경찰의 야간근무에 대한 수당을 현실화하여야 하고, 각종 비상출동과 근무에 대한 적절한 보상 또한 이루어져야 한다. 경찰의 일원화된 계급구조를 개선하여 일정기간과 개관적인 기준을 통해 누구나 승진하고 계급구조적인 변화도 주어져야 한다. 오늘날 우리나라 경찰은 상급자에 따라 승진하는 구조가 중심적인 형태이다. 이러한 구조적인 문제는 조직적인 부패가 유지될 수 밖에 없는 것이다.

3. 경찰부패에 대한 시민통제시스템

경찰조직에 대한 비리발견과 처벌은 아주 어렵기 때문에 현재 운영되고 있는 '청문감사관제도'를 경찰관이 아닌 자격요건을 갖춘 지자체 시민들의 공모를 통해 모집을 하고 이러한 30명 정도의 법조인, 학계, 시민 등으로 구성된 "경찰민원처리 부서"를 통해 올바르게 감시 및 통제를 할 필요가 있다. 지금까지 운영되어오고 있는 경찰내부의 '청문감사관제도'는 시민들의 공감을 얻지 못하고 있으며, 어떤 결론을 내더라도 '청문감사관제도'는 경찰관들과 한팀이고 시민들의 부당한 처분에 대해 구제를 해주지 못한다라는 인식이 강하다.

향후 '청문감사관제도'를 지방자치단체 시민들에게 개방하고 전문인사들로 구성된 부서를 통해 운영해야 할 필요가 있다. '지자체 청문감사관제도'는 정확한 지역실정 파악과 문제점, 경찰의 부패행위등을 적발할 수 있고 온정주의나, 주관주의가 아닌 객관적 처벌과 배제, 인권을 보호하고 유지하는 역할이 가능하다고 본다.

4. 경찰부패에 대한 경찰내부 수평문화 확산

경찰의 부패에 대해 환경적인 요인으로는 경찰조직은 중앙집권적 권력구조와 명령에 따르는 폐쇄적, 수직적 경직된 구조로 이루어져 있어서 상급자의 부패에 따르고 감싸주는 환경적 요인도 작용하고 있다. 경찰의 이러한 문화는 권력을 바탕으로 한 권위주의, 경직된 계급주의, 비밀주의, 단체주의 속성들이 부패에 큰 영향을 미치고 있다고 보아야 한다. 경찰조직이 이러한 수직적 관료주의로 인해 인사청탁, 사건에 대한 압력, 조직내 보복주의 등으로 인해 경찰내부의 부패는 쉽게 드러나지도 않으며, 처벌 또한 쉽지 않다. 따라서 이러한 경찰조직문화를 수평주의, 평등주의, 존중문화로 법적・제도적으로 개선안이 마련되어야 한다.

5. 경찰부패 예방과 처벌을 위한 독립된 민간인 구성 부패전담국 설치

우리나라는 2021년 7월부터 지방자치단체 소속의 자치경찰제도가 시행된다. 이에 따른 소속 자치경찰의 품위위반, 일탈, 권한남용, 지역 풍속영업자와 유착, 뇌물수수 등 다양하게 경찰의 부패가 만연할 수도 있다. 이에 대한 대처 방안으로 영국, 미국, 싱가포르 등과 같이 지방자치단체 내부의 경찰 소속의 감찰제도를 운영하고, 외부적으로 민간인들로 구성된 부패조사국을 설치하여야 한다. 독립된 부패조사국은 경찰의 부패행위에 대한 민원접수, 조사, 증거수집 등을 통해서 위법행위가 발견 될 경우, 증거조사 자료와 함께 형사처벌과 징계를 요구할 수 있어야 한다. 이러한 제도 개선은 경찰의 부패행위를 사전에 예방하고 청렴한 자치경찰을 운영 할 수 있다. 현대는 인공지능, 빅데이터 등을 활용한 4차 산업혁명 시대에 살고 있다. 기술혁신은 막대한 정보를 활용한 최적화된 의사결정의 가능성을 제시하고 있다. 경찰부패 예방과 처벌 등 행정분야에서도 스마트시티, 디지털 트윈, 블록체인 등 기술을 활용해서 국민의 생명과 신체의 안전, 재산을 보호해야 한다.

제 6 절 부패방지를 통한 방향

우리나라 경찰은 지금까지 중앙집권적 국가경찰제도를 유지해 왔으나, 2021년 7월부터 자치경찰과 국가경찰로 분리되고 법적·제도적 변화가 이루어졌다. 이에 따른 자치경찰의 부패행위에 대한 예방과 처벌이 적절하게 이루어져야 한다.

첫째, 경찰개인에 대한 의식변화와 입직과정에 대한 개선이 이루어져야 한다. 경찰은 권력집행을 하는 곳이고 이에 대한 경찰공무원은 법과 도덕의식으로 무장되어야만 한 업무를 할 수 있다. 따라서 경찰관 임용에 대해 모든 경찰관을 일정기간 교육과 평가, 적응기간을 거쳐서 경찰관을 임용할 수 있도록 경찰임용 교육시스템을 개선해야 할 것이다. 경찰개인에 대한 업무처리과정에서 민원이 접수되었을 경우 제3의 견제기관에서 철저한 민원사건을 조사하고 합법적인 처리에 대해서는 경찰관에 대한 포상으로 이어져야하고, 경찰관에게 고통을 주기 위한 민원으로 파악되었을 경우에는 그에 대한 민원인에 대한 조사와 처벌이 이루어져야 경찰의 사기와 호응을 얻을 수 있다.

둘째, 경찰부패에 대한 공개중의적 조직개방이 이루어져야 한다. 경찰문화는 조직적인 부패를 막기위해서는 조직문화을 대대적으로 변화시켜야 한다. '시민감시 포돌이 양심방과 포돌이 조사방'을 통해 경찰조직의 부패문화를 바꾸고 통제를 하여야 한다. 경찰의 비밀주의적 조직문화를 개방주의적 조직문화로 바꾸어 나가야 한다. 이러한 개방주의적 조직문화는 사건에 대해 깨끗하고 공정하게 업무를 처리할 수 있고 또한 양심에 따라 업무처리를 소신 것 할 수 있는 기반이 되는 것이다.

셋째, 경찰부패에 대한 시민통제 시스템 마련이다. 경찰조직에 대한 비리발견과 처벌은 아주 어렵기 때문에 현재 운영되고 있는 '청문감사관제도'를 경찰관이 아닌 자격요건을 갖춘 지자체 시민들의 공모를 통해 모집을 하고 이러한 30명 정도의 법조인, 학계, 시민 등으로 구성된 "경찰민원처리 부서"를 통해 올바르게 감시 및 통제를 할 필요가 있다.

지금까지 운영되어 오고 있는 경찰내부의 '청문감사관제도'는 시민들의 공감을 얻지 못하고 있으며, 어떤 결론을 내더라도 '청문감사관제도'는 경찰관들과 한팀이고 시민들의 부당한 처분에 대해 구제를 해주지 못한다라는 인식이 강하다. 향후 '청문감사관제도'를 지방자치단체 시민들에게 개방하고 전문인사들로 구성된 부서를 통해 운영해야 할 필요가 있다. 마지막으로 경찰부패예방을 위한 수평문화 확산이다. 경찰의 부패에 대해 환경적인 요인으로는 경찰조직은 중앙집권적 권력구조와 명령에 따르는 폐쇄적, 수직적 경직된 구조로 이루어져 있어서 상급자의 부패에 따르고 감싸주는 환경적 요인도 작용하고 있다. 경찰의 이러한 문화는 권력을 바탕으로 한 권위주의, 경직된 계급주의, 비밀주의, 단체주의 속성들이 부패에 큰 영향을 미치고 있다고 보아야 한다. 따라서 이러한 경찰조직 문화를 수평주의, 평등주의, 존중문화로 법적·제도적으로 개선안이 마련되어야 한다. 국가경찰에서 지방자치경찰로 경찰은 변화하고 있다. 지역시민의 지팡이로서 올바른 역할을 하기 위해서는 경찰은 대대적으로 변화와 구조개선이 필요하다고 생각된다.

제 6 장

한국 자치경찰의 미래방향

제 1 절 자치경찰의 미래

지방자치법 제2조(지방자치단체의 종류) ① 지방자치단체는 다음의 두 가지 종류로 구분한다.

1. 특별시, 광역시, 특별자치시, 도, 특별자치도
2. 시, 군, 구

② 지방자치단체인 구(이하 "자치구"라 한다)는 특별시와 광역시의 관할 구역의 구만을 말하며, 자치구의 자치권의 범위는 법령으로 정하는 바에 따라 시 · 군과 다르게 할 수 있다.

③ 제1항의 지방자치단체 외에 특정한 목적을 수행하기 위하여 필요하면 따로 특별지방자치단체를 설치할 수 있다. 이 경우 특별지방자치단체의 설치 등에 관하여는 제12장에서 정하는 바에 따른다.

자치경찰은 지방자치단체 소속으로 지방자치행정을 민주적이고 능률적으로 수행하고, 대한민국을 민주적으로 발전시키도록 해야 한다. '경찰법'에 따르면 경찰행정을 국가경찰사무와 자치경찰사무로 구분했으며, 국가경찰사무에 관하여는 중앙정부의 행정기관인 경찰청장이 지휘 감독권을 행사하고 있으며, 자치경찰사무에 관하여는 광역자치단체에 설치된 자치경찰위원회가 지휘 감독권을 행사 하고 있다.

수도권 이외의 지역에 거주하는 국민은 정치·경제·사회 각 분야에서 소외를 경험하고 있다. 중앙과 지방의 양극화가 점차 구조화되고 있는 현실에서 자치분권은 반드시 실현해야 하는 주요한 시대적 과제가 되었다. 지방분권은 지역에서 기회와 삶의 질을 높이고 전 국민을 고루 잘 살게 하는 것이기 때문이다. 자치분권이 이루어지기 위해서는 사무를 지방에 이양하는 지방일괄이양법 제정, 지방재정 확충문제 해결, 자치경찰제도 효율적인 운영이 중요하다. 이러한 협력을 위해 이루어지고 있는 '중앙지방협력회의'는 대통령과 국무총리, 부처 장관들, 그리고 시·도지사들과 시장·군수·구청장 및 지방의회 의장들 대표가 한자리에 모여 지역과 관련된 현안을 함께 논의하고 결정하는 회의체이다. 기존의 국무회의는 중앙행정기관 중심으로 운영되어 지방의 목소리를 반영하기 어려운 점이 있으며, 행정안전부 장관 주재로 개최되는 중앙지방정책협의회 또한 국가시책에 대한 지방의 협조를 구하는 측면이 강했던 것이 사실이다. 이와 달리 중앙지방협력회의는 주요 의제 발굴부터 심의·의결까지 모든 단계에서 중앙과 지방이 함께한다. 중앙지방협력회의의 출범은 중앙과 지방이 수직적이고 종속적이 아니라 수평적이고 대등한 관계로 거듭날 수 있는 중요한 계기가 될 것으로 본다. 지역의 문제와 해결 방법은 현장과 가까울수록 더 잘 알기 마련이다. 중앙과 지방이 국정 운영의 동반자가 되어 서로의 의견을 나누고 정책을 결정해야 하는 것이다.

자치경찰사무에는 사건사고 등 범죄예방을 위한 순찰업무, 안전사고나 재난에 대한 긴급한 지원업무, 여성과 청소년에 대한 보호 등 생활안전에 관련된 업무, 교통법규 위반 행위에 대한 단속업무, 교통안전시설물에 대한 관리업무, 학교폭력 등 소년범죄업무와 가정폭력·교통사고 등에 대한 수사업무가 포함되어 있다.

지방자치법 제126조(직속기관) 지방자치단체는 소관 사무의 범위에서 필요하면 대통령령이나 대통령령으로 정하는 범위에서 그 지방자치단체의 조례로 자치경찰기관(제주특별자치도만 해당한다), 소방기관, 교육훈련기관, 보건진료기관, 시험연구기관 및 중소기업지도기관 등을 직속기관으로 설치할 수 있다.

자치경찰제도가 시행됨으로 자치경찰에 대한 지휘·감독권의 행사는 자치경찰위원회가 담당하고 있다. 그러나 현장업무 경찰관은 지방자치소속 경찰공무원이 아닌 국가공무원 신분인 경찰관이 담당함으로 인해 완전한 자치경찰 형태는 아니다. 향후 자치경찰에 대한 소속, 지휘·감독권과 인사권을 지방자치단체에 부여함으로써 자치분권성이 강화되고, 주민 밀착형 치안행정이 가능해 질 것으로 본다.

제 2 절 자치경찰 법적 제도적 방향

자치경찰제도의 시행으로 인해 자치경찰, 국가경찰, 수사경찰이라는 용어가 사용되고 있다. 그러나 법적 형식과 제도만 구별되었을 뿐 실질적인 업무는 과거와 달라진 것이 없다고 한다만 자치경찰의 설립은 아무런 의미가 없을 것이다. 향후 자치경찰 출범에 따라 민주적이고 지역적인 능률성을 강조하는 자치경찰, 전국업무 정책과 방향을 주도하는 국가경찰, 수사의 전문성을 통해 업무를 처리해야 할 수사경찰의 역할이 중요하다.

1. 자치경찰 사무

자치경찰사무는 관할 지역 주민의 생활안전·지역의 교통·경비·일부 분야의 수사에 관한 사무로 규정되어 있다. 시·도자치경찰위원회가 자치경찰사무에 대한 주요 정책을 심의·의결하고 구체적으로 지휘 및 감독하게 된다.

자치경찰사무를 제외한 모든 사무는 국가직인 국가경찰관이 수행하며, 국가경찰사무는 경찰청장이, 수사사무는 신설된 국가수사본부장이 지휘·감독한다.

자치경찰제도가 시행되면서 각 시·도별로 자치경찰위원회가 구성되었는데, 위원장 1명을 포함한 7명의 위원으로 구성된 위원회는 합의제 행정기관으로 독립적인 업무를 수행한다. 현재 18개 시·도자치경찰위원회에 각각 사무국을 두고 있는데, 이곳에는 파견형태로 근무 중인 지방직과 경찰관들이 1개의 국(局) 형태로 운영 중이며, 지방직 비율이 약 60%, 경찰 비율은 약 40%로 구성되어 있다.

오늘날 '메타버스'라는 단어를 많이 사용하고 있다. '메타버스'를 활용한 어린이 교통안전 교육 실시와 함께 불법촬영 등 성폭력범죄에 대한 예방교육을 위해 다양한 장소별 범죄수법과 그 대처법 등을 담은 교육용 프로그램을 개발하고, 피교육자가 체감할 수 있도록 가상현실(VR) 장비를 활용하는 교육를 적극적으로 추진 할 필요가 있다. 또한 주취자에 대한 응급조치로 주취 후속사고를 예방하고, 주취자에 대한 처치로 과도하게 소요되던 경찰력을 긴급 사건 사고 대응 등에 투입함으로써 지역 경찰의 치안 역량을 강화하여야 한다. 이를 위해서는 지역별 자치단체, 종합병원, 보호기관 등과의 협력관계 활성화와 주취자 응급의료센터의 설치 · 운영을 추진하여야 한다.

2. 국가경찰사무

「국가경찰과 자치경찰의 조직 및 운영에 관한 법률」 제14조 제10항에 따라 경찰청장이 구체적으로 지휘 · 감독할 수 있는 긴급하고 중요한 사건의 범위와 그 수사지휘의 방식은 정해져 있다.

국가경찰과 자치경찰의 조직 및 운영에 관한 법률 제14조제10항에 따른 긴급하고 중요한 사건의 범위 등에 관한 규정 제2조(긴급하고 중요한 사건의 범위 등) ① 「국가경찰과 자치경찰의 조직 및 운영에 관한 법률」(이하 "법"이라 한다) 제14조제6항 단서에 따른 긴급하고 중요한 사건은 다음 각 호의 어느 하나에 해당하는 사건 및 이와 직접적인 관련이 있는 사건으로 한다.

1. 전시·사변 또는 이에 준하는 국가 비상사태가 발생하거나 발생이 임박하여 전국적인 치안유지가 필요한 사건
2. 재난, 테러 등이 발생하여 공공의 안전에 대한 급박한 위해(危害)나 범죄로 인한 피해의 급속한 확산을 방지하기 위해 신속한 조치가 필요한 사건
3. 국가중요시설의 파괴·기능마비, 대규모 집단의 폭행·협박·손괴·방화 등에 대하여 경찰의 자원을 대규모로 동원할 필요가 있는 사건
4. 전국 또는 일부 지역에서 연쇄적·동시다발적으로 발생하거나 광역화된 범죄에 대하여 경찰력의 집중적인 배치, 경찰 각 기능의 종합적 대응 또는 국가기관·지방자치단체·공공기관과의 공조가 필요한 사건

② 경찰청장은 법 제14조제6항 단서에 따라 개별 사건의 수사에 대해 구체적 지휘·감독을 하려는 경우에는 그 필요성 등을 신중하게 판단해야 한다.

국가경찰 중심의 경찰청장은 치안에 필요한 연구개발과 전문인력 양성 등 치안의 발전을 위해 과학기술을 통해 경찰의 인력배치와 치안도구개발, 교육훈련개발 등을 통해 경찰의 효율적인 치안관리가 되도록 해야 한다.

경찰법 제33조(치안에 필요한 연구개발의 지원 등) ① 경찰청장은 치안에 필요한 연구·실험·조사·기술개발(이하 "연구개발사업"이라 한다) 및 전문인력 양성 등 치안분야의 과학기술진흥을 위한 시책을 마련하여 추진하여야 한다.

② 경찰청장은 연구개발사업을 효율적으로 추진하기 위하여 다음 각 호의 어느 하나에 해당하는 기관 또는 단체 등과 협약을 맺어 연구개발사업을 실시하게 할 수 있다.

1. 국공립 연구기관

2. 「특정연구기관 육성법」 제2조에 따른 특정연구기관
3. 「과학기술분야 정부출연연구기관 등의 설립 · 운영 및 육성에 관한 법률」에 따라 설립된 과학기술분야 정부출연연구기관
4. 「고등교육법」에 따른 대학 · 산업대학 · 전문대학 및 기술대학
5. 「민법」이나 다른 법률에 따라 설립된 법인으로서 치안분야 연구기관 또는 법인 부설 연구소
6. 「기초연구진흥 및 기술개발지원에 관한 법률」 제14조의2제1항에 따라 인정받은 기업부설연구소 또는 기업의 연구개발전담부서
7. 그 밖에 대통령령으로 정하는 치안분야 관련 연구 · 조사 · 기술개발 등을 수행하는 기관 또는 단체

③ 경찰청장은 제2항 각 호의 기관 또는 단체 등에 대하여 연구개발사업을 실시하는 데 필요한 경비의 전부 또는 일부를 출연하거나 보조할 수 있다.

④ 제2항에 따른 연구개발사업의 실시와 제3항에 따른 출연금의 지급 · 사용 및 관리 등에 필요한 사항은 대통령령으로 정한다.

3. 수사경찰사무

경찰은 수사종결권을 가지고 국가수사본부가 출범하였다. 최근 한국토지주택공사(LH) 부동산 투기 의혹, 대장동 개발 로비 · 특혜 의혹 등 대형사건, 장기미제 사건들을 책임수사를 진행해야 하는 과제를 가지고 있다.

경찰법 제16조(국가수사본부장) ① 경찰청에 국가수사본부를 두며, 국가수사본부장은 치안정감으로 보한다.

② 국가수사본부장은 「형사소송법」에 따른 경찰의 수사에 관하여 각 시 · 도 경찰청장과 경찰서장 및 수사부서 소속 공무원을 지휘 · 감독한다.

③ 국가수사본부장의 임기는 2년으로 하며, 중임할 수 없다.

④ 국가수사본부장은 임기가 끝나면 당연히 퇴직한다.

⑤ 국가수사본부장이 직무를 집행하면서 헌법이나 법률을 위배하였을 때에는 국회는 탄핵 소추를 의결할 수 있다.

⑥ 국가수사본부장을 경찰청 외부를 대상으로 모집하여 임용할 필요가 있는 때에는 다음 각 호의 자격을 갖춘 사람 중에서 임용한다.

1. 10년 이상 수사업무에 종사한 사람 중에서 「국가공무원법」 제2조의 2에 따른 고위공무원단에 속하는 공무원, 3급 이상 공무원 또는 총경 이상 경찰공무원으로 재직한 경력이 있는 사람
2. 판사 · 검사 또는 변호사의 직에 10년 이상 있었던 사람
3. 변호사 자격이 있는 사람으로서 국가기관, 지방자치단체, 「공공기관의 운영에 관한 법률」 제4조에 따른 공공기관(이하 "국가기관등"이라 한다)에서 법률에 관한 사무에 10년 이상 종사한 경력이 있는 사람
4. 대학이나 공인된 연구기관에서 법률학 · 경찰학 분야에서 조교수 이상의 직이나 이에 상당하는 직에 10년 이상 있었던 사람
5. 제1호부터 제4호까지의 경력 기간의 합산이 15년 이상인 사람

⑦ 국가수사본부장을 경찰청 외부를 대상으로 모집하여 임용하는 경우 다음 각 호의 어느 하나에 해당하는 사람은 국가수사본부장이 될 수 없다.

1. 「경찰공무원법」 제8조 제2항 각 호의 결격사유에 해당하는 사람
2. 정당의 당원이거나 당적을 이탈한 날부터 3년이 지나지 아니한 사람
3. 선거에 의하여 취임하는 공직에 있거나 그 공직에서 퇴직한 날부터 3년이 지나지 아니한 사람
4. 제6항 제1호에 해당하는 공무원 또는 제6항 제2호의 판사 · 검사의 직에서 퇴직한 날로부터 1년이 지나지 아니한 사람
5. 제6항 제3호에 해당하는 사람으로서 국가기관등에서 퇴직한 날로부터 1년이 지나지 아니한 사람

과거와 달리 경찰은 인권과 현장을 최우선으로 하는 국민 중심 책임수사가 필요하고, 신뢰성을 회복하는 것이 중요하다. 수사종결권을 경찰이 행사하는 것은 결과적으로 국민들에게 오랫동안 피의자 신분으로 경찰과 검찰을 왕래하고,

피고인 신분으로 법원까지 출석하고 나면 일상업무와 생활은 마비될 수 밖에 없으며 경제적으로 큰 손실이다. 그러나 늦었지만 수사종결권을 경찰에서 행사하고 국가수사본부 출범으로 경찰과 검찰의 이중조사가 사라져 사회적 비용이 많이 줄어들고, 연간 50만명 정도가 빨리 일상업무로 돌아갈 수 있게 되었다.

경찰은 '정인이 사건'은 되돌아보아야 할 사건이다. 3차례 걸쳐 신고가 있었음에도 자세히 들여다보지 못했고, 그로 인해 많은 질타를 받았다.

"2020년 10월13일 학대 끝에 숨진 16개월 여아 정인이의 이야기는, 무려 세 차례의 학대 의심 신고가 경찰에 접수됐던 사실이 알려지며 사회적 공분을 증폭시켰다. 아동보호전문기관(아보전), 입양기관의 부실 대응도 도마 위에 올랐다. 1심은 "장씨는 자신의 발로 강하게 피해자 복부를 발로 밟는 등 상상조차 할 수 없는 만행으로 피해자를 사망에 이르게 했다"며 무기징역을 선고했다. 2심도 "(장씨는) 피해자가 사망에 이를 수 있다는 것을 충분히 예견할 수 있었다"며 살인 혐의를 유죄로 인정했다.

2심 재판부는 장씨의 형량을 일부 감형하면서 "사회적 공분을 충분히 공감하고 고려해야 한다"면서도 "사회적 공분이 범행 자체에 참혹함에 대한 것만은 아니다. 취약 아동 보호를 위한 사회적 보호체계가 제대로 작동하지 않아 사망을 막지 못했다는데 대한 공분도 적지 않은 것으로 보인다"고 말했다.

실제로 정인이 사건을 통해 아동보호 기관에 대한 관리 소홀 문제가 드러나기도 했다. 사건 이후 시민단체로부터 업무상 과실치사 등 혐의로 고발됐다. 입양 기관이 정인이 사망 5개월 전 이미 학대 정황을 알고 있었다는 보건복지부 자료가 공개되기도 했다. 경찰은 신고를 접수한 서울 양천경찰서 과장과 계장 등을 징계했다. 결국 국회에서는 아동학대범죄의 처벌 등에 관한 특례법 4조를 '아동학대치사'에서 '아동학대살해·치사'로 개정하는 이른바 '정인이법'이 나왔다. "

국가수사본부 출범 이후 4800여명을 대상으로 내·수사해서 56명을 구속하고 투기 의심 부동산 90건, 1,385억원에 대해 법원에 몰수보전을 신청해 인용을 받아내기도 했다. 대장동 의혹과 관련해서는 검찰과의 협조문제가 있다. 경찰이 원하는 만큼 수사를 진행하려면 반드시 검찰을 거쳐야 하는 단계들이 있다. 향후 수사는 경찰이 기소는 검찰이 진행하도록 개선이 되어야 할 부분이다. 영장청구권도 없이 경찰에게 수사를 진행하고 완벽하게 업무처리를 하라고 하는 것은 업무처리와 맞지 않는 부분이다.

수사와 기소가 분리되고 헌법에서 검사의 영장 청구권 독점 조항을 삭제하고 경찰에게 영장청구권 부여를 통해 효율적인 수사업무처리가 이루어져야 할 것이다. 검찰의 수사의 독점으로 인해 그동안 김학의 전 법무부차관 사건 등 고위공직자에 대한 경찰의 구조적 수사의 한계점 등은 반드시 해결되어야 할 부분이다.

경찰수사본부는 지속적인 첨단 수사기법을 개발하여야 한다. 다크웹 추적시스템 등 수사 단서를 찾아내는 시스템을 발전시켜 나가는 부분, 온라인상 불법 콘텐츠, 명예훼손 등 디지털 관련 범죄부분, 과학기술정보통신부와 협업해 지속적인 연구·개발(R&D) 사업도 진행부분, 해외 사례에 대한 연구, 전문적인 수사경찰 교육훈련 개선 등이 이루어져야 할 부분이다.

제 3 절 자치경찰의 업무방향

자치경찰사무와 시·도자치경찰위원회의 조직 및 운영 등에 관한 규정 제2조(생활안전·교통·경비 관련 자치경찰사무의 범위 등) 「국가경찰과 자치경찰의 조직 및 운영에 관한 법률」(이하 "법"이라 한다) 제4조제1항 제2호가목부터 다목까지의 규정에 따른 자치경찰사무에 관한 구체적인 사항 및 범위 등을 같은 조 제2항에 따라 특별시·광역시·특별자치시·도·특별자치도(이하 "시·도"라 한다)의 조례로 정하는 경우 지켜야 하는 기준은 다음 각 호와 같다.

1. 법 제3조에 따른 경찰의 임무 범위와 별표에 따른 생활안전, 교통, 경비

관련 자치경찰사무의 범위를 준수할 것

2. 관할 지역의 인구, 범죄발생 빈도 등 치안 여건과 보유 인력·장비 등을 고려하여 자치경찰사무를 적정한 규모로 정할 것
3. 기관 간 협의체 구성, 상호협력·지원 및 중복감사 방지 등 자치경찰사무가 국가경찰사무와 유기적으로 연계되고 균형이 이루어지도록 하는 사항을 포함할 것
4. 자치경찰 사무의 내용은 국민의 생명·신체 및 재산을 보호하고 공공의 안녕과 질서를 유지하는 데 효율적인 것으로 정할 것

자치경찰사무에 관한 규정에 따르면, 자치경찰은 생활안전, 교통, 경비에 관련된 업무, 관할 지역의 인구, 범죄발생 빈도 등 치안여건과 보유인력·장비 등을 고려하여 적정한 자치경찰 사무를 정하여 시행하여야 한다.

자치경찰은 국민의 생명과 신체 및 재산을 보호하고 공공의 안전과 질서를 유지하는 것을 목표로 효율적으로 업무를 정해야 한다.

자치경찰로 인해 국가의 통합적인 업무에 문제가 발생하지 않도록 자치경찰사무와 국가경찰사무가 유기적으로 연계되고 균형이 이루어지도록 기관 간 협의체 구성, 상호협력·지원 및 중복감사 방지 등이 포함되어 있다.

■ 자치경찰사무와 시·도자치경찰원회의 조직 및 운영 등에 관한 규정 [별표]

생활안전, 교통, 경비 관련 자치경찰사무의 범위(제2조 제1호 관련)

자치경찰사무		범위
1. 지역 내 주민의 생활안전 활동에 관한 사무	가. 생활안전을 위한 순찰 및 시설의 운영	1) 지역주민 안전을 위한 범죄예방시설 설치·운영 2) 지역주민 안전을 위한 범죄예방진단 3) 지역주민 안전을 위한 순찰과 범죄예방활동 시행·관리
	나. 주민참여 방범활동의 지원 및 지도	1) 범죄예방을 위한 주민 참여 지역협의체 구성·운영 2) 주민 참여형 범죄예방활동 시행·관리
	다. 안전사고 및 재해·재난 시 긴급	1) 재난이 발생할 우려가 현저하거나 재난이 발생한 경우 주민의 생명·신체 및 재산을 보호

자치경찰사무		범위
	구조지원	하기 위한 긴급구조지원 2) 재해 발생 시 지역의 사회질서 유지 및 교통관리 등 3) 그 밖에 긴급구조지원기관으로서의 긴급구조지원 활동 등
	라. 아동·청소년·노인·여성·장애인 등 사회적 보호가 필요한 사람에 대한 보호 업무 및 가정·학교·성폭력 등의 예방	1) 아동·노인·장애인 학대 예방과 피해 아동·노인·장애인에 대한 보호활동 2) 아동·청소년·노인·여성·장애인 등 사회적 보호가 필요한 사람의 실종 예방·대응 활동 3) 아동 대상 범죄예방 및 아동안전 보호활동 4) 청소년 비행방지 등 선도·보호 활동 5) 가정폭력범죄 예방과 피해자 등 보호 활동 6) 학교폭력의 근절·예방과 가해학생 선도 및 피해학생 보호 활동 7) 성폭력 예방과 성폭력 피해자 등 보호 활동 8) 그 밖에 관련 법령에 경찰의 사무로 규정된 아동·청소년·노인·여성·장애인 등 사회적 보호가 필요한 사람에 대한 보호 및 가정폭력·학교폭력·성폭력 등 예방 업무
	마. 주민의 일상생활과 관련된 사회질서의 유지 및 그 위반행위의 지도·단속. 다만, 지방자치단체 등 다른 행정청의 사무는 제외한다.	1) 경범죄 위반행위 지도·단속 등 공공질서 유지 2) 공공질서에 반하는 풍속·성매매사범 및 사행행위 지도·단속 3) 그 밖에 관련 법령에 경찰의 사무로 규정된 주민의 일상생활과 관련된 사회질서의 유지 및 그 위반행위의 지도·단속 업무
	바. 그 밖에 지역주민의 생활안전에 관한 사무	1) 지역주민의 생활안전 관련 112신고(일반신고를 포함한다) 처리 2) 지하철, 내수면 등 일반적인 출동이 어려운 특정 지역에서 주민의 생명·신체·재산의 보호를 위한 경찰대 운영 3) 유실물 보관·반환·매각·국고귀속 등 유실물 관리 4) 「경찰관 직무집행법」 제4조에 따른 응급구호대상자에 대한 보호조치 및 유관기관 협력 5) 그 밖에 관련 법령에 경찰의 사무로 규정된 지역주민의 생활안전에 관한 사무
2. 지역 내 교통 활동에 관한 사무	가. 교통법규 위반에 대한 지도·단속	1) 교통법규 위반 지도·단속, 공익신고 처리 등 2) 음주단속 장비 등 교통경찰용 장비 보급·관리·운영 등

자치경찰사무		범위
	나. 교통안전시설 및 무인 교통단속용 장비의 심의·설치·관리	1) 교통사고 예방, 교통소통을 위한 교통안전시설 설치·관리·운영 2) 도로교통 규제 관련 지역 교통안전시설 심의위원회 설치 및 운영 3) 무인 교통단속용 장비의 심의·설치·관리·운영
	다. 교통안전에 대한 교육 및 홍보	1) 교통안전에 대한 교육 2) 교통안전에 대한 홍보
	라. 주민참여 지역 교통활동의 지원 및 지도	1) 교통활동 지원 협력단체에 대한 운영·관리 2) 주민참여형 교통안전활동 지원 및 지도
	마. 통행 허가, 어린이 통학버스의 신고, 긴급자동차의 지정 신청 등 각종 허가 및 신고에 관한 사무	1) 차마의 안전기준 초과 승차, 안전기준 초과적재 및 차로폭 초과 차 통행허가 처리 2) 도로공사 신고접수, 현장점검 및 지도·감독 등 3) 어린이통학버스 관련 신고접수·관리 및 관계기관 합동 점검 4) 긴급자동차의 지정 신청·관리 5) 버스전용차로 통행 지정신청 처리 6) 주·정차 위반차량 견인대행법인등 지정
	바. 그 밖에 지역 내의 교통안전 및 소통에 관한 사무	1) 지역주민의 교통안전 관련 112신고(일반신고를 포함한다) 처리 2) 운전면허 관련 민원 업무 3) 지역교통정보센터 운영 및 교통정보 연계 4) 정체 해소 등 소통 및 안전 확보를 위한 교통관리 5) 지역 내 교통안전대책 수립·시행 6) 교통안전 관련 기관 협의 등
3. 지역 내 다중운집 행사 관련 혼잡 교통 및 안전 관리		가. 지역 내 다중운집 행사 등의 교통질서 확보 및 교통안전 관리 지원 나. 지역 내 다중운집 행사 안전 관리 지원

자치경찰제도가 시행되고 나서 지방자치단체에서는 지역별 특수성이 있는 지역에 대한 범죄예방 환경개선사업, 범죄취약가구를 대상으로 방범시설 등을 설치하는 사업에 착수하고, 어린이 보호구역 내 교통안전 종합대책과 이륜차 교통법규 위반행위 집중단속 추진하고, 학교전담경찰관(SPO)의 활동 강화 등을 내용으로 하는 학교폭력 예방대책, 유흥시설 등의 특별 단속 활동 등 지역 맞춤형 치안 정책 수립과 자치행정을 시행해 가고 있는 부분은 긍정적 부분으로 평가된다.

문제점은 자치경찰 소속 배치 인원에 개선이 요망된다. 현재 자치경찰 업무규모에 비해 자치경찰소속 배치 인원은 현저히 부족한 것으로 평가된다.

시 · 도자치경찰위원회 사무기구에 두는 경찰공무원 정원표(제2조 관련)

기관별 / 계급별	합계	서울특별시자치경찰위원회	부산광역시자치경찰위원회	대구광역시자치경찰위원회	인천광역시자치경찰위원회	광주광역시자치경찰위원회	대전광역시자치경찰위원회	울산광역시자치경찰위원회	경기도남부자치경찰위원회	경기도북부자치경찰위원회	강원도자치경찰위원회	충청북도자치경찰위원회	충청남도자치경찰위원회	전라북도자치경찰위원회	전라남도자치경찰위원회	경상북도자치경찰위원회	경상남도자치경찰위원회	제주특별자치도자치경찰위원회
총계	51	3	3	3	3	3	3	3	3	3	3	3	3	3	3	3	3	3
총경	17	1	1	1	1	1	1	1	1	1	1	1	1	1	1	1	1	1
경정	17	1	1	1	1	1	1	1	1	1	1	1	1	1	1	1	1	1
경위	17	1	1	1	1	1	1	1	1	1	1	1	1	1	1	1	1	1

자치단체는 시민이 주인으로서 온전히 제 역할을 하게 하고, 기초지방단체가 시민 안전을 지키고 더 나은 삶을 위한 올바른 역할을 하도록 하는 것이다. 지역의 주민이 지역의 실질적인 주인으로 주민이 행정과 정책결정에 직접 참여하는 것이 지방자치·자치분권을 향한 모두의 바람이지만 우리나라는 아직도 부족한 상태이다. 우리나라 지방자치는 중앙집권적 전통을 계속 유지해 오고 있으며, 자치단체의 취약한 지방재정으로 여전히 중앙집권에 의지하고 있으며, 지방의회의 자율성 제한 등 어려운 여건 속에서도 지내왔다. 실질적인 주민자치 구현을 목표로 지방자치법이 전부 개정되었다. 이로 인해 주민주권 구현과 자치권이 확대되었고, 중앙정부와 지방정부 간 협력관계 정립 등을 통해 자치분권 확대의 실질적인 토대가 마련되었다.

자치경찰제도의 시행으로 인해 치안 행정에 주민이 직접참여하고 활동함으로써 지역 주민의 눈높이와 지역 특성에 맞는 자치치안행정 서비스의 제공이 가능하다는 점이다. 자치경찰제도의 취지를 잘 반영하기 위해서는 지역주민의 의견을 적극적으로 청취하고, 자치 행정에 참여를 할 수 있도록 통로를 준비하는 것이다. 이러한 부분이 해결이 안 된다면 실질적인 자치경찰로 볼 수 없을 것이다. 예를 들면, 범죄예방 시설 등의 상시 점검 및 위험에 노출된 시민 신고를 위한 지역 주민이 주도하는 자전거 치안순찰대를 운영함으로써 시민 참여를 통한 지역 치안 역량 강화하는 것이다.

〈부록 1〉

(지방자치경찰 업무관련)

인공지능 검색기능을 활용한 프로파일링 시스템 개선방안[1)]

Improvement of Profiling System Using Artificial Intelligence Search Function

lee keonsu

경찰은 실종관련 실시간 신고를 받고 있으며, 상황에 따른 실종관련어 검색시스템에 대해 정보검색 시스템 사용의 편리, 신속한 검색과 신뢰성 있는 결과를 필요로 하고 있다. 이에 따른 실종관련 단순 정보의 나열이 아닌 실종관련 요구정보에 대한 정확한 공급과 함께 정보의 연관성, 문서별 정리까지 필요로 한다. 현재 경찰은 프로파일링 시스템에서 단순검색 기능을 활용한 실종관련 자료를 확인하는 한계점에 와 있다. 통신 모바일 장비가 확대되어 있는 상황에서 모바일에 대한 전용 검색엔진은 없는 실정이다. 따라서 모바일 하드웨어의 시스템 호환성 강화 및 프로파일링 시스템DB의 활용성을 높여야 한다.

인터넷의 발달과 데이터베이스 구축에 따른 정보시스템 발달을 통해 경찰은 엄청난 양의 사건관련 정보를 축척 하게 되었고 실시간 사건접수에 따른 현시점에도 관련 정보가 생성되고 있다. 그러나 이러한 환경에도 불구하고 경찰이 필요한 정보를 정확히 전체 데이터에서 빠르게 모두 찾지를 못하고 있다. 프로파일링 시스템에서 실종자 관련 정보검색은 이러한 대량의 정보로부터 담당 실종경찰관이 원하는 정보를 효율적으로 실시간 검색할 수 있도록 하는 필요성이 크게 증가하였다. 프로파일링 시스템내에서 현재 자연어 단어검색 기능을 통해

1) 본 연구는 2021년도 경찰청의 재원으로 한국연구재단-실종아동 등 신원확인을 위한 복합인지기술개발사업사업의 지원을 받아 수행된 연구임(No.NRF-2018M3E3A1057443).

관련 자료를 확인하고 파악하는 한정된 내용으로 검색이 이루어지고 있다. 프로파일링 시스템 내에서 실종담당 경찰관이 필요시에 따라 실종관련 다양한 정보 검색시스템이 개발되어야 한다. 실종관련 문서에 대한 검색, 실종관련 사건 문서검색, 웹 문서 검색, 질의와 문서의 언어가 서로 다른 경우의 검색을 수행하는 교차언어검색시스템, 질의 응답, 실종사건 형태별 문서분류, 실종정보 요구자들로 하여금 정보서비스를 보다 편리하고 효율적으로 사용하도록 도와주는 사용자 인터페이스 기술, 실종 문서요약 시스템 등은 경찰의 정보 기술의 발달에 따른 정보검색 기술의 컨텐츠가 급속히 증가하고 있는 추세이다. 이러한 상황에서 경찰은 인공지능 분류 검색 시스템을 구축하여 일반적 키워드 검색, 분류형 검색 등을 통한 실종수사 활성화 방안을 제안하고자 한다.

Ⅰ. 서 설

경찰은 실종관련 실시간 신고를 받고 있으며, 상황에 따른 실종관련어 검색시스템에 대해 정보검색 시스템 사용의 편리, 신속한 검색과 신뢰성 있는 결과를 필요로 하고 있다. 이에 따른 실종관련 단순 정보의 나열이 아닌 실종관련 요구정보에 대한 정확한 공급과 함께 정보의 연관성, 문서별 정리까지 필요로 한다. 현재 경찰은 프로파일링 시스템에서 단순검색 기능을 활용한 실종관련 자료를 확인하는 한계점에 와 있다. 통신 모바일 장비가 확대되어 있는 상황에서 모바일에 대한 전용 검색엔진은 없는 실정이다. 따라서 모바일 하드웨어의 시스템 호환성 강화 및 프로파일링 시스템 DB의 활용성을 높여야 한다.

최근 3년간 발생한 실종아동 등 사건 현황을 살펴보면 2018년도에 총 42,992건이 발생하였고 미발견은 18건이다. 그 중 정상아동 21,980건(미발견 6건), 지적장애 8,881건(미발견 9건), 치매환자 12,131건(미발견 3건)이다. 2019년도에는 42,390건 발생하였고 미발견은 33건이다. 그 중 정상아동 21,551건(미발견 9건), 지적장애 8,360건(미발견 21건), 치매노인 12,479건(미발견 3건)이다. 2020년도에는 총 38,496건이 발생하였고, 미발견은 161건이다. 그 중 정상아동 19,146건(미발견 105건), 지적장애 7,078건(미발견 47건), 치매환자 12,272건

(미발견 9건) 등이다.[2] 2020년도에 특별하게 보아야 할 점은 미발견이 대폭증가했다는 사실이다.

인터넷의 발달과 데이터베이스 구축에 따른 정보시스템 발달을 통해 경찰은 엄청난 양의 사건관련 정보를 축적 하게 되었고 실시간 사건접수에 따른 현시점에도 관련 정보가 생성되고 있다. 그러나 이러한 환경에도 불구하고 경찰이 필요한 정보를 정확히 전체 데이터에서 빠르게 모두 찾지를 못하고 있다. 프로파일링 시스템에서 실종자 관련 정보검색은 이러한 대량의 정보로부터 담당 실종경찰관이 원하는 정보를 효율적으로 실시간 검색할 수 있도록 하는 필요성이 크게 증가하였다. 프로파일링 시스템내에서 현재 자연어 단어검색 기능을 통해 관련 자료를 확인하고 파악하는 한정된 내용으로 검색이 이루어지고 있다. 프로파일링 시스템 내에서 실종담당 경찰관이 필요시에 따라 실종관련 다양한 정보검색시스템이 개발되어야 한다. 실종관련 문서에 대한 검색, 실종관련 사건 문서검색, 웹 문서 검색, 질의와 문서의 언어가 서로 다른 경우의 검색을 수행하는 교차언어검색시스템, 질의 응답, 실종사건 형태별 문서분류, 실종정보 요구자들로 하여금 정보서비스를 보다 편리하고 효율적으로 사용하도록 도와주는 사용자 인터페이스 기술, 실종 문서요약 시스템 등은 경찰의 정보 기술의 발달에 따른 정보 검색 기술의 컨텐츠가 급속히 증가 하고 있는 추세이다. 이러한 상황에서 경찰은 인공지능 분류 검색 시스템을 구축하여 일반적 키워드 검색, 분류형 검색 등을 통한 실종수사 활성화 방안을 제안하고자 한다.

Ⅱ. 프로파일링 시스템 실종사건 검색 현황

1. 프로파일링 시스템 실종사건 검색

실종 프로파일링 시스템 검색기능은 자연어 검색형태의 칸을 통해서 문자를 입력하고 그 문자에 해당하는 자료를 확인하는 형태로 검색 프로그램으로 이루어져 있다. 일반 네이버, 구글, 다음에서 자료검색과는 전혀 다른형태이다. 즉

2) e-나라지표(2020. 12. 31일자)

실종프로파일링시스템 자연어 검색은 관련 단어를 중심으로 해당되는 내용만 검색되는 형태이고 아주 소극적·한정적인 검색시스템이다. 또한 시간을 다투는 실종담당 현장경찰관이 하나하나 단어를 입력하고 확인하고 구별하는 과정을 거치게 되는 시간과 인력 투입을 요하는 검색시스템이다. 실종 프로파일링시스템에서 필요로 하는 검색기능은 실종담당 경찰관이 요구하는 키워드와 관련된 모든 실종관련 정보를 제공해 주는 프로그램을 말한다. 실종관련 프로파일링시스템에서 요구되는 검색의 범위는 실종자 관련자료, 신고자 관련자료, 보호자 관련자료, 용의자 관련자료, 유사실종사건사례, 유사범죄의심 패턴 일치 실종사건사례, 수사보고, 사전지문등록자료, 복지부산하 보호시설 자료, 대외기관요청문서, 실종자 조기 발견을 위한 경찰 내부 시스템 연계를 구축[3], 등 모든 자료를 검색하고 추출할 수 있는 기능이 되어야 할 것이다. 또한 자체 사이트 검색, 데이터베이스 검색, 디렉토리 서비스 검색, 웹 검색, FTP 검색, 메타 검색 등도 기능이 이루어지면 좋을 것으로 본다.

2. 실시간 자동분류를 통한 실종수사 활용

현장출동 실종담당 경찰관들이 초동조치와 동시에 실종조치에 필요한 실종사건 관련 검색을 실시하면 관련정보가 신속하고 정확하게 요약되어 제공되어야 한다. 경찰 휴대폰 조회기와 연계되어 현장에 임장한 경찰관의 직접 조회가 가능해졌으며, 순찰 시 실종아동 등으로 의심되는 자를 발견한 경우 즉각적인 조회를 가능하게 하였다.[4] 현재 실종프로파일링 시스템 검색은 자연어 검색 형태로 운영되고 있으며 검색을 클릭하는 순간 기존의 입력자료에서 동의어 중심으로 확인이 되고, 관련정보가 나열되는 형태이다. 이러한 나열된 정보의 문제점은 동일한 단어로 수천 건이 검색이 될 때 한건 한건 모두 확인해야 하고 많은 시간과 인력이 낭비되어야 한다. 그러나 이러한 검색 부분에 대해 인공지능 기

3) 박종철, 장일식, "경찰의 실종사건 대응 효과성 제고방안", 한국경찰연구학회, 제17권 제3호, 2018, p. 45.
4) 차종진, 이진국, 권건보, "실종자 수색제도에 관한 비교법적 연구", 경찰법연구, 제18권 제1호, 2020, p. 148.

술을 추가하여 사건관련내용에 대한 정확한 자동분류와 자동요약기술이 적용되어야만 현장에서 제역할을 할 수 있다. 경찰의 특수한 업무상 온라인 또는 오프라인 실시간 자동분류는 실종관련 많은 자료를 실시간으로 모든 자료를 수집 및 분석하고 분류해주는 기능이다. 현재 경찰이 사용하고 있는 실종 프로파일링 시스템에 추가되어야 할 인공지능 자연어 검색기술은 인덱싱 정보, 퍼지집합을 통한 통계적 확률기법 등이 가능하고, 입력당시 실종내용에 대해 철저한 베이스 구축 등을 통해 나타나는 모든 정보를 대상으로 하는 것이다.

3. 프로파일링 검색 종류에 따른 활용현황

현재 운용되는 프로파일링시스템은 웹을 활용하는 기능이 없다. 웹은 하이퍼텍스트 문서 형태를 통하여 한 문서에서 다른 문서로 이동할 수 있게 해준다. 이러한 실종관련 웹 문서들을 확인하고 볼 수 있도록 하는 도구가 웹 브라우저이다. 실종 프로파일링 시스템에는 이러한 기능이 전혀 없다. 따라서 실종사건관련 서류수사에 한계가 발생하고 있다. 왜냐하면 한국에서 실종된 사람이 일본 바닷가에서 발견되어 신원확인요청이 문서로 접수되고 있다. 2006년 11월 30일 일본 나가사끼현 쓰시마 해상에서 발견된 변사체는 추자도 해안가 갯바위서 낚시하다 실종된 유모씨(42세, 부산시)로 확인되었다. 일본 제7관구 해상보안본부는 일본 쓰시마 해상에서 신원을 알 수 없는 한국인 추정 변사체를 발견, 우리측 영사관을 통해 서류 통보해 왔다. 처음에는 안면부패가 심하고 신원을 확인할 수 있는 특징을 발견할 수 없어, 당시 동행하였던 목격자 및 가족들을 상대로 확인해 보았으나, 진술이 서로간 틀려 신원확인에 어려움을 겪었으나, 지문 대조 결과 실종된 유씨의 지문과 동일하여 유족에게 인계되었다.[5] 이러한 유사사건이 2014년도에 경찰청에 접수되는 등 계속 발생하고 있다. 향후 이러한 웹문서 검색은 실종 키워드 활용 검색뿐만 아니라, 주제별 디렉토리의 경우 실종사건 발생에 대한 특정부분에 대한 실종정보를 제공하고 관련사건에 대한 자료를 모두 제공할 수가 있다.

5) 미디어제주(http://www.mediajeju.com), 2006.11.30. 17:31 보도

4. 실종사건 내용에 따른 철자중심 검색의 한계성

그 동안 실종프로파일링 시스템에서 사용하는 키워드 중심 검색방법은 관련 단어들을 인덱싱하여 보여주는 기법이었다. 이러한 검색방법은 키워드 중심인 철자를 중심으로 실종자료, 관련 단어 사건 등을 추출하는 방법이다. 철자를 중심으로 하기 때문에 실종관련 막연한 사실을 확인하고자 하는 경우에는 적절한 방법이 아니다. 프로파일링 시스템의 자연어 검색에서 철자중심 검색은 한계가 발견된다. 단어의 순서, 조합만 잘못되어도 원치 않는 자료가 추출되고 필요한 자료를 확인하지 못하게 되어 있기 때문이다. 이러한 이유로 실종사건 담당경찰은 사건의 내용을 직접 읽어보고, 확인하는 작업을 해야하는 등 많은 시간과 인원을 필요로 한다. 이러한 문제점을 해결하기 위해서는 개념 추가기반 검색기법은 경찰 실종수사에 반드시 필요한 방법이다.

Ⅲ. 프로파일링 시스템 검색기능의 문제점

1. 프로파일링 검색 기능의 활용 문제점

실종업무처리 담당경찰관에게 프로파일링 시스템에 실종관련 정보검색 중요성 인식이 이 낮고, 중요성을 인식하지 못하고 있다. 또한 프로파일링 시스템 검색인식 기능은 보관된 실종데이터를 자동으로 분류할 수 있도록 하여야 함에도 일부 호환자료를 제외하고는 실제로 제 기능을 못하고 있다. 이러한 사실을 볼 때 현재 운용되고 있는 프로파일링시스템의 검색기능은 현 시대 변화에 따라가지 못하고 있으며, 정보처리의 검색기능의 한계성을 나타내고 있다. 네이버, 구글, 다음에서 원하는 정보를 찾기 위해서 관련 검색어를 입력하게 되면 관련 사건, 관련 뉴스, 관련 학술지, 정책자료 등 많은 자료를 한눈에 확인할 수 있다. 이러한 자료활용도를 통해 독자를 확보하고 활용도, 효율성을 더욱 확장하고 있는 현실과 달리 실종 프로파일링 시스템은 점점 검색기능의 낙후로 실종수사에 도움을 주지 못하고 있는 실정이다. 향후 프로파일링 시스템에서 검색기능을 통해 실종자의 관련자료, 신고자 관련자료, 용의자 관련자료, 피해내용, 실종사건 관련내용, 추적기법, 관련실종사건 대응방법, 실종사건 해결사례, 문헌연구 등을 통해 폭넓게 실종사건에 대한 대비책을 준비할 필요가 있다.

2. 프로파일링 시스템 기능의 문제

대부분의 검색기능은 사건관련 정보검색, 인공지능분류 검색, 자연언어처리, 패턴인식 등으로 활용되어 지고 있다. 프로파일링시스템의 실종정보검색은 관련단어를 입력하고 일치단어 중심으로 관련내용만 추출되는 형태로 이용되고 있어서 실종관련 관련 사건, 추적내용, 문서분석, 용의자 추적, 실종자 관련 내역, 수사기법 등은 검색분야에 해당하지 않아서 검색추출 자체가 불가능하다. 기존의 실종프로파일링 시스템 정보처리 과정은 수집된 데이터들에서 단어들을 중심으로 현장 담당 경찰관이 검색어를 요청하였을 때 일치 여부를 확인하며 일치된 단어의 데이터를 정리하여 나열해 주도록 하였다. 그리고 상기의 정보검색 기술은 단어들을 중심으로 사용자가 검색어를 요청했을 때 제공되는 데이터들이 그 주제내용과는 관계없이 일방적으로 선택되어 서비스되었고, 검출된 자료에 대하여 현장경찰관이 제공된 데이터와의 관련성을 일일이 확인해야 한다는 문제점이 존재한다. 인공지능 검색기능은 퍼지 시스템, 신경회로망, 전문가 시스템, 유전자 알고리즘 등으로 구성되고 있다. 그중에서 신경회로망은 인간의 학습과정과 뇌의 신호전달과정을 모방하여 모델링함으로서 인공지능의 본질에 가장 충실한 알고리즘이라 할 수 있다. 인공지능 검색에서 자연언어처리 기술의 핵심 구성 요소는 형태소 분석기, 구문 분석기, 의미 분석기 3가지로 정리할 수 있다. 패턴인식분야로서 패턴인식의 가장 주요한 목적은 주어진 데이터들 간의 관계를 통하여 여러 형태의 특징들을 파악하는 것이다.

3. 프로파일링시스템의 빅데이터 자료 정보인식과 정보처리 한계

실종업무처리에 있어서 실종관련 자료 확인은 사람의 도움 없이도 현장경찰관이 자료를 입력하면 스스로 언어를 인식하고 그 의미를 통해 데이터를 자동으로 분류할 수 있도록 해야 한다. 그러나 현재 운용 중인 실종프로파일링 시스템은 이러한 필요한 정보 처리를 하고, 자료를 제고하지 못하고 있다. 실종담당경찰관이 실종자료를 입력하고 관련사건에 대해 확인을 하기 위해 수천만 건의 자료를 일일이 확인해야 한다는 큰 문제점이 있다. 즉 빅데이터 자료를 전혀 활용하지 못하고 있다. 실종사건 현장 담당경찰관이 자료 검색을 요청했을 때 제공되는 데이터들이 그 중요도에 따라 선택되어 제공되어지고, 신속하게 관련 데이터들을 분류하여 시각적 형태의 구조적으로 보여주도록 함으로써 활용도를 높여야 함에도 이러한 기능과 작동이 전혀 이루어지지 않아서 실종관련 많은 데이터 들이 잘 활용되지 못하고 있다. 프로파일링 시스템이 제기능을 하기 위해선 실종관련 수집된 데이터의 대주제, 중주제, 소주제를 추출하고 이들 주제와 관련된 관련 주제와 관련어들을 함께 추출하여 구조적·시각적으로 보여주어 현장경찰관이 원하는 정보에 신속하고 빠르고 접근하여 사건처리에 도움이 되어야 한다.

4. 유사 실종사건 패턴인식 프로그램을 통한 실종사건 수사 접근 불능

실종사건은 18세미만 아동, 지적·정신 장애인, 치매노인, 성인실종이 있다. 이러한 실종사건 발생원인은 학대로 인한 실종, 유기, 납치, 자살, 성폭력, 살인, 길잃음, 각족 사건연루 등 많은 원인이 있다. 사건의 대상자와 실종원인 비슷한 경우에는 일정한 사건의 패턴과 수사방법을 연결할 수가 있다. 상습적인 실종자인 경우 실종사건의 원인과 발견 등의 패턴을 빅데이터로 분석하여 차후 실종사건에 활용할 수도 있다. 이러한 유사 실종사건은 패턴 인식에서도 비슷한 부분이 있기 때문에 주어진 데이터들 간의 관계를 통하여 여러 가지 실종사건의 패턴형태의 특징을 파악하는 능력을 배가시키기 위해 실종 패턴인식 기술에 직접적인 영향을 미치는 패턴인식 기술을 발전시켜서 활용해야 한다. 그러나 현재로서는 단순한 자연어 검색기능만으로는 이러한 발전된 기술과 자료를 전혀 활용할 수가 없다.

Ⅳ. 인공지능을 활용한 실종사건 검색 시스템 제작 활용방안

1. 인공지능 프로파일링 시스템 검색 활용 방안

프로파일링 시스템 검색기능에서 인공지능을 통한 지능형 검색 시스템, 자연어 검색, 자동분류시스템, 검색결과 시각화하는 기술로 검색이 이루어져야 한다. 실종사건별 자동 분류시스템 부분에 인공지능을 기술을 통한 검색 개발은 상습범 검거, 실종자 발견, 관련 수사발달 등을 기대할 수 있다. 인공지능을 활용한 실종 검색기능 특징 중 하나는 인덱스 사전을 생성시킨다는 점과 하드웨어 장비의 호환성, 대용량 DB일수록 더욱 정확한 분류 결과를 도출해 낼 수 있다. 실종관련 자료 인공지능 자동분류는 대용량 정보를 수집하여 동시에 많은 정보를 주어진 시간 내에 원하는 방식으로 분류해 주는 시스템을 말한다. 실종사건별 자동분류의 경우는 전자문서, 사건문서, 실종사건 수사기법, 지식관리 등에 큰 역할을 할 수 있다. 또한 현장 경찰관이 직접 활용이 가능한 인공지능 검색 시스템을 모바일 인터페이스 환경에 맞게 자동 분류화하여 PDA 인테페이스와 같이 검색 결과 화면을 클릭형 카테고리 형태로 보여주어 현장에서 신속하게 활용하고 실종사건 대응에 가능하다.

실종사건은 실시간 접수되고 있으며, 시스템의 통합관리, DB량의 급증, 인위적인 수작업을 통한 분류 작업은 불가능한 상황이다. 따라서 실종사건 현장출동 경찰관이 관련 사건을 입력한 자료를 통한 DB 구축 및 운영, 모바일 하드웨어 장비 호환, 프로파일링시스템 대용량 DB의 활용, 사건검색기능, 대용량 DB 분류 등이 모두 가능하도록 해야 한다.

인공지능 정보인식시스템은 수집 및 구축된 실종정보를 새로운 형태의 인식

방식을 이용하여 스스로 정보를 인식하고 데이터를 자동으로 분류될 수 있도록 하는 것이다. 지금까지 프로파일링시스템은 관련 정보를 확인하기 위하여는 실종담당경찰관이 직접 입력한 정보를 하나하나 검색하고 분류함으로써 전문지식, 인력 및 시간상의 문제점을 가지고 있을 뿐 아니라 키워드 검색의 한계, 자료확보에 많은 문제점을 가지고 있다. 그러므로 인공지능을 활용한 정보인식 시스템은 스스로 실종관련 사건 단어, 범행방법, 피해상황, 추적내용, 관련문서 추출 등 패턴의 유사성을 구하면서 단어와 단어의 밀접성과 관계성, 동의 및 복합명사를 통해 구조를 파악하여 처리하는 단계를 통해 실종사건 정보를 인식하고 처리하는 것이 가능하도록 한 것이다.

2. 인공지능 분류형 검색기능 활성화

인공지능 정보인식시스템은 신경회로망 알고리즘인 ART(Adaptive Resonance Theory), SOM(Self Organized Map), LVQ(Learning Vector Quantization), BAM(Bidirectional Associative Memory) 등이 있으며, 실종 입력데이터들의 특징을 추출하고 나타낼 수 있도록 이루어져야 한다. 또한 이러한 시스템은 실종사건 관련자료 및 유사한 자료를 검색하여 신속하게 제공되어야 한다. 지금까지 프로파일링 시스템은 단순하게 자료검색만을 활용함으로써 실제로 확인되어야 할 많은 데이터를 잘 활용하지 못하고 있다. 즉 검색기능에 한계가 많다. 검색어를 통해 검색을 할 경우에는 관련실종사건, 피해자, 가해자, 실종피해내용, 추적기법, 관련사건 보고내용, 유사사건, 프로파일링에 인적, 병명, 가족관계 등을 입력하여 경찰과 전국사회복지망 시스템을 연계[6] 등이 모두 추출될 수 있어야 한다. 기존의 프로파일링 시스템은 Query Processor의 속도개선, 검색시간 단축화, 불필요한 index가 전체의 80%이상을 차지하는 매우 소모적이고 낭비적인 indexing 기술을 구사하고 있다. 하루에도 수 천건씩 접수되는 실종사건에 대한 인공지능 검색시스템은 Pattern Matching 기술과

6) 정명숙·조성제, "RFID/USN 환경에서 치매환자 실종자 찾기 시스템 모델", 글로벌사회복지연구, 제1권 제2호, 2011호, p. 81.

A.I 기술을 접목하여 가장 효율적이고 정확한 indexing 기술을 구현하도록 이루어져야 한다.

3. 인공지능 실종사건 분류 검색기능 시각화

실종사건 인공지능 분류시스템의 구축을 위해서는 인공지능 시스템전문가, 자료분류 전문가, 시스템 관리자, 웹 프로그램 전문가, DB 제작 전문가와 함께 인공지능 분류 검색시스템 형태로 구성되어야 한다. 실종사건은 형태별로 실종아동 해당사건, 지적장애인 실종사건, 치매노인 실종사건, 성인 실종사건 분류를 하고, 실종사건 가해자, 피해자, 목격자 분류, 실종사건 피해내용 분류, 실종추적기법 방법 분류, 실종사건 유사내용 분류, 관련 변사자료 분류 등 다양한 형태로 목록별 분류, 내용별 분류, 사건형태별 분류, 관련 문서별 분류, 추적기법별 분류 등 다양한 형태 및 시각화 형태로 이루어지도록 해야 한다. 또한 현장출동 경찰관이 바로 신속한 검색과 확인자료를 통해 실종수사가 가능하도록 프로그램을 확대 및 추가 보완하여 구현하여야 한다.

4. 실종사건 내용에 따른 분류기반과 개념기반 검색기능 추가

그동안 실종프로파일링 시스템에서 사용하는 키워드 중심 검색방법은 관련단어들을 인덱싱하여 보여주는 기법이었다. 이러한 검색방법은 키워드 중심인 철자를 중심으로 실종자료, 관련 문서 등을 추출하는 방법이다. 철자를 중심으로 하기 때문에 실종관련 막연한 사실을 확인하고자 하는 경우에는 적절한 방법이 아니다. 실종프로파일링 시스템에서 적용되어야 할 것은 개념기반 검색과 분류기반 검색방법이다. 개념기반 검색은 경찰이 지금까지 사용하던 철자중심 검색기법이 아닌 실종관련 단어의 의미를 분석하고 개념을 통한 관계를 이용하여 검색기능을 확장하는 것이다. 즉 단어의 유사어, 중의어 등을 포함하기 때문에 실종수사에 큰 역할을 할 수 있다. 철자중심 검색은 한계가 발견된다. 단어의 순서, 조합만 잘못되어도 원치 않는 자료가 추출되기 때문이다. 따라서 개념 추가기반 검색기법은 경찰 실종수사에 반드시 필요한 방법이다.

경찰 실종 프로파일링시스템에 추가되어야 할 분류기반 검색 방법은 실종아동별, 치매노인별, 지적장애인별, 성인실종자별로 대주제를 정하고 관련 특징, 실종형태, 실종수법, 기술감식 단서, 분석자료 단서 등을 분류하는 방법이다. 또한 피해자별, 가해자별, 목격자별, 관련자별로 구축하여 차후 수사에 활용이 가능해야 한다. 수사기법별로 분류가 되어야 한다. CCTV기법, 부정계좌추적 기법, 통신수사 기법, 사실조사 기법, 감식형태별 기법, 차량조회별 기법, 건강보험관리공단 자료 분석기법, 노동 자료 추적기법, 지문자료 추적기법, 환경조사 분석 기법 등 다양하게 기법과 함께 분류되고 활용되어야 한다.

5. 모바일 검색 시스템 개발 활용

현장출동 경찰관들에게 가장 필요한 모바일 시스템 호환성을 통해서 실종자료 검색기능 지원, 다른 시스템과의 완벽한 연동 등을 통해 실종추적, 수사, 자료확인 등 목적에 맞는 기능 및 성능 구현이 가능하도록 구현되어야 한다. 현장출동하여 신속하게 모바일검색을 통한 실종사건 검색과 조치, 사건대응능력을 향상시킬 수 있으며, 실종사건 검색을 통한 분류방법은 인공지능시스템을 통해 적합하게 분류를 결과를 보여 주어 현장출동한 경찰관이 바로 사건에 활용하도록 이루어져야 한다.

6. 실종담당 경찰관 사용관련 설문조사 측정도구 시스템 개발 활용

실종관련 업무처리는 사건별 현장출동경찰관의 의견을 통해 계속 보안이 이루어져야 한다. 따라서 현장출동 실종수사경찰의 의견을 수집하고 측정을 할 수 있는 인공지능시스템 개발이 필요하다. 이러한 실종담당 현장경찰관에 대한 설문조사는 PDA 및 모바일 서비스에서 검색 컨텐츠가 활성화되어야 한다. 그러나 지금은 이러한 시스템이 이루어지지 않는 상황이다. 현장출동 실종담당 경찰이 편리하게 이용가능하고 적절한 내용구분으로 이용할 수 있도록 함으로써 효율성을 높일 수 있다.

첫째, 실종담당 경찰관의 설문에 항목들이 간결한 내용을 기록할 수 있어야 편리성 및 만족성을 높일 수 있다. 중복자료는 모두 배제되어야 한다.

둘째, 설문용어의 적절성이다. 시스템을 구성결과에 사용된 용어의 적절성은 실종사건관련 아주 중요한 문제이다. 만약 결과의 구성 용어에 부적절한 용어 사용과 어려운 전문용어의 사용으로 인하여 검색결과의 사용이 용이하지 못할 수 있기 때문이다.

셋째, 설문조사 결과의 시각화 추출이다. 한눈에 확인할 수 있도록 축소된 화면 크기에 시각화 추출이 가능한 검색시스템에서 사용자의 중요한 사용 만족도의 기준이 될 것이다.

넷째, 검색 처리속도의 신속성이다. 실종수사 경찰관의 하드웨어 환경, 거주지 지역 네트워크 수준, 온라인 통신망의 부하 등 여러 불안전 요인이 있으나 신속하게 추출하고 검색이 가능해야 한다.

다섯째, 실종관련 검색결과에 대한 이동 편리성이 있어야 한다. 실종사건 관련내용 검색결과에서의 이동을 통하여 유사실종 등 관련한 적절한 정보를 찾아야 한다.

마지막으로 실종관련 검색 결과에 대한 화면 구성이 적절하게 이루어져야 한다. 인공지능 검색결과에서 리스트 형식의 결과 화면과 자동 분류를 통한 카테고리 형식의 결과 화면은 기존의 하드웨어 인터페이스와 적절하게 조화를 이루어야 한다.

Ⅴ. 마무리

현대사회는 인공지능 등 디지털 정보기술의 발달로 인하여 모든 분야에 있어서 융복합화기능이 급속도로 성장하고 있다. 실종업무처리를 담당하는 프로파일링 시스템의 검색 시스템 정보는 실종수사에 중요한 역할을 담당하고 있음에도 자료활용을 실제로 하지 못하고 있으며, 실종담당 경찰관도 프로파일링 시스템 검색기능이 있는지도 모르는 경찰도 발견이 되었다. 실종사건에 대해 신속하고 정확한 정보를 검색하고 관련내용을 현출함으로써 실종업무처리에 큰 역할을 담당할 수 있는 것이다. 따라서 정보 저장 시스템, 네트워크 시스템 기술 확장, 모바일 시스템의 확장 및 기술발전, 인공지능 하드웨어 발전 등으로 인공지능 검색시스템의 무한한 활용가능성이 가능한 상태이다. 이러한 장점을 활용한 인공지능 실종검색시스템의 개선을 통해 초기 현장출동경찰관이 신속하고 편리하게 실종수사에 적용함으로써 수많은 실종사건을 해결할 수 있을 것으로 기대하고 있다. 또한 단순한 검색결과보다는 각종 실종사건에 연계가 가능하도록 현출하고 적용함으로써 분류형 형태의 검색시스템을 통해 상습사건, 미제사건, 실종관련 용의자, 피해자 형태, 추적기법, 실종관련 지역별 정책수립, 실종예방에도 적용이 가능할 수 있는 것이다.

〈참고문헌〉

박종철 외, "경찰의 실종사건 대응 효과성 제고방안", 한국경찰연구학회, 제17권 제3호, 2018, p. 45.

정명숙 외, "RFID/USN 환경에서 치매환자 실종자 찾기 시스템 모델", 글로벌 사회복지연구, 제1권 제2호, 2011호, p. 81.

차종진 외, "실종자 수색제도에 관한 비교법적 연구", 경찰법연구, 제18권 제1호, 2020, p. 148.

〈참고자료〉

경찰청, 2019경찰백서

e-나라지표(2020. 12. 31일자)

〈인터넷자료〉

http://www.mediajeju.com,(제주미디어, 2006년 11월 30일자 보도. 최종방문 2021년 7월 20일)

〈부록 2〉

국가경찰과 자치경찰의 조직 및 운영에 관한 법률

[시행 2021. 1. 1] [법률 제17689호, 2020. 12. 22, 전부개정]

제1장 총칙

제1조(목적) 이 법은 경찰의 민주적인 관리·운영과 효율적인 임무수행을 위하여 경찰의 기본조직 및 직무 범위와 그 밖에 필요한 사항을 규정함을 목적으로 한다.

제2조(국가와 지방자치단체의 책무) 국가와 지방자치단체는 국민의 생명·신체 및 재산을 보호하고 공공의 안녕과 질서유지에 필요한 시책을 수립·시행하여야 한다.

제3조(경찰의 임무) 경찰의 임무는 다음 각 호와 같다.

1. 국민의 생명·신체 및 재산의 보호
2. 범죄의 예방·진압 및 수사
3. 범죄피해자 보호
4. 경비·요인경호 및 대간첩·대테러 작전 수행
5. 공공안녕에 대한 위험의 예방과 대응을 위한 정보의 수집·작성 및 배포
6. 교통의 단속과 위해의 방지
7. 외국 정부기관 및 국제기구와의 국제협력
8. 그 밖에 공공의 안녕과 질서유지

제4조(경찰의 사무) ① 경찰의 사무는 다음 각 호와 같이 구분한다.

1. 국가경찰사무: 제3조에서 정한 경찰의 임무를 수행하기 위한 사무. 다만, 제2호의 자치경찰사무는 제외한다.
2. 자치경찰사무: 제3조에서 정한 경찰의 임무 범위에서 관할 지역의 생활안전·교통·경비·수사 등에 관한 다음 각 목의 사무
   가. 지역 내 주민의 생활안전 활동에 관한 사무

1) 생활안전을 위한 순찰 및 시설의 운영
2) 주민참여 방범활동의 지원 및 지도
3) 안전사고 및 재해 · 재난 시 긴급구조지원
4) 아동 · 청소년 · 노인 · 여성 · 장애인 등 사회적 보호가 필요한 사람에 대한 보호 업무 및 가정폭력 · 학교폭력 · 성폭력 등의 예방
5) 주민의 일상생활과 관련된 사회질서의 유지 및 그 위반행위의 지도 · 단속. 다만, 지방자치단체 등 다른 행정청의 사무는 제외한다.
6) 그 밖에 지역주민의 생활안전에 관한 사무

나. 지역 내 교통활동에 관한 사무
1) 교통법규 위반에 대한 지도 · 단속
2) 교통안전시설 및 무인 교통단속용 장비의 심의 · 설치 · 관리
3) 교통안전에 대한 교육 및 홍보
4) 주민참여 지역 교통활동의 지원 및 지도
5) 통행 허가, 어린이 통학버스의 신고, 긴급자동차의 지정 신청 등 각종 허가 및 신고에 관한 사무
6) 그 밖에 지역 내의 교통안전 및 소통에 관한 사무

다. 지역 내 다중운집 행사 관련 혼잡 교통 및 안전 관리

라. 다음의 어느 하나에 해당하는 수사사무
1) 학교폭력 등 소년범죄
2) 가정폭력, 아동학대 범죄
3) 교통사고 및 교통 관련 범죄
4) 「형법」 제245조에 따른 공연음란 및 「성폭력범죄의 처벌 등에 관한 특례법」 제12조에 따른 성적 목적을 위한 다중이용장소 침입행위에 관한 범죄
5) 경범죄 및 기초질서 관련 범죄
6) 가출인 및 「실종아동등의 보호 및 지원에 관한 법률」 제2조제2호에 따른 실종아동등 관련 수색 및 범죄

② 제1항제2호가목부터 다목까지의 자치경찰사무에 관한 구체적인 사항 및 범위 등은 대통령령으로 정하는 기준에 따라 시 · 도조례로 정한다.

③ 제1항제2호라목의 자치경찰사무에 관한 구체적인 사항 및 범위 등은 대통령령으로 정한다.

제5조(권한남용의 금지) 경찰은 그 직무를 수행할 때 헌법과 법률에 따라 국민의 자유와 권리 및 모든 개인이 가지는 불가침의 기본적 인권을 보호하고, 국민 전체에 대한 봉사자로서 공정 · 중립을 지켜야 하며, 부여된 권한을 남용하여서는

아니 된다.

제6조(직무수행) ① 경찰공무원은 상관의 지휘·감독을 받아 직무를 수행하고, 그 직무수행에 관하여 서로 협력하여야 한다.

② 경찰공무원은 구체적 사건수사와 관련된 제1항의 지휘·감독의 적법성 또는 정당성에 대하여 이견이 있을 때에는 이의를 제기할 수 있다.

③ 경찰공무원의 직무수행에 필요한 사항은 따로 법률로 정한다.

제2장 국가경찰위원회

제7조(국가경찰위원회의 설치) ① 국가경찰행정에 관하여 제10조제1항 각 호의 사항을 심의·의결하기 위하여 행정안전부에 국가경찰위원회를 둔다.

② 국가경찰위원회는 위원장 1명을 포함한 7명의 위원으로 구성하되, 위원장 및 5명의 위원은 비상임(非常任)으로 하고, 1명의 위원은 상임(常任)으로 한다.

③ 제2항에 따른 위원 중 상임위원은 정무직으로 한다.

제8조(국가경찰위원회 위원의 임명 및 결격사유 등) ① 위원은 행정안전부장관의 제청으로 국무총리를 거쳐 대통령이 임명한다.

② 행정안전부장관은 위원 임명을 제청할 때 경찰의 정치적 중립이 보장되도록 하여야 한다.

③ 위원 중 2명은 법관의 자격이 있는 사람이어야 한다.

④ 위원은 특정 성(性)이 10분의 6을 초과하지 아니하도록 노력하여야 한다.

⑤ 다음 각 호의 어느 하나에 해당하는 사람은 위원이 될 수 없으며, 위원이 다음 각 호의 어느 하나에 해당하는 경우에는 당연퇴직한다.

1. 정당의 당원이거나 당적을 이탈한 날부터 3년이 지나지 아니한 사람
2. 선거에 의하여 취임하는 공직에 있거나 그 공직에서 퇴직한 날부터 3년이 지나지 아니한 사람
3. 경찰, 검찰, 국가정보원 직원 또는 군인의 직에 있거나 그 직에서 퇴직한 날부터 3년이 지나지 아니한 사람
4. 「국가공무원법」 제33조 각 호의 어느 하나에 해당하는 사람. 다만, 「국가공무원법」 제33조제2호 및 제5호에 해당하는 경우에는 같은 법 제69조제1호 단서에 따른다.

⑥ 위원에 대해서는 「국가공무원법」 제60조 및 제65조를 준용한다.

제9조(국가경찰위원회 위원의 임기 및 신분보장) ① 위원의 임기는 3년으로 하며, 연임(連任)할 수 없다. 이 경우 보궐위원의 임기는 전임자 임기의 남은 기간으로

한다.

② 위원은 중대한 신체상 또는 정신상의 장애로 직무를 수행할 수 없게 된 경우를 제외하고는 그 의사에 반하여 면직되지 아니한다.

제10조(국가경찰위원회의 심의·의결 사항 등) ① 다음 각 호의 사항은 국가경찰위원회의 심의·의결을 거쳐야 한다.

1. 국가경찰사무에 관한 인사, 예산, 장비, 통신 등에 관한 주요정책 및 경찰 업무 발전에 관한 사항
2. 국가경찰사무에 관한 인권보호와 관련되는 경찰의 운영·개선에 관한 사항
3. 국가경찰사무 담당 공무원의 부패 방지와 청렴도 향상에 관한 주요 정책사항
4. 국가경찰사무 외에 다른 국가기관으로부터의 업무협조 요청에 관한 사항
5. 제주특별자치도의 자치경찰에 대한 경찰의 지원·협조 및 협약체결의 조정 등에 관한 주요 정책사항
6. 제18조에 따른 시·도자치경찰위원회 위원 추천, 자치경찰사무에 대한 주요 법령·정책 등에 관한 사항, 제25조제4항에 따른 시·도자치경찰위원회 의결에 대한 재의 요구에 관한 사항
7. 제2조에 따른 시책 수립에 관한 사항
8. 제32조에 따른 비상사태 등 전국적 치안유지를 위한 경찰청장의 지휘·명령에 관한 사항
9. 그 밖에 행정안전부장관 및 경찰청장이 중요하다고 인정하여 국가경찰위원회의 회의에 부친 사항

② 행정안전부장관은 제1항에 따라 심의·의결된 내용이 적정하지 아니하다고 판단할 때에는 재의(再議)를 요구할 수 있다.

제11조(국가경찰위원회의 운영 등) ① 국가경찰위원회의 사무는 경찰청에서 수행한다.

② 국가경찰위원회의 회의는 재적위원 과반수의 출석과 출석위원 과반수의 찬성으로 의결한다.

③ 이 법에 규정된 것 외에 국가경찰위원회의 운영 및 제10조제1항 각 호에 따른 심의·의결 사항의 구체적 범위, 재의 요구 등에 필요한 사항은 대통령령으로 정한다.

제3장 경찰청

제12조(경찰의 조직) 치안에 관한 사무를 관장하게 하기 위하여 행정안전부장관 소

속으로 경찰청을 둔다.

제13조(경찰사무의 지역적 분장기관) 경찰의 사무를 지역적으로 분담하여 수행하게 하기 위하여 특별시·광역시·특별자치시·도·특별자치도(이하 "시·도"라 한다)에 시·도경찰청을 두고, 시·도경찰청장 소속으로 경찰서를 둔다. 이 경우 인구, 행정구역, 면적, 지리적 특성, 교통 및 그 밖의 조건을 고려하여 시·도에 2개의 시·도경찰청을 둘 수 있다.

제14조(경찰청장) ① 경찰청에 경찰청장을 두며, 경찰청장은 치안총감(治安總監)으로 보한다.

② 경찰청장은 국가경찰위원회의 동의를 받아 행정안전부장관의 제청으로 국무총리를 거쳐 대통령이 임명한다. 이 경우 국회의 인사청문을 거쳐야 한다.

③ 경찰청장은 국가경찰사무를 총괄하고 경찰청 업무를 관장하며 소속 공무원 및 각급 경찰기관의 장을 지휘·감독한다.

④ 경찰청장의 임기는 2년으로 하고, 중임(重任)할 수 없다.

⑤ 경찰청장이 직무를 집행하면서 헌법이나 법률을 위배하였을 때에는 국회는 탄핵 소추를 의결할 수 있다.

⑥ 경찰청장은 경찰의 수사에 관한 사무의 경우에는 개별 사건의 수사에 대하여 구체적으로 지휘·감독할 수 없다. 다만, 국민의 생명·신체·재산 또는 공공의 안전 등에 중대한 위험을 초래하는 긴급하고 중요한 사건의 수사에 있어서 경찰의 자원을 대규모로 동원하는 등 통합적으로 현장 대응할 필요가 있다고 판단할 만한 상당한 이유가 있는 때에는 제16조에 따른 국가수사본부장을 통하여 개별 사건의 수사에 대하여 구체적으로 지휘·감독할 수 있다.

⑦ 경찰청장은 제6항 단서에 따라 개별 사건의 수사에 대한 구체적 지휘·감독을 개시한 때에는 이를 국가경찰위원회에 보고하여야 한다.

⑧ 경찰청장은 제6항 단서의 사유가 해소된 경우에는 개별 사건의 수사에 대한 구체적 지휘·감독을 중단하여야 한다.

⑨ 경찰청장은 제16조에 따른 국가수사본부장이 제6항 단서의 사유가 해소되었다고 판단하여 개별 사건의 수사에 대한 구체적 지휘·감독의 중단을 건의하는 경우 특별한 이유가 없으면 이를 승인하여야 한다.

⑩ 제6항 단서에서 규정하는 긴급하고 중요한 사건의 범위 등 필요한 사항은 대통령령으로 정한다.

제15조(경찰청 차장) ① 경찰청에 차장을 두며, 차장은 치안정감(治安正監)으로 보한다.

② 차장은 경찰청장을 보좌하며, 경찰청장이 부득이한 사유로 직무를 수행할 수 없을 때에는 그 직무를 대행한다.

제16조(국가수사본부장) ① 경찰청에 국가수사본부를 두며, 국가수사본부장은 치안정감으로 보한다.

② 국가수사본부장은 「형사소송법」에 따른 경찰의 수사에 관하여 각 시·도경찰청장과 경찰서장 및 수사부서 소속 공무원을 지휘·감독한다.

③ 국가수사본부장의 임기는 2년으로 하며, 중임할 수 없다.

④ 국가수사본부장은 임기가 끝나면 당연히 퇴직한다.

⑤ 국가수사본부장이 직무를 집행하면서 헌법이나 법률을 위배하였을 때에는 국회는 탄핵 소추를 의결할 수 있다.

⑥ 국가수사본부장을 경찰청 외부를 대상으로 모집하여 임용할 필요가 있는 때에는 다음 각 호의 자격을 갖춘 사람 중에서 임용한다.

1. 10년 이상 수사업무에 종사한 사람 중에서 「국가공무원법」 제2조의2에 따른 고위공무원단에 속하는 공무원, 3급 이상 공무원 또는 총경 이상 경찰공무원으로 재직한 경력이 있는 사람
2. 판사·검사 또는 변호사의 직에 10년 이상 있었던 사람
3. 변호사 자격이 있는 사람으로서 국가기관, 지방자치단체, 「공공기관의 운영에 관한 법률」 제4조에 따른 공공기관(이하 "국가기관등"이라 한다)에서 법률에 관한 사무에 10년 이상 종사한 경력이 있는 사람
4. 대학이나 공인된 연구기관에서 법률학·경찰학 분야에서 조교수 이상의 직이나 이에 상당하는 직에 10년 이상 있었던 사람
5. 제1호부터 제4호까지의 경력 기간의 합산이 15년 이상인 사람

⑦ 국가수사본부장을 경찰청 외부를 대상으로 모집하여 임용하는 경우 다음 각 호의 어느 하나에 해당하는 사람은 국가수사본부장이 될 수 없다.

1. 「경찰공무원법」 제8조제2항 각 호의 결격사유에 해당하는 사람
2. 정당의 당원이거나 당적을 이탈한 날부터 3년이 지나지 아니한 사람
3. 선거에 의하여 취임하는 공직에 있거나 그 공직에서 퇴직한 날부터 3년이 지나지 아니한 사람
4. 제6항제1호에 해당하는 공무원 또는 제6항제2호의 판사·검사의 직에서 퇴직한 날로부터 1년이 지나지 아니한 사람
5. 제6항제3호에 해당하는 사람으로서 국가기관등에서 퇴직한 날로부터 1년이 지나지 아니한 사람

제17조(하부조직) ① 경찰청의 하부조직은 본부·국·부 또는 과로 한다.

② 경찰청장 · 차장 · 국가수사본부장 · 국장 또는 부장 밑에 정책의 기획이나 계획의 입안 및 연구 · 조사를 통하여 그를 직접 보좌하는 담당관을 둘 수 있다.
③ 경찰청의 하부조직의 명칭 및 분장 사무와 공무원의 정원은 「정부조직법」 제2조제4항 및 제5항을 준용하여 대통령령 또는 행정안전부령으로 정한다.

제4장 시 · 도자치경찰위원회

제18조(시 · 도자치경찰위원회의 설치) ① 자치경찰사무를 관장하게 하기 위하여 특별시장 · 광역시장 · 특별자치시장 · 도지사 · 특별자치도지사(이하 "시 · 도지사"라 한다) 소속으로 시 · 도자치경찰위원회를 둔다.
② 시 · 도자치경찰위원회는 합의제 행정기관으로서 그 권한에 속하는 업무를 독립적으로 수행한다.

제19조(시 · 도자치경찰위원회의 구성) ① 시 · 도자치경찰위원회는 위원장 1명을 포함한 7명의 위원으로 구성하되, 위원장과 1명의 위원은 상임으로 하고, 5명의 위원은 비상임으로 한다.
② 위원은 특정 성(性)이 10분의 6을 초과하지 아니하도록 노력하여야 한다.
③ 위원 중 1명은 인권문제에 관하여 전문적인 지식과 경험이 있는 사람이 임명될 수 있도록 노력하여야 한다.

제20조(시 · 도자치경찰위원회 위원의 임명 및 결격사유) ① 시 · 도자치경찰위원회 위원은 다음 각 호의 사람을 시 · 도지사가 임명한다.
1. 시 · 도의회가 추천하는 2명
2. 국가경찰위원회가 추천하는 1명
3. 해당 시 · 도 교육감이 추천하는 1명
4. 시 · 도자치경찰위원회 위원추천위원회가 추천하는 2명
5. 시 · 도지사가 지명하는 1명

② 시 · 도자치경찰위원회 위원은 다음 각 호의 어느 하나에 해당하는 자격을 갖추어야 한다.
1. 판사 · 검사 · 변호사 또는 경찰의 직에 5년 이상 있었던 사람
2. 변호사 자격이 있는 사람으로서 국가기관등에서 법률에 관한 사무에 5년 이상 종사한 경력이 있는 사람
3. 대학이나 공인된 연구기관에서 법률학 · 행정학 또는 경찰학 분야의 조교수 이상의 직이나 이에 상당하는 직에 5년 이상 있었던 사람
4. 그 밖에 관할 지역주민 중에서 지방자치행정 또는 경찰행정 등의 분야에 경험

이 풍부하고 학식과 덕망을 갖춘 사람

③ 시 · 도자치경찰위원회 위원장은 위원 중에서 시 · 도지사가 임명하고, 상임위원은 시 · 도자치경찰위원회의 의결을 거쳐 위원 중에서 위원장의 제청으로 시 · 도지사가 임명한다. 이 경우 위원장과 상임위원은 지방자치단체의 공무원으로 한다.

④ 위원은 정치적 중립을 지켜야 하며, 권한을 남용하여서는 아니 된다.

⑤ 공무원이 아닌 위원에 대해서는 「지방공무원법」 제52조 및 제57조를 준용한다.

⑥ 공무원이 아닌 위원은 그 소관 사무와 관련하여 형법이나 그 밖의 법률에 따른 벌칙을 적용할 때에는 공무원으로 본다.

⑦ 다음 각 호의 어느 하나에 해당하는 사람은 위원이 될 수 없다. 위원이 각 호의 어느 하나에 해당한 경우에는 당연퇴직한다.

1. 정당의 당원이거나 당적을 이탈한 날부터 3년이 지나지 아니한 사람
2. 선거에 의하여 취임하는 공직에 있거나 그 공직에서 퇴직한 날부터 3년이 지나지 아니한 사람
3. 경찰, 검찰, 국가정보원 직원 또는 군인의 직에 있거나 그 직에서 퇴직한 날부터 3년이 지나지 아니한 사람
4. 국가 및 지방자치단체의 공무원(국립 또는 공립대학의 조교수 이상의 직에 있는 사람은 제외한다. 이하 이 조에서 같다)이거나 공무원이었던 사람으로서 퇴직한 날부터 3년이 지나지 아니한 사람. 다만, 제20조제3항 후단에 따라 위원장과 상임위원이 지방자치단체의 공무원이 된 경우에는 당연퇴직하지 아니한다.
5. 「지방공무원법」 제31조 각 호의 어느 하나에 해당하는 사람. 다만, 「지방공무원법」 제31조제2호 및 제5호에 해당하는 경우에는 같은 법 제61조제1호 단서에 따른다.

⑧ 그 밖에 위원의 임명방법 등에 관하여 필요한 사항은 대통령령으로 정하는 기준에 따라 시 · 도조례로 정한다.

제21조(시 · 도자치경찰위원회 위원추천위원회) ① 시 · 도자치경찰위원회 위원 추천을 위하여 시 · 도지사 소속으로 시 · 도자치경찰위원회 위원추천위원회를 둔다.

② 시 · 도지사는 시 · 도자치경찰위원회 위원추천위원회에 각계각층의 관할 지역주민의 의견이 수렴될 수 있도록 위원을 구성하여야 한다.

③ 시 · 도자치경찰위원회 위원추천위원회 위원의 수, 자격, 구성, 위원회 운영 등에 관하여 필요한 사항은 대통령령으로 정한다.

제22조(시 · 도자치경찰위원회 위원장의 직무) ① 시 · 도자치경찰위원회 위원장은

시·도자치경찰위원회를 대표하고 회의를 주재하며 시·도자치경찰위원회의 의결을 거쳐 업무를 수행한다.

② 시·도자치경찰위원회 위원장이 부득이한 사유로 직무를 수행할 수 없을 때에는 상임위원, 시·도자치경찰위원회 위원 중 연장자순으로 그 직무를 대행한다.

제23조(시·도자치경찰위원회 위원의 임기 및 신분보장) ① 시·도자치경찰위원회 위원장과 위원의 임기는 3년으로 하며, 연임할 수 없다.

② 보궐위원의 임기는 전임자 임기의 남은 기간으로 하되, 전임자의 남은 임기가 1년 미만인 경우 그 보궐위원은 제1항에도 불구하고 한 차례만 연임할 수 있다.

③ 위원은 중대한 신체상 또는 정신상의 장애로 직무를 수행할 수 없게 된 경우를 제외하고는 그 의사에 반하여 면직되지 아니한다.

제24조(시·도자치경찰위원회의 소관 사무) ① 시·도자치경찰위원회의 소관 사무는 다음 각 호로 한다.

1. 자치경찰사무에 관한 목표의 수립 및 평가
2. 자치경찰사무에 관한 인사, 예산, 장비, 통신 등에 관한 주요정책 및 그 운영지원
3. 자치경찰사무 담당 공무원의 임용, 평가 및 인사위원회 운영
4. 자치경찰사무 담당 공무원의 부패 방지와 청렴도 향상에 관한 주요 정책 및 인권침해 또는 권한남용 소지가 있는 규칙, 제도, 정책, 관행 등의 개선
5. 제2조에 따른 시책 수립
6. 제28조제2항에 따른 시·도경찰청장의 임용과 관련한 경찰청장과의 협의, 제30조제4항에 따른 평가 및 결과 통보
7. 자치경찰사무 감사 및 감사의뢰
8. 자치경찰사무 담당 공무원의 주요 비위사건에 대한 감찰요구
9. 자치경찰사무 담당 공무원에 대한 징계요구
10. 자치경찰사무 담당 공무원의 고충심사 및 사기진작
11. 자치경찰사무와 관련된 중요사건·사고 및 현안의 점검
12. 자치경찰사무에 관한 규칙의 제정·개정 또는 폐지
13. 지방행정과 치안행정의 업무조정과 그 밖에 필요한 협의·조정
14. 제32조에 따른 비상사태 등 전국적 치안유지를 위한 경찰청장의 지휘·명령에 관한 사무
15. 국가경찰사무·자치경찰사무의 협력·조정과 관련하여 경찰청장과 협의
16. 국가경찰위원회에 대한 심의·조정 요청
17. 그 밖에 시·도지사, 시·도경찰청장이 중요하다고 인정하여 시·도자치경찰

위원회의 회의에 부친 사항에 대한 심의 · 의결

② 시 · 도자치경찰위원회의 업무와 관련하여 시 · 도지사는 정치적 목적이나 개인적 이익을 위해 관여하여서는 아니 된다.

제25조(시 · 도자치경찰위원회의 심의 · 의결사항 등) ① 시 · 도자치경찰위원회는 제24조의 사무에 대하여 심의 · 의결한다.

② 시 · 도자치경찰위원회의 회의는 재적위원 과반수의 출석과 출석위원 과반수의 찬성으로 의결한다.

③ 시 · 도지사는 제1항에 관한 시 · 도자치경찰위원회의 의결이 적정하지 아니하다고 판단할 때에는 재의를 요구할 수 있다.

④ 위원회의 의결이 법령에 위반되거나 공익을 현저히 해친다고 판단되면 행정안전부장관은 미리 경찰청장의 의견을 들어 국가경찰위원회를 거쳐 시 · 도지사에게 제3항의 재의를 요구하게 할 수 있고, 경찰청장은 국가경찰위원회와 행정안전부장관을 거쳐 시 · 도지사에게 재의를 요구하게 할 수 있다.

⑤ 시 · 도자치경찰위원회의 위원장은 재의요구를 받은 날부터 7일 이내에 회의를 소집하여 재의결하여야 한다. 이 경우 재적위원 과반수의 출석과 출석위원 3분의 2 이상의 찬성으로 전과 같은 의결을 하면 그 의결사항은 확정된다.

제26조(시 · 도자치경찰위원회의 운영 등) ① 시 · 도자치경찰위원회의 회의는 정기적으로 개최하여야 한다. 다만 위원장이 필요하다고 인정하는 경우, 위원 2명 이상이 요구하는 경우 및 시 · 도지사가 필요하다고 인정하는 경우에는 임시회의를 개최할 수 있다.

② 시 · 도자치경찰위원회는 회의 안건과 관련된 이해관계인이 있는 경우 그 의견을 듣거나 회의에 참석하게 할 수 있다.

③ 시 · 도자치경찰위원회의 위원 중 공무원이 아닌 위원에게는 예산의 범위에서 직무활동에 필요한 비용 등을 지급할 수 있다.

④ 그 밖에 시 · 도자치경찰위원회의 운영 등에 필요한 사항은 대통령령으로 정하는 기준에 따라 시 · 도조례로 정한다.

제27조(사무기구) ① 시 · 도자치경찰위원회의 사무를 처리하기 위하여 시 · 도자치경찰위원회에 필요한 사무기구를 둔다.

② 사무기구에는 「지방자치단체에 두는 국가공무원의 정원에 관한 법률」에도 불구하고 대통령령으로 정하는 바에 따라 경찰공무원을 두어야 한다.

③ 제주특별자치도에는 「제주특별자치도 설치 및 국제자유도시 조성을 위한 특별법」 제44조제3항에도 불구하고 같은 법 제6조제1항 단서에 따라 이 법 제27조제

2항을 우선하여 적용한다.

④ 사무기구의 조직 · 정원 · 운영 등에 관하여 필요한 사항은 경찰청장의 의견을 들어 대통령령으로 정하는 기준에 따라 시 · 도조례로 정한다.

제5장 시 · 도경찰청 및 경찰서 등

제28조(시 · 도경찰청장) ① 시 · 도경찰청에 시 · 도경찰청장을 두며, 시 · 도경찰청장은 치안정감 · 치안감(治安監) 또는 경무관(警務官)으로 보한다.

② 「경찰공무원법」 제7조에도 불구하고 시 · 도경찰청장은 경찰청장이 시 · 도자치경찰위원회와 협의하여 추천한 사람 중에서 행정안전부장관의 제청으로 국무총리를 거쳐 대통령이 임용한다.

③ 시 · 도경찰청장은 국가경찰사무에 대해서는 경찰청장의 지휘 · 감독을, 자치경찰사무에 대해서는 시 · 도자치경찰위원회의 지휘 · 감독을 받아 관할구역의 소관 사무를 관장하고 소속 공무원 및 소속 경찰기관의 장을 지휘 · 감독한다. 다만, 수사에 관한 사무에 대해서는 국가수사본부장의 지휘 · 감독을 받아 관할구역의 소관 사무를 관장하고 소속 공무원 및 소속 경찰기관의 장을 지휘 · 감독한다.

④ 제3항 본문의 경우 시 · 도자치경찰위원회는 자치경찰사무에 대해 심의 · 의결을 통하여 시 · 도경찰청장을 지휘 · 감독한다. 다만, 시 · 도자치경찰위원회가 심의 · 의결할 시간적 여유가 없거나 심의 · 의결이 곤란한 경우 대통령령으로 정하는 바에 따라 시 · 도자치경찰위원회의 지휘 · 감독권을 시 · 도경찰청장에게 위임한 것으로 본다.

제29조(시 · 도경찰청 차장) ① 시 · 도경찰청에 차장을 둘 수 있다.

② 차장은 시 · 도경찰청장을 보좌하여 소관 사무를 처리하고 시 · 도경찰청장이 부득이한 사유로 직무를 수행할 수 없을 때에는 그 직무를 대행한다.

제30조(경찰서장) ① 경찰서에 경찰서장을 두며, 경찰서장은 경무관, 총경(總警) 또는 경정(警正)으로 보한다.

② 경찰서장은 시 · 도경찰청장의 지휘 · 감독을 받아 관할구역의 소관 사무를 관장하고 소속 공무원을 지휘 · 감독한다.

③ 경찰서장 소속으로 지구대 또는 파출소를 두고, 그 설치기준은 치안수요 · 교통 · 지리 등 관할구역의 특성을 고려하여 행정안전부령으로 정한다. 다만, 필요한 경우에는 출장소를 둘 수 있다.

④ 시 · 도자치경찰위원회는 정기적으로 경찰서장의 자치경찰사무 수행에 관한 평가결과를 경찰청장에게 통보하여야 하며 경찰청장은 이를 반영하여야 한다.

제31조(직제) 시 · 도경찰청 및 경찰서의 명칭, 위치, 관할구역, 하부조직, 공무원의 정원, 그 밖에 필요한 사항은 「정부조직법」 제2조 제4항 및 제5항을 준용하여 대통령령 또는 행정안전부령으로 정한다.

제6장 비상사태 등 전국적 치안유지를 위한 경찰청장의 지휘 · 명령

제32조(비상사태 등 전국적 치안유지를 위한 경찰청장의 지휘 · 명령) ① 경찰청장은 다음 각 호의 경우에는 제2항에 따라 자치경찰사무를 수행하는 경찰공무원(제주특별자치도의 자치경찰공무원을 포함한다)을 직접 지휘 · 명령할 수 있다.

1. 전시 · 사변, 천재지변, 그 밖에 이에 준하는 국가 비상사태, 대규모의 테러 또는 소요사태가 발생하였거나 발생할 우려가 있어 전국적인 치안유지를 위하여 긴급한 조치가 필요하다고 인정할 만한 충분한 사유가 있는 경우
2. 국민안전에 중대한 영향을 미치는 사안에 대하여 다수의 시 · 도에 동일하게 적용되는 치안정책을 시행할 필요가 있다고 인정할 만한 충분한 사유가 있는 경우
3. 자치경찰사무와 관련하여 해당 시 · 도의 경찰력으로는 국민의 생명 · 신체 · 재산의 보호 및 공공의 안녕과 질서유지가 어려워 경찰청장의 지원 · 조정이 필요하다고 인정할 만한 충분한 사유가 있는 경우

② 경찰청장은 제1항에 따른 조치가 필요한 경우에는 시 · 도자치경찰위원회에 자치경찰사무를 담당하는 경찰공무원을 직접 지휘 · 명령하려는 사유 및 내용 등을 구체적으로 제시하여 통보하여야 한다.

③ 제2항에 따른 통보를 받은 시 · 도자치경찰위원회는 정당한 사유가 없으면 즉시 자치경찰사무를 담당하는 경찰공무원에게 경찰청장의 지휘 · 명령을 받을 것을 명하여야 하며, 제1항에 규정된 사유에 해당하지 아니한다고 인정하면 시 · 도자치경찰위원회의 의결을 거쳐 경찰청장에게 그 지휘 · 명령의 중단을 요청할 수 있다.

④ 경찰청장이 제1항에 따라 지휘 · 명령을 하는 경우에는 국가경찰위원회에 즉시 보고하여야 한다. 다만, 제1항제3호의 경우에는 미리 국가경찰위원회의 의결을 거쳐야 하며 긴급한 경우에는 우선 조치 후 지체 없이 국가경찰위원회의 의결을 거쳐야 한다.

⑤ 제4항에 따라 보고를 받은 국가경찰위원회는 제1항에 규정된 사유에 해당하지 아니한다고 인정하면 그 지휘 · 명령을 중단할 것을 의결하여 경찰청장에게 통보할 수 있다.

⑥ 경찰청장은 제1항에 따라 지휘 · 명령할 수 있는 사유가 해소된 때에는 경찰공무원에 대한 지휘 · 명령을 즉시 중단하여야 한다.
⑦ 시 · 도자치경찰위원회는 제1항제3호에 해당하는 경우 의결로 지원 · 조정의 범위 · 기간 등을 정하여 경찰청장에게 지원 · 조정을 요청할 수 있다.
⑧ 경찰청장은 제주특별자치도경찰청의 관할구역에서 제1항의 지휘 · 명령권을 제주특별자치도경찰청장에게 위임할 수 있다.

제7장 치안분야의 과학기술진흥

제33조(치안에 필요한 연구개발의 지원 등) ① 경찰청장은 치안에 필요한 연구 · 실험 · 조사 · 기술개발(이하 "연구개발사업"이라 한다) 및 전문인력 양성 등 치안분야의 과학기술진흥을 위한 시책을 마련하여 추진하여야 한다.
② 경찰청장은 연구개발사업을 효율적으로 추진하기 위하여 다음 각 호의 어느 하나에 해당하는 기관 또는 단체 등과 협약을 맺어 연구개발사업을 실시하게 할 수 있다.
1. 국공립 연구기관
2. 「특정연구기관 육성법」 제2조에 따른 특정연구기관
3. 「과학기술분야 정부출연연구기관 등의 설립 · 운영 및 육성에 관한 법률」에 따라 설립된 과학기술분야 정부출연연구기관
4. 「고등교육법」에 따른 대학 · 산업대학 · 전문대학 및 기술대학
5. 「민법」이나 다른 법률에 따라 설립된 법인으로서 치안분야 연구기관 또는 법인 부설 연구소
6. 「기초연구진흥 및 기술개발지원에 관한 법률」 제14조의2제1항에 따라 인정받은 기업부설연구소 또는 기업의 연구개발전담부서
7. 그 밖에 대통령령으로 정하는 치안분야 관련 연구 · 조사 · 기술개발 등을 수행하는 기관 또는 단체

③ 경찰청장은 제2항 각 호의 기관 또는 단체 등에 대하여 연구개발사업을 실시하는 데 필요한 경비의 전부 또는 일부를 출연하거나 보조할 수 있다.
④ 제2항에 따른 연구개발사업의 실시와 제3항에 따른 출연금의 지급 · 사용 및 관리 등에 필요한 사항은 대통령령으로 정한다.

제8장 보칙

제34조(자치경찰사무에 대한 재정적 지원) 국가는 지방자치단체가 이관받은 사무를

원활히 수행할 수 있도록 인력, 장비 등에 소요되는 비용에 대하여 재정적 지원을 하여야 한다.

제35조(예산) ① 자치경찰사무의 수행에 필요한 예산은 시 · 도자치경찰위원회의 심의 · 의결을 거쳐 시 · 도지사가 수립한다. 이 경우 시 · 도자치경찰위원회는 경찰청장의 의견을 들어야 한다.

② 시 · 도지사는 자치경찰사무 담당 공무원에게 조례에서 정하는 예산의 범위에서 재정적 지원 등을 할 수 있다.

③ 시 · 도의회는 관련 예산의 효율적인 관리를 위하여 의결로써 자치경찰사무에 대해 시 · 도자치경찰위원장의 출석 및 자료 제출을 요구할 수 있다.

제36조(세종특별자치시자치경찰위원회에 대한 특례) ① 세종특별자치시자치경찰위원회에 대해서는 제19조제1항 및 제20조제3항에도 불구하고 위원장 및 상임위원을 비상임으로 할 수 있다.

② 제27조에도 불구하고 세종특별자치시자치경찰위원회에는 사무기구를 두지 아니하며 세종특별자치시자치경찰위원회의 사무는 세종특별자치시경찰청에서 처리한다.

부칙 〈제17689호, 2020. 12. 22.〉

제1조(시행일) 이 법은 2021년 1월 1일부터 시행한다.

제2조(이 법의 시행을 위한 준비행위 등) 국가수사본부와 시 · 도자치경찰위원회의 구성 및 자치경찰사무의 처리에 필요한 인력 · 시설 · 장비의 확보 등 자치경찰사무 수행에 필요한 준비행위 및 시범운영은 이 법 시행 전부터 할 수 있다.

제3조(자치경찰사무 수행에 관한 시범운영 특례) ① 시 · 도경찰청장과 시 · 도자치경찰위원회는 협의하여 이 법에 따른 자치경찰사무의 수행에 관하여 시범운영을 실시할 수 있다.

② 제1항에 따른 자치경찰사무 수행에 필요한 시범운영은 2021년 6월 30일까지 완료하여야 한다.

③ 제1항에 따른 자치경찰사무 수행에 필요한 시범운영과 관련된 구체적 사항은 대통령령으로 정한다.

제4조(경찰위원회 등에 관한 경과조치) ① 이 법 시행 당시의 경찰위원회, 경찰위원회 위원장 및 위원(이하 이 조에서 "경찰위원회등"이라 한다)은 이 법에 따른 국가경찰위원회, 국가경찰위원회 위원장 및 위원(이하 이 조에서 "국가경찰위원회등"이라 한다)으로 본다. 이 경우 해당 위원장 및 위원의 임기는 잔여기간으로 한다.

② 이 법 시행 당시 종전의 규정에 따른 경찰위원회등의 행위 또는 경찰위원회등에 대한 행위는 이 법에 따른 국가경찰위원회등의 행위 또는 국가경찰위원회등에 대한 행위로 본다.

第5조(지방경찰청 등에 관한 경과조치) ① 이 법 시행 당시의 지방경찰청 및 지방경찰청장(이하 이 조에서 "지방경찰청등"이라고 한다)은 이 법에 따른 시·도경찰청 및 시·도경찰청장(이하 이 조에서 "시·도경찰청등"이라 한다)으로 본다.

② 이 법 시행 당시 종전의 규정에 따른 지방경찰청등의 행위 또는 지방경찰청등에 대한 행위는 이 법에 따른 시·도경찰청등의 행위 또는 시·도경찰청등에 대한 행위로 본다.

第6조(행정처분등에 관한 경과조치) 법률 제4369호 경찰법 시행 당시 종전의 규정에 따라 내무부장관·서울특별시장·직할시장 또는 도지사등 행정기관이 행한 행정처분 기타 행정기관의 행위 또는 각종 신고 기타 행정기관에 대한 행위는 그에 해당하는 이 법에 의한 행정기관의 행위 또는 행정기관에 대한 행위로 본다.

第7조(다른 법률의 개정) ① 가족관계의 등록 등에 관한 법률 일부를 다음과 같이 개정한다.

第52조제1항, 제90조제1항 및 같은 조 제2항 중 "국가경찰공무원"을 각각 "경찰공무원"으로 한다.

② 감염병의 예방에 관한 법률 일부를 다음과 같이 개정한다.

第60조제4항 및 제60조의2제5항 중 "「경찰법」 제2조"를 각각 "「국가경찰과 자치경찰의 조직 및 운영에 관한 법률」 제12조 및 제13조"로 한다.

第76조의2제2항 전단 중 "「경찰법」 제2조에 따른 경찰청, 지방경찰청 및 경찰서"를 "「국가경찰과 자치경찰의 조직 및 운영에 관한 법률」에 따른 경찰청, 시·도경찰청 및 경찰서"로 한다.

③ 경비업법 일부를 다음과 같이 개정한다.

第4조제1항 전단 및 같은 조 제3항 각 호 외의 부분, 제14조제3항 전단 및 같은 조 제4항 전단, 제16조제1항, 같은 조 제3항 및 제4항, 제16조의3제2항, 같은 조 제3항 및 제4항, 제17조제1항부터 제4항까지, 제19조제2항제1호, 제20조제2항제2호, 제21조 각 호 외의 부분, 제24조제1항부터 제4항까지, 제25조, 제27조제1항, 제28조제4항제6호, 제31조제3항 중 "지방경찰청장"을 각각 "시·도경찰청장"으로 한다.

④ 경찰공제회법 일부를 다음과 같이 개정한다.

第7조제1항제1호 중 "국가경찰공무원"을 "경찰공무원"으로 한다.

⑤ 경찰관 직무집행법 일부를 다음과 같이 개정한다.

제1조제1항 중 "경찰관(국가경찰공무원만 해당한다. 이하 같다)"을 "경찰관(경찰공무원만 해당한다. 이하 같다)"으로 한다.

제11조의2제4항 및 제6항, 제11조의3제1항 각 호 외의 부분, 같은 조 제2항 및 제4항부터 제6항까지 중 "지방경찰청장"을 각각 "시 · 도경찰청장"으로 한다.

제11조의2제5항 전단 및 후단 중 "경찰위원회"를 각각 "국가경찰위원회"로 한다.

⑥ 경찰대학 설치법 일부를 다음과 같이 개정한다.

제10조제1항 전단 중 "국가경찰공무원"을 "경찰공무원"으로, "국가경찰에"를 "경찰에"로 한다.

⑦ 경찰제복 및 경찰장비의 규제에 관한 법률 일부를 다음과 같이 개정한다.

제3조제1항제1호 및 제2호 중 "국가경찰공무원"을 각각 "경찰공무원"으로 한다.

⑧ 경찰직무 응원법 일부를 다음과 같이 개정한다.

제1조제1항 중 "지방경찰청장"을 "시 · 도경찰청장"으로 한다.제1조제2항 중 "지방경찰청장"을 "시 · 도경찰청장"으로, "다른 지방경찰청"을 "다른 시 · 도경찰청"으로 한다.

제2조 중 "지방경찰청"을 "시 · 도경찰청"으로 한다.

제3조 중 "지방경찰청장"을 "시 · 도경찰청장"으로, "다른 지방경찰청"을 "다른 시 · 도경찰청"으로 한다.

⑨ 공공재정 부정청구 금지 및 부정이익 환수 등에 관한 법률 일부를 다음과 같이 개정한다.

제21조제1항 후단 및 같은 조 제3항 중 "관할 지방경찰청장"을 각각 "관할 시 · 도경찰청장"으로 한다.

⑩ 공직선거법 일부를 다음과 같이 개정한다.

제9조제2항 중 "국가경찰공무원(檢察搜査官 및 軍司法警察官吏를 포함한다)은"을 "경찰공무원(檢察搜査官 및 軍司法警察官吏를 포함한다)은"으로 한다.

⑪ 공직자윤리법 일부를 다음과 같이 개정한다.

제10조제1항제8호 중 "지방경찰청장"을 "시 · 도경찰청장"으로 한다.

⑫ 공항시설법 일부를 다음과 같이 개정한다.

제56조제7항 중 "국가경찰공무원(의무경찰을 포함한다) 또는 자치경찰공무원"을 "경찰공무원(의무경찰을 포함한다) 또는 자치경찰공무원"으로 한다.

⑬ 관광진흥법 일부를 다음과 같이 개정한다.

제74조제3항 전단 및 후단 중 "지방경찰청장"을 각각 "시 · 도경찰청장"으로 한다.

⑭ 관세법 일부를 다음과 같이 개정한다.

제138조제2항 및 제3항, 제219조제2항 및 제3항, 제309조 중 "국가경찰공무원"을

각각 "경찰공무원"으로 한다.

⑮ 교통약자의 이동편의 증진법 일부를 다음과 같이 개정한다.

제18조제4항, 제19조제1항 각 호 외의 부분, 같은 조 제2항 중 "지방경찰청장"을 각각 "시 · 도경찰청장"으로 한다.

⑯ 국회법 일부를 다음과 같이 개정한다.

제144조제2항 및 제3항, 제150조 본문, 제153조제2항 중 "국가경찰공무원"을 각각 "경찰공무원"으로 한다.

⑰ 규제자유특구 및 지역특화발전특구에 관한 규제특례법 일부를 다음과 같이 개정한다.

제33조제1항 및 제2항, 제69조제1항 전단 및 같은 조 제3항 중 "지방경찰청장"을 각각 "시 · 도경찰청장"으로 한다.

⑱ 기업도시개발 특별법 일부를 다음과 같이 개정한다.

제34조의2제2항제3호 전단 및 후단 중 "지방경찰청장"을 각각 "시 · 도경찰청장"으로 한다.

⑲ 도로교통법 일부를 다음과 같이 개정한다.

제2조제32호라목, 제4조의2제1항, 제6조제1항 전단 및 후단, 같은 조 제3항, 제10조제1항, 제12조제4항, 제13조제4항제5호, 제14조제1항 전단 및 후단, 같은 조 제2항 단서, 제15조제1항, 제15조의2제1항, 제16조제1항 각 호 외의 부분 전단, 제17조제2항 각 호 외의 부분 및 같은 항 제2호, 제18조제2항, 제22조제3항제4호, 제25조제2항 단서, 제28조제1항 및 같은 조 제2항 단서, 제31조제1항제5호 및 같은 조 제2항제2호, 제32조제7호, 제33조제2호나목 및 같은 조 제3호, 제34조의2, 제39조제6항, 제41조제3항 본문, 제43조, 제49조제1항제13호, 제68조제3항제7호, 제73조제3항 각 호 외의 부분, 제74조제1항, 같은 조 제2항 각 호 외의 부분, 같은 조 제3항 및 제4항, 제76조제5항, 제77조제2항, 제78조, 제79조제1항 각 호 외의 부분 본문, 같은 조 제2항, 제80조제1항 본문, 같은 조 제2항 각 호 외의 부분 전단, 같은 조 제3항 및 제4항, 제83조제1항 각 호 외의 부분 단서, 제84조의2제1항, 제85조제2항, 같은 조 제3항 및 제4항, 제86조, 제87조제1항 각 호 외의 부분, 제87조의2제1항, 같은 조 제2항 및 제3항, 제91조제1항 각 호 외의 부분 본문, 제93조제1항 각 호 외의 부분 본문, 같은 항 제20호, 같은 조 제2항, 같은 조 제3항 및 제4항 본문, 제94조제1항 및 제2항, 제95조제1항 각 호 외의 부분 및 같은 조 제3항, 제97조제1항 각 호 외의 부분, 같은 조 제2항 및 제3항, 제98조제1항, 제98조의2 본문, 제99조 전단, 제100조제1항 및 제2항, 제104조제1항 각 호 외의 부분, 같은 조 제2항 각 호 외의 부분 및 제3항, 제106

조제4항 각 호 외의 부분 본문, 제107조제4항 각 호 외의 부분 본문, 제108조제1항, 제109조제1항 각 호 외의 부분 전단, 제110조제4항, 제112조, 제113조제1항 각 호 외의 부분 본문, 같은 조 제2항 각 호 외의 부분, 같은 조 제3항 각 호 외의 부분 및 같은 조 제4항, 제114조, 제115조제1항 각 호 외의 부분, 제137조제2항, 같은 조 제3항 및 제4항, 제137조의2제1항 및 제2항, 제139조제1항 각 호 외의 부분 단서, 제141조제1항, 같은 조 제2항 각 호 외의 부분 전단 및 후단, 같은 조 제4항제3호, 제145조의2, 제147조제1항, 같은 조 제3항, 같은 조 제4항 및 제5항, 제156조제5호, 제161조제1항제1호, 같은 조 제2항 중 "지방경찰청장"을 각각 "시 · 도경찰청장"으로 한다.

제5조제1항제1호 중 "국가경찰공무원"을 "경찰공무원"으로 하고, 같은 항 제2호 중 "국가경찰공무원 및 자치경찰공무원(이하 "경찰공무원"이라 한다)"를 "경찰공무원(자치경찰공무원을 포함한다. 이하 같다)"로 하고, 같은 조 제2항 중 "국가경찰공무원 · 자치경찰공무원"을 "경찰공무원"으로 한다.

⑳ 도로법 일부를 다음과 같이 개정한다.

제48조제3항제2호 중 "관할 지방경찰청장"을 "관할 시 · 도경찰청장"으로 한다.

㉑ 도시 및 주거환경정비법 일부를 다음과 같이 개정한다.

제130조제2항 각 호 외의 부분 중 "관할 지방경찰청장"을 "관할 시 · 도경찰청장"으로 한다.

㉒ 도시재정비 촉진을 위한 특별법 일부를 다음과 같이 개정한다.

제30조의3 각 호 외의 부분 중 "관할 지방경찰청장"을 "관할 시 · 도경찰청장"으로 한다.

㉓ 물류정책기본법 일부를 다음과 같이 개정한다.

제29조제2항제5호 중 "지방경찰청장"을 "시 · 도경찰청장"으로 한다.

㉔ 민사소송법 일부를 다음과 같이 개정한다.

제176조제3항, 제342조제2항 및 제366조제3항 후단 중 "국가경찰공무원에게"를 각각 "경찰공무원에게"로 한다.

제311조제4항 중 "국가경찰공무원이"를 "경찰공무원이"로 한다.

㉕ 법원조직법 일부를 다음과 같이 개정한다.

제60조 제목, 같은 조 제1항 및 제2항 중 "국가경찰공무원"을 각각 "경찰공무원"으로 한다.

제61조제2항 중 "국가경찰공무원으로"를 "경찰공무원으로"로 한다.

㉖ 보행안전 및 편의증진에 관한 법률 일부를 다음과 같이 개정한다.

제15조제2항제1호, 제16조제3항 중 "지방경찰청장 또는 경찰서장"을 각각 "시 · 도

경찰청장 또는 경찰서장"으로 한다.

㉗ 부패방지 및 국민권익위원회의 설치와 운영에 관한 법률 일부를 다음과 같이 개정한다.

제64조의2제1항 후단 및 같은 조 제2항 중 "지방경찰청장"을 각각 "시 · 도경찰청장"으로 한다.

㉘ 빈집 및 소규모주택 정비에 관한 특례법 일부를 다음과 같이 개정한다.

제4조제7항 및 제15조제5항 후단 중 "지방경찰청장"을 각각 "시 · 도경찰청장"으로 한다.

㉙ 사격 및 사격장 안전관리에 관한 법률 일부를 다음과 같이 개정한다.

제6조제1항 각 호 외의 부분 전단 및 같은 항 제2호, 제24조제3항 중 "지방경찰청장"을 각각 "시 · 도경찰청장"으로 한다.

㉚ 사행행위 등 규제 및 처벌 특례법 일부를 다음과 같이 개정한다.

제4조제1항 본문 및 같은 조 제2항, 제5조제1항 각 호 외의 부분, 제6조 각 호 외의 부분, 제8조제1항 및 제2항, 제9조제3항, 제18조제1항 전단, 제19조제1항 및 같은 조 제2항 각 호 외의 부분, 제20조, 제21조제1항 전단 및 같은 조 제2항, 제24조제1항 각 호 외의 부분, 제27조, 제29조제1항 중 "지방경찰청장"을 각각 "시 · 도경찰청장"으로 한다.

㉛ 사회보장급여의 이용 · 제공 및 수급권자 발굴에 관한 법률 일부를 다음과 같이 개정한다.

제11조제1항제6호 중 "「경찰법」 제2조에 따른 경찰서"를 "「국가경찰과 자치경찰의 조직 및 운영에 관한 법률」 제13조에 따른 경찰서"로 한다.

㉜ 소방기본법 일부를 다음과 같이 개정한다.

제32조 제목 및 제1항 중 "국가경찰공무원"을 각각 "경찰공무원"으로 한다.

㉝ 소음 · 진동관리법 일부를 다음과 같이 개정한다.

제25조 전단 및 후단, 제28조 전단 및 후단 중 "지방경찰청장"을 각각 "시 · 도경찰청장"으로 한다.

㉞ 아동 · 청소년의 성보호에 관한 법률 일부를 다음과 같이 개정한다.

제60조제4항 중 "지방경찰청장"을 "시 · 도경찰청장"으로 한다.

㉟ 여객자동차 운수사업법 일부를 다음과 같이 개정한다.

제34조의2제2항제1호 중 "지방경찰청장"을 "시 · 도경찰청장"으로 한다.

㊱ 여권법 일부를 다음과 같이 개정한다.

제13조제2항 중 "국가경찰공무원"을 "경찰공무원"으로 한다.

제21조제3항제2호 중 "국가경찰공무원이나 자치경찰공무원"을 "경찰공무원이나 자

치경찰공무원"으로 한다.

㊲ 위치정보의 보호 및 이용 등에 관한 법률 일부를 다음과 같이 개정한다.

제29조제2항 본문 중 "「경찰법」 제2조에 따른 경찰청 · 지방경찰청 · 경찰서(이하 "경찰관서"라 한다)"를 "「국가경찰과 자치경찰의 조직 및 운영에 관한 법률」에 따른 경찰청 · 시 · 도경찰청 · 경찰서(이하 "경찰관서"라 한다)"로 한다.

㊳위험물안전관리법 일부를 다음과 같이 개정한다.

제22조제2항 전단 및 후단 중 "국가경찰공무원"을 각각 "경찰공무원"으로 한다.

㊴ 응급의료에 관한 법률 일부를 다음과 같이 개정한다.

제20조제2항제1호, 제45조제3항 전단 및 후단 중 "지방경찰청장"을 각각 "시 · 도경찰청장"으로 한다.

㊵ 의무경찰대 설치 및 운영에 관한 법률 일부를 다음과 같이 개정한다.

제1조제1항 중 "지방경찰청장"을 "시 · 도경찰청장"으로 한다.

제2조제1항, 제4조제1항 및 제3항 중 "국가경찰공무원"을 각각 "경찰공무원"으로 한다.

㊶ 자율주행자동차 상용화 촉진 및 지원에 관한 법률 일부를 다음과 같이 개정한다.

제6조제2항 전단 및 같은 조 제3항 중 "지방경찰청"을 각각 "시 · 도경찰청"으로 한다.

제8조제2항 전단 중 "지방경찰청장"을 "시 · 도경찰청장"으로 한다.

㊷ 자전거 이용 활성화에 관한 법률 일부를 다음과 같이 개정한다.

제5조제1항 전단 중 "지방경찰청장 · 경찰서장"을 "시 · 도경찰청장 · 경찰서장"으로 한다.

제7조의2제2항제2호 중 "관할 지방경찰청장"을 "관할 시 · 도경찰청장"으로 한다.

제10조제2항 중 "관할 지방경찰청장 또는 경찰서장"을 "관할 시 · 도경찰청장 또는 경찰서장"으로 한다.

㊸ 장애인활동 지원에 관한 법률 일부를 다음과 같이 개정한다.

제29조의2제1항 및 제2항 중 "지방경찰청장 또는 경찰서장"을 각각 "시 · 도경찰청장 또는 경찰서장"으로 한다.

㊹ 재해위험 개선사업 및 이주대책에 관한 특례법 일부를 다음과 같이 개정한다.

제22조제2항제2호 가목 및 나목 중 "지방경찰청장 또는 경찰서장"을 각각 "시 · 도경찰청장 또는 경찰서장"으로 한다.

㊺ 제주특별자치도 설치 및 국제자유도시 조성을 위한 특별법 일부를 다음과 같이 개정한다.

제89조제3항제2호, 제98조제2항, 제99조, 제108조제3항, 제110조제2항제1호 및 제2호, 같은 조 제4항 중 "국가경찰공무원"을 각각 "경찰공무원"으로 한다.

제91조제1항 전단, 같은 조 제4항 후단, 제97조제1항 및 제2항, 제98조제1항 본문, 제100조제3항 전단 및 후단, 제101조, 제102조, 제105조, 제111조제3항 후단, 제114조제1항, 제434조제5항, 제6항 본문 및 단서, 제435조제4항 각 호 외의 부분 후단 및 같은 항 제5호, 같은 조 제5항 중 "제주자치도 지방경찰청장"을 각각 "제주자치도경찰청장"으로 한다.

제91조제2항 본문 중 "「경찰법」 제5조에 따른 경찰위원회(이하 "경찰위원회"라 한다)"를 "「국가경찰과 자치경찰의 조직 및 운영에 관한 법률」 제7조에 따른 국가경찰위원회(이하 "국가경찰위원회"라 한다)"로 한다.

제91조제2항 단서, 제104조제1항 및 제2항 중 "경찰위원회"를 각각"국가경찰위원회"로 한다.

제432조제2항, 제434조제1항 및 같은 조 제4항 각 호 외의 부분 중 "지방경찰청장"을 각각 "시 · 도경찰청장"으로 한다.

㊻ 집회 및 시위에 관한 법률 일부를 다음과 같이 개정한다.

제2조제5호, 제6조제1항 각 호 외의 부분 단서, 같은 조 제2항 및 제26조제2항 중 "지방경찰청장"을 각각 "시 · 도경찰청장"으로 한다.

제6조제1항 각 호 외의 부분 단서 중 "지방경찰청"을 "시 · 도경찰청"으로 한다.

㊼ 청원경찰법 일부를 다음과 같이 개정한다.

제4조제1항, 제2항 및 제3항, 제5조제1항, 제8조제2항, 제9조의3제2항, 제10조의3, 제10조의4제2항, 제10조의5제2항, 제12조제1항제1호 및 같은 조 제2항 중 "지방경찰청장"을 각각 "시 · 도경찰청장"으로 한다.

㊽ 총포 · 도검 · 화약류 등의 안전관리에 관한 법률 일부를 다음과 같이 개정한다.

제3조의2제1항 전단 중 "「경찰법」 제5조에 따른 경찰위원회"를 "「국가경찰과 자치경찰의 조직 및 운영에 관한 법률」 제7조에 따른 국가경찰위원회"로 한다.

제4조제2항 전단 및 같은 조 제4항, 제4조의2제3항 및 제4항, 제6조제1항 전단 및 같은 조 제3항, 제6조의2제1항 전단 및 같은 조 제3항, 제6조의3 후단, 제9조제2항 및 같은 조 제4항 본문, 제12조제1항제1호 및 같은 조 제3항 전단, 제13조제2항 및 제3항, 제14조제1항 및 제2항, 제22조제1항 각 호 외의 부분 본문, 같은 조 제2항 및 제3항, 제25조제1항 전단, 같은 조 제2항 및 제4항, 제25조의2 후단, 제28조, 제30조제1항 각 호 외의 부분 본문, 제32조제2항 및 제3항, 같은 조 제4항 본문 및 단서, 제35조제2항 전단, 같은 조 제4항 및 제5항, 제38조제1항

전단, 같은 조 제2항 및 제3항, 제39조제1항 전단, 같은 조 제2항 및 제4항 본문, 제40조제3항, 제42조제6항, 제67조제2항, 제68조, 제74조제2항 중 "지방경찰청장"을 각각 "시 · 도경찰청장"으로 한다.

제23조 중 "국가경찰공무원(의무경찰을 포함한다)"을 "경찰공무원(의무경찰을 포함한다)"으로 한다.

㊾ 통합방위법 일부를 다음과 같이 개정한다.

제2조제4호 중 "지방경찰청장(이하 "작전지휘관"이라 한다)"을 "시 · 도경찰청장(이하 "작전지휘관"이라 한다)"으로 한다.

제2조제8호, 제12조제4항, 제14조제6항, 제15조제2항 각 호 외의 부분 본문 및 같은 항 제1호, 제18조제1항 본문, 제21조제1항 후단 및 같은 조 제2항 중 "지방경찰청장"을 각각 "시 · 도경찰청장"으로 한다.

㊿ 풍속영업의 규제에 관한 법률 일부를 다음과 같이 개정한다.

제9조제1항 중 "경찰서장은 특별히 필요한 경우 국가경찰공무원에게"를 "경찰서장은 특별히 필요한 경우 경찰공무원에게"로 한다.

제9조제2항 중 "국가경찰공무원은"을 "경찰공무원은"으로 한다.

〈51〉 학교폭력예방 및 대책에 관한 법률 일부를 다음과 같이 개정한다.

제10조제2항 중 "교육감 및 지방경찰청장"을 "교육감 및 시 · 도경찰청장"으로 한다.

제11조의3제1항 및 제2항 중 "지방경찰청장, 관할 경찰서장"을 각각 "시 · 도경찰청장, 관할 경찰서장"으로 한다.

〈52〉 해양경찰법 일부를 다음과 같이 개정한다.

제12조, 제13조제1항 및 제2항 중 "국가경찰공무원"을 각각 "경찰공무원"으로 한다.

〈53〉 해양사고의 조사 및 심판에 관한 법률 일부를 다음과 같이 개정한다.

제31조제1항 중 "국가경찰공무원"을 "경찰공무원"으로 한다.

제8조(다른 법령과의 관계) 이 법 시행 당시 다른 법령에서 종전의 「경찰법」 또는 그 규정을 인용한 경우에 이 법 가운데 그에 해당하는 규정이 있을 때에는 종전의 규정을 갈음하여 이 법의 해당 규정을 인용한 것으로 본다.

국가경찰과 자치경찰의 조직 및 운영에 관한 법률 제14조제10항에 따른 긴급하고 중요한 사건의 범위 등에 관한 규정

[시행 2021. 1. 1] [대통령령 제31350호, 2020. 12. 31, 제정]

경찰청(수사국) 02-3150-1688

제1조(목적) 이 영은 「국가경찰과 자치경찰의 조직 및 운영에 관한 법률」 제14조제10항에 따라 경찰청장이 구체적으로 지휘·감독할 수 있는 긴급하고 중요한 사건의 범위와 그 수사지휘의 방식을 정하는 것을 목적으로 한다.

제2조(긴급하고 중요한 사건의 범위 등) ① 「국가경찰과 자치경찰의 조직 및 운영에 관한 법률」(이하 "법"이라 한다) 제14조제6항 단서에 따른 긴급하고 중요한 사건은 다음 각 호의 어느 하나에 해당하는 사건 및 이와 직접적인 관련이 있는 사건으로 한다.

1. 전시·사변 또는 이에 준하는 국가 비상사태가 발생하거나 발생이 임박하여 전국적인 치안유지가 필요한 사건
2. 재난, 테러 등이 발생하여 공공의 안전에 대한 급박한 위해(危害)나 범죄로 인한 피해의 급속한 확산을 방지하기 위해 신속한 조치가 필요한 사건
3. 국가중요시설의 파괴·기능마비, 대규모 집단의 폭행·협박·손괴·방화 등에 대하여 경찰의 자원을 대규모로 동원할 필요가 있는 사건
4. 전국 또는 일부 지역에서 연쇄적·동시다발적으로 발생하거나 광역화된 범죄에 대하여 경찰력의 집중적인 배치, 경찰 각 기능의 종합적 대응 또는 국가기관·지방자치단체·공공기관과의 공조가 필요한 사건

② 경찰청장은 법 제14조제6항 단서에 따라 개별 사건의 수사에 대해 구체적 지휘·감독을 하려는 경우에는 그 필요성 등을 신중하게 판단해야 한다.

제3조(수사지휘의 방식) ① 경찰청장은 법 제14조제6항 단서에 따라 국가수사본부장에게 개별 사건의 수사에 대한 구체적 지휘를 하는 경우에는 서면으로 지휘해

야 한다.

② 경찰청장은 제1항에도 불구하고 서면 지휘가 불가능하거나 현저히 곤란한 경우에는 구두나 전화 등 서면 외의 방식으로 지휘할 수 있다. 이 경우 사후에 신속하게 서면으로 지휘내용을 송부해야 한다.

부칙 〈제31350호, 2020. 12. 31.〉

이 영은 2021년 1월 1일부터 시행한다.

시 · 도자치경찰위원회 사무기구에 두는 경찰공무원 정원표(제2조 관련)

기관별 / 계급별	합계	서울특별시자치경찰위원회	부산광역시자치경찰위원회	대구광역시자치경찰위원회	인천광역시자치경찰위원회	광주광역시자치경찰위원회	대전광역시자치경찰위원회	울산광역시자치경찰위원회	경기도자치경찰위원회	강원도자치경찰위원회	충청북도자치경찰위원회	충청남도자치경찰위원회	전라북도자치경찰위원회	전라남도자치경찰위원회	경상북도자치경찰위원회	경상남도자치경찰위원회	제주특별자치도자치경찰위원회
총계	48	3	3	3	3	3	3	3	3	3	3	3	3	3	3	3	3
총경	16	1	1	1	1	1	1	1	1	1	1	1	1	1	1	1	1
경정	16	1	1	1	1	1	1	1	1	1	1	1	1	1	1	1	1
경위	16	1	1	1	1	1	1	1	1	1	1	1	1	1	1	1	1

■ 시 · 도자치경찰위원회에 두는 경찰공무원의 정원에 관한 규정 시행규칙 [별표]

자치경찰사무와 시ㆍ도자치경찰위원회의 조직 및 운영 등에 관한 규정

[시행 2021. 1. 1] [대통령령 제31349호, 2020. 12. 31, 제정]

경찰청(자치경찰추진단) 02-3150-0174

제1조(목적) 이 영은 「국가경찰과 자치경찰의 조직 및 운영에 관한 법률」 제4조, 제20조, 제21조 및 제26조부터 제28조까지의 규정에서 위임된 사항과 그 시행에 필요한 사항을 규정함을 목적으로 한다.

제2조(생활안전ㆍ교통ㆍ경비 관련 자치경찰사무의 범위 등) 「국가경찰과 자치경찰의 조직 및 운영에 관한 법률」(이하 "법"이라 한다) 제4조제1항제2호가목부터 다목까지의 규정에 따른 자치경찰사무에 관한 구체적인 사항 및 범위 등을 같은 조 제2항에 따라 특별시ㆍ광역시ㆍ특별자치시ㆍ도ㆍ특별자치도(이하 "시ㆍ도"라 한다)의 조례로 정하는 경우 지켜야 하는 기준은 다음 각 호와 같다.

1. 법 제3조에 따른 경찰의 임무 범위와 별표에 따른 생활안전, 교통, 경비 관련 자치경찰사무의 범위를 준수할 것
2. 관할 지역의 인구, 범죄발생 빈도 등 치안 여건과 보유 인력ㆍ장비 등을 고려하여 자치경찰사무를 적정한 규모로 정할 것
3. 기관 간 협의체 구성, 상호협력ㆍ지원 및 중복감사 방지 등 자치경찰사무가 국가경찰사무와 유기적으로 연계되고 균형이 이루어지도록 하는 사항을 포함할 것
4. 자치경찰 사무의 내용은 국민의 생명ㆍ신체 및 재산을 보호하고 공공의 안녕과 질서를 유지하는 데 효율적인 것으로 정할 것

제3조(수사 관련 자치경찰사무의 범위 등) 법 제4조제1항제2호라목에 따른 자치경찰사무에 관한 구체적인 사항 및 범위는 다음 각 호와 같다.

1. 학교폭력 등 소년범죄: 소년(19세 미만인 사람을 말한다. 이하 이 조에서 같다)이 한 다음 각 목의 범죄. 다만, 그 소년이 해당 사건에서 19세 이상인 사

람과 「형법」 제30조부터 제32조까지의 규정에 따른 공범관계에 있는 경우는 제외한다.

가. 「형법」 제225조, 제229조(제225조의 죄에 의하여 만들어진 문서 또는 도화의 행사죄로 한정한다), 제230조 및 제235조(제225조, 제229조 또는 제230조의 미수범으로 한정한다)의 범죄

나. 「형법」 제257조, 제258조, 제258조의2 및 제260조부터 제264조까지(제262조는 같은 조의 죄를 범하여 사람을 상해에 이르게 한 경우로 한정한다)의 범죄

다. 「형법」 제266조의 범죄

라. 「형법」 제276조부터 제281조까지(제281조는 같은 조의 죄를 범하여 사람을 상해에 이르게 한 경우로 한정한다)의 범죄

마. 「형법」 제283조부터 제286조까지의 범죄

바. 「형법」 제287조, 제294조(제287조의 미수범으로 한정한다) 및 제296조(제287조의 예비 또는 음모로 한정한다)의 범죄

사. 「형법」 제307조부터 제309조까지 및 제311조의 범죄

아. 「형법」 제319조, 제320조, 제322조(제319조 또는 제320조의 미수범으로 한정한다)의 범죄

자. 「형법」 제324조 및 제324조의5(제324조의 미수범으로 한정한다)의 범죄

차. 「형법」 제329조부터 제331조까지, 제331조의2 및 제342조(제329조부터 제331조까지 또는 제331조2의 미수범으로 한정한다)의 범죄. 다만, 같은 소년이 본문에 규정된 죄를 3회 이상 범한 사건은 제외한다.

카. 「형법」 제347조, 제350조, 제350조의2, 제351조(제347조, 제350조 또는 제350조의2의 상습범으로 한정한다) 및 제352조(제347조, 제350조, 제350조의2 또는 제351조의 미수범으로 한정한다)의 범죄

타. 「형법」 제360조의 범죄

파. 「형법」 제366조, 제368조(제366조의 죄를 범하여 사람의 생명 또는 신체에 대하여 위험을 발생하게 하거나 사람을 상해에 이르게 한 경우로 한정한다), 제369조제1항 및 제371조(제366조 또는 제369조제1항의 미수범으로 한정한다)의 범죄

하. 「정보통신망 이용촉진 및 정보보호 등에 관한 법률」 제70조제1항·제2항 및 제74조제1항제2호·제3호의 범죄

거. 가목부터 하목까지의 범죄로서 다른 법률에 따라 가중처벌되는 범죄

2. 가정폭력 및 아동학대 범죄: 다음 각 목의 범죄

가. 「가정폭력범죄의 처벌 등에 관한 특례법」 제2조제3호에 따른 가정폭력범죄
나. 「아동학대범죄의 처벌 등에 관한 특례법」 제2조제4호에 따른 아동학대범죄
3. 교통사고 및 교통 관련 범죄: 다음 각 목의 범죄. 다만, 「도로교통법」 제2조제3호의 고속도로에서 발생한 교통사고 및 교통 관련 범죄는 제외한다.
가. 「교통사고처리 특례법」 제3조제1항의 범죄. 다만, 차의 운전자가 같은 항의 죄를 범하고도 피해자를 구호하는 등 「도로교통법」 제54조제1항에 따른 조치를 하지 않고 도주하거나 피해자를 사고 장소로부터 옮겨 유기하고 도주한 경우는 제외한다.
나. 「도로교통법」 제148조(「특정범죄 가중처벌 등에 관한 법률」 제5조의3이 적용되는 죄를 범한 경우는 제외한다), 제148조의2, 제151조, 제151조의2제2호, 제152조제1호, 제153조제2항제2호 및 제154조부터 제157조까지의 범죄
다. 「자동차손해배상보장법」 제46조제2항의 범죄
라. 「특정범죄 가중처벌 등에 관한 법률」 제5조의11 및 제5조의13의 범죄
4. 「형법」 제245조의 범죄 및 「성폭력범죄의 처벌 등에 관한 특례법」 제12조의 범죄
5. 경범죄 및 기초질서 관련 범죄: 「경범죄처벌법」 제3조에 따른 경범죄
6. 가출인 및 「실종아동등의 보호 및 지원에 관한 법률」 제2조제2호에 따른 실종아동등 관련 수색 및 범죄: 가목의 수색 및 나목의 범죄
가. 가출인 또는 실종아동등의 조속한 발견을 위한 수색. 다만, 제1호부터 제5호까지 또는 나목의 범죄가 아닌 범죄로 인해 실종된 경우는 제외한다.
나. 「실종아동등의 보호 및 지원에 관한 법률」 제17조 및 제18조의 범죄

제4조(시 · 도자치경찰위원회 위원의 임명방법 및 절차 등) ① 특별시장 · 광역시장 · 특별자치시장 · 도지사 · 특별자치도지사(이하 "시 · 도지사"라 한다)는 법 제18조제1항에 따른 시 · 도자치경찰위원회(이하 "시 · 도자치경찰위원회"라 한다)의 위원을 임명하기 위하여 법 제20조제1항제1호부터 제4호까지의 규정에 따른 위원 추천권자(이하 이 조에서 "추천권자"라 한다)에게 위원으로 임명할 사람의 추천을 요청해야 한다.

② 시 · 도지사는 시 · 도자치경찰위원회 위원의 임기가 만료되는 경우에는 그 임기 만료 30일 전까지 추천권자에게 위원으로 임명할 사람의 추천을 요청해야 한다.

③ 시 · 도지사는 시 · 도자치경찰위원회 위원 중 결원이 생겼을 때에는 지체 없이 결원된 위원을 추천한 추천권자에게 위원으로 임명할 사람의 추천을 요청해야 한다.

④ 시 · 도자치경찰위원회 위원장 및 상임위원의 신분과 직급은 「지방자치단체의 행정기구와 정원 기준 등에 관한 규정」에 따르며, 위원의 임명절차 등에 관한 구체적인 사항은 시 · 도의 조례로 정한다.

제5조(시 · 도자치경찰위원회 위원추천위원회의 구성) ① 법 제21조제1항에 따른 시 · 도자치경찰위원회 위원추천위원회(이하 "추천위원회"라 한다)는 시 · 도자치경찰위원회 위원을 추천할 때마다 위원장 1명을 포함하여 5명의 위원으로 구성한다.

② 추천위원회 위원(이하 "추천위원"이라 한다)은 시 · 도지사가 다음 각 호에 해당하는 사람을 임명하거나 위촉하며, 추천위원회 위원장은 추천위원 중에서 호선(互選)한다.

1. 「지방자치법 시행령」 제102조제3항에 따라 각 시 · 도별로 두는 시 · 군 · 자치구의회의 의장 전부가 참가하는 지역협의체가 추천하는 1명
2. 「지방자치법 시행령」 제102조제3항에 따라 각 시 · 도별로 두는 시장 · 군수 · 자치구의 구청장 전부가 참가하는 지역협의체가 추천하는 1명
3. 재직 중인 경찰공무원이 아닌 사람 중에서 경찰청장이 추천하는 1명
4. 시 · 도경찰청(경기도의 경우에는 경기도남부경찰청을 말한다)의 소재지를 관할하는 지방법원장이 추천하는 1명
5. 시 · 도 본청 소속 기획조정실장

③ 제2항제1호 및 제2호에도 불구하고 세종특별자치시와 제주특별자치도의 추천위원은 해당 시 · 도 의회 및 해당 시 · 도 교육감이 각각 1명씩 추천한다.

제6조(추천위원의 제척 및 회피) ① 추천위원은 자기 또는 자기의 친족이 심사대상자가 되거나 그 밖에 해당 안건의 심사 · 의결에 공정을 기할 수 없는 현저한 사유가 있는 경우에는 그 심사 · 의결에 관여할 수 없다.

② 추천위원회는 추천위원에게 제1항의 사유가 있다고 인정하는 경우에는 의결로 해당 추천위원의 제척(除斥) 결정을 해야 한다.

③ 추천위원은 제1항의 사유가 있는 경우 추천위원회 위원장의 허가를 받아 추천위원회 심사 참여를 회피할 수 있다.

제7조(추천위원회 위원장) ① 추천위원회 위원장은 추천위원회를 대표하고, 추천위원회의 업무를 총괄한다.

② 추천위원회 위원장이 부득이한 사유로 직무를 수행할 수 없을 때에는 시 · 도지사가 지명하는 추천위원이 그 직무를 대행한다.

제8조(추천위원회의 회의) ① 추천위원회 위원장은 시 · 도지사 또는 추천위원 3분

의 1 이상이 요청하거나 추천위원회 위원장이 필요하다고 인정하는 경우 추천위원회의 회의를 소집하고 그 의장이 된다.

② 추천위원회는 재적위원 과반수의 찬성으로 의결한다.

③ 추천위원회 위원장은 회의를 소집하려면 회의 개최 3일 전까지 회의의 일시·장소 및 안건 등을 각 추천위원에게 알려야 한다. 다만, 긴급한 사정이나 그 밖의 부득이한 사유가 있는 경우에는 그렇지 않다.

④ 추천위원회의 회의는 공개하지 않는다.

제9조(추천위원회의 추천) ① 추천위원회는 법 제20조제1항제4호에 따른 시·도자치경찰위원회 위원 추천을 위한 심사를 한다.

② 추천위원은 시·도자치경찰위원회 위원으로 적합하다고 판단되는 사람을 추천위원회에 심사대상자로 제시한다.

③ 제2항에 따라 각 추천위원이 제시하는 심사대상자의 수는 추천위원회에서 의결로 정한다.

④ 추천위원회는 심사대상자에게 자격요건 충족 여부 및 결격사유 유무 등의 심사에 필요한 자료의 제출을 요구할 수 있다.

⑤ 추천위원회는 심사를 거쳐 법 제20조제2항에 따른 자격을 갖추고 같은 조 제7항 각 호에 따른 결격사유가 없는 심사대상자 중 가장 적합하다고 인정하는 사람을 시·도지사에게 서면으로 추천해야 한다.

⑥ 추천위원회는 제5항에 따라 위원을 추천하였을 때에는 그 결과를 즉시 시·도자치경찰위원회에 통보해야 한다.

⑦ 추천위원회는 제5항에 따른 추천과 제6항에 따른 통보를 완료한 때에 해산된 것으로 본다.

제10조(비밀엄수의 의무 등) ① 추천위원 또는 추천위원이었던 사람은 직무상 알게 된 비밀을 누설하거나 심사와 관련된 개인 의견을 외부에 공표해서는 안 된다.

② 추천위원회는 제9조제7항에 따라 해산되는 경우에는 지체 없이 심사대상자의 개인정보 등 신상자료를 폐기해야 한다.

제11조(추천위원의 수당 등) 시·도지사는 추천위원회에 참석한 위원에게 예산의 범위에서 수당과 여비를 지급할 수 있다.

제12조(추천위원회 운영 세칙) 이 영에서 규정한 사항 외에 추천위원회의 운영 등에 필요한 사항은 추천위원회의 의결로 정한다.

제13조(시·도자치경찰위원회의 회의) ① 시·도자치경찰위원회 위원장은 법 제26조제1항에 따라 정기회의와 임시회의를 소집·개최한다. 이 경우 정기회의는 특

별한 사유가 있는 경우를 제외하고는 월 1회 이상 소집 · 개최한다.

② 시 · 도자치경찰위원회 위원장은 회의를 소집하려면 회의 개최 3일 전까지 회의의 일시 · 장소 및 안건 등을 위원에게 알려야 한다. 다만, 긴급한 사정이나 그 밖의 부득이한 사유가 있는 경우에는 그렇지 않다.

③ 시 · 도자치경찰위원회는 회의록을 작성하고, 회의의 내용 및 결과와 출석한 위원의 성명을 적어야 한다.

④ 제3항의 회의록에는 위원장과 출석한 위원이 서명 · 날인해야 한다.

제14조(의견 청취 등) ① 시 · 도자치경찰위원회 위원장은 시 · 도자치경찰위원회의 심의를 위하여 필요한 경우에는 관계 공무원 또는 관계 전문가의 출석 · 발언이나 자료의 제출을 요구할 수 있다.

② 시 · 도자치경찰위원회에 출석한 관계 공무원 또는 관계 전문가에 대하여는 예산의 범위에서 수당과 여비를 지급할 수 있다. 다만, 공무원이 소관 업무와 직접적으로 관련되어 출석하는 경우에는 지급하지 않는다.

제15조(실무협의회) ① 시 · 도자치경찰위원회는 자치경찰사무의 원활한 수행, 국가경찰사무 · 자치경찰사무의 협력 · 조정 및 그 밖에 필요한 사항을 협의하기 위하여 경찰청 등 관계 기관과 실무협의회를 구성 · 운영할 수 있다.

② 제1항에서 규정한 사항 외에 실무협의회 운영 등에 필요한 사항은 시 · 도의 조례로 정한다.

제16조(위원의 수당 등) ① 시 · 도자치경찰위원회에 출석한 공무원이 아닌 위원에게는 법 제26조제3항에 따라 예산의 범위에서 상임위원에 준하여 수당과 여비, 그 밖에 필요한 경비를 지급할 수 있다.

② 제1항에 따른 수당 등의 지급기준은 시 · 도의 조례로 정한다.

제17조(운영규정) 이 영에서 정한 사항 외에 시 · 도자치경찰위원회의 운영 등에 필요한 사항은 시 · 도의 조례로 정한다.

제18조(사무기구) ① 법 제27조제1항에 따른 시 · 도자치경찰위원회 사무기구의 조직에 관한 사항은 「지방자치단체의 행정기구와 정원기준 등에 관한 규정」에 따른다.

② 사무기구의 장은 시 · 도자치경찰위원회 위원장의 명을 받아 소관 사무를 처리하고 소속 직원을 지휘 · 감독한다.

③ 법 제27조제2항에 따라 사무기구에 두는 경찰공무원의 시 · 도별 정원과 계급별 정원은 「시 · 도자치경찰위원회에 두는 경찰공무원의 정원에 관한 규정」에 따르며, 사무기구에 두는 경찰공무원은 경찰청 소속 공무원으로 충원해야 한다.

제19조(자치경찰사무 지휘·감독권의 위임) 법 제28조제4항 단서에 따라 시·도자치경찰위원회는 자치경찰사무에 대한 지휘·감독이 실시간으로 이루어질 수 있도록 미리 경찰청장과 협의하여 시·도경찰청장에게 위임되는 자치경찰사무 지휘·감독권의 범위 및 위임 절차 등을 시·도자치경찰위원회의 의결을 거쳐 정해야 한다.

부칙 〈제31349호, 2020. 12. 31.〉

제1조(시행일) 이 영은 2021년 1월 1일부터 시행한다.

제2조(자치경찰사무 수행에 관한 시범운영) ① 경찰청장과 시·도지사는 법률 제17689호 경찰법 전부개정법률 부칙 제3조제1항에 따른 자치경찰사무 수행에 관한 시범운영(이하 이 조에서 "시범운영"이라 한다)을 위한 시·도자치경찰위원회의 구성 및 자치경찰사무의 처리에 필요한 인력·시설·장비의 확보 등 준비행위를 신속히 마쳐야 한다.

② 시범운영의 계획 및 실시 등에 필요한 사항은 시·도자치경찰위원회와 시·도경찰청장이 협의하여 정한다.

③ 시범운영의 준비가 완료된 시·도는 시·도자치경찰위원회와 시·도경찰청장이 협의하여 시범운영을 실시한다.

제3조(다른 법령의 폐지) 「치안행정협의회규정」은 폐지한다.

제4조(다른 법령의 개정) ① 경비업법 시행령 일부를 다음과 같이 개정한다.

제3조제1항 전단 및 후단, 같은 조 제2항 단서, 제4조제1항·제2항, 같은 조 제3항 각 호 외의 부분, 제5조제1항 전단·후단, 같은 조 제2항 전단, 제6조제1항·제2항, 제20조제1항, 제23조제1항·제2항, 제28조제5항, 제29조, 제30조, 제31조제1항 각 호 외의 부분, 제31조의2 각 호 외의 부분, 제32조제2항 본문, 별표 4 제2호가목 및 별표 5 제2호 중 "지방경찰청장"을 각각 "시·도경찰청장"으로 한다.

제3조제1항 전단, 제4조제3항 각 호 외의 부분 및 제5조제1항 전단·제2항 전단 중 "해당 지방경찰청"을 각각 "해당 시·도경찰청"으로 한다.

제11조제3항, 별표 3 제1호가목 본문 및 같은 표 제3호 전단 중 "지방경찰청"을 "시·도경찰청"으로 한다.

별표 3 제3호 후단 중 "인천지방경찰청"을 "인천광역시경찰청"으로, "서울지방경찰청"을 "서울특별시경찰청"으로 한다.

② 경찰공무원 교육훈련규정 일부를 다음과 같이 개정한다.

제2조제2호가목 중 "지방경찰청"을 "시·도경찰청"으로 한다.

③ 경찰공무원 징계령 일부를 다음과 같이 개정한다.

제3조제2항 및 제5조제3항 중 "지방경찰청"을 각각 "시 · 도경찰청"으로 한다.

④ 경찰관 직무집행법 시행령 일부를 다음과 같이 개정한다.

제2조, 제5조, 제7조 각 호 외의 부분 및 제8조 중 "국가경찰공무원"을 각각 "경찰공무원"으로 한다.

제10조제2항, 제11조제1항, 제17조의3제1항 및 제19조제2항 전단 · 후단 중 "지방경찰청"을 각각 "시 · 도경찰청"으로 한다.

제17조의2제1항 각 호 외의 부분, 같은 조 제2항, 제19조제2항 후단, 제21조제1항 · 제3항, 제21조의2제1항 각 호 외의 부분 및 같은 조 제2항 중 "지방경찰청장"을 각각 "시 · 도경찰청장"으로 한다.

제17조의3의 제목 및 같은 조 제1항 · 제2항 중 "경찰위원회"를 각각 "국가경찰위원회"로 한다.

⑤ 경찰위원회규정 일부를 다음과 같이 개정한다.

제명 "경찰위원회규정"을 "국가경찰위원회 규정"으로 한다.

제1조 중 "경찰법(이하 "법"이라 한다) 제10조제3항의 규정에 의하여 경찰위원회"를 "「국가경찰과 자치경찰의 조직 및 운영에 관한 법률」(이하 "법"이라 한다) 제11조제3항에 따라 국가경찰위원회"로 한다.

제4조제1항 중 "법 제7조제3항의 규정에 의하여"를 "법 제9조제2항에 따라"로 한다.

제5조제1항 각 호 외의 부분 중 "법 제9조제1항제1호"를 "법 제10조제1항제1호"로 하고, 같은 항 제8호 중 "국가경찰"을 "경찰"로 하며, 같은 조 제2항 각 호 외의 부분 중 "법 제9조제1항제2호"를 "법 제10조제1항제2호"로 한다.

제6조제1항 중 "법 제9조제2항의 규정에 의하여"를 "법 제10조제2항에 따라"로 한다.

제8조제1항 중 "기획담당관"을 "혁신기획조정담당관"으로 한다.

별표의 제목 중 "경찰위원회"를 "국가경찰위원회"로 한다.

⑥ 경찰제복 및 경찰장비의 규제에 관한 법률 시행령 일부를 다음과 같이 개정한다.

제9조제1항 각 호 외의 부분 중 "지방경찰청장"을 "시 · 도경찰청장"으로 한다.

⑦ 공공재정 부정청구 금지 및 부정이익 환수 등에 관한 법률 시행령 일부를 다음과 같이 개정한다.

제17조제2항부터 제4항까지 중 "지방경찰청장"을 각각 "시 · 도경찰청장"으로 한다.

⑧ 공무원연금법 시행령 일부를 다음과 같이 개정한다.

별표 2 제3호다목 중 "지방경찰청장"을 "시 · 도경찰청장"으로 한다.

⑨ 공직자윤리법 시행령 일부를 다음과 같이 개정한다.
제3조제4항제6호 중 "국가경찰공무원"을 "경찰공무원"으로 한다.
제4조의3제2항제4호 중 "지방경찰청"을 각각 "시 · 도경찰청"으로 한다.
⑩ 과세자료의 제출 및 관리에 관한 법률 시행령 일부를 다음과 같이 개정한다.
별표 제24호의 과세자료제출기관란 중 "지방경찰청"을 "시 · 도경찰청"으로 한다.
⑪ 교원의 지위 향상 및 교육활동 보호를 위한 특별법 시행령 일부를 다음과 같이 개정한다.
제12조제2항제7호 중 "「경찰법」 제2조제2항에 따른 지방경찰청의 학교폭력 담당 부서 소속 국가경찰공무원"을 "「국가경찰과 자치경찰의 조직 및 운영에 관한 법률」 제13조에 따른 시 · 도경찰청의 학교폭력 담당 부서 소속 경찰공무원"으로 한다.
제15조제2항제5호 중 "「경찰법」 제2조제2항에 따른 경찰서에 소속된 국가경찰공무원"을 "「국가경찰과 자치경찰의 조직 및 운영에 관한 법률」 제13조에 따른 경찰서에 소속된 경찰공무원"으로 한다.
⑫ 국가기술자격법 시행령 일부를 다음과 같이 개정한다.
별표 6 경찰청의 수임기관란 중 "지방경찰청"을 "시 · 도경찰청장"으로 한다.
⑬ 기부금품의 모집 및 사용에 관한 법률 시행령 일부를 다음과 같이 개정한다.
제15조제1항제2호 중 "지방경찰청"을 "시 · 도경찰청"으로 한다.
⑭ 대부업정책협의회 등의 구성 및 운영에 관한 규정 일부를 다음과 같이 개정한다.
제6조제3항제1호나목 중 "지방경찰청"을 "시 · 도경찰청"으로 한다.
⑮ 도로교통법 시행령 일부를 다음과 같이 개정한다.
제2조제1항 각 호 외의 부분 단서, 제5조제3항 후단, 제11조제1항제3호, 제12조제3항, 제19조제1항제5호 · 제2항제4호, 제20조제2항 단서, 제24조제2항, 제25조제1항 · 제2항 · 제4항, 제26조제1항, 제43조제2항 단서, 제44조 단서, 제53조제1항, 제54조제2항, 제55조제1항 각 호 외의 부분, 같은 조 제2항, 제60조제1항 각 호 외의 부분, 같은 조 제4항, 제61조제2항 · 제3항, 제62조제1항부터 제5항까지, 제64조제4항제6호, 제66조제1항 · 제2항, 제70조제1항 · 제3항, 제70조의2제1항부터 제3항까지, 제83조제4항, 제85조제2항, 제86조제1항 각 호 외의 부분 본문 · 단서, 같은 조 제3항 각 호 외의 부분, 같은 조 제4항, 같은 조 제5항 각 호 외의 부분, 제87조의3제1항 각 호 외의 부분, 제88조제1항 전단, 제88조제8항 전단, 제88조의2 각 호 외의 부분, 같은 조 제1호다목, 제94조제3항, 제98조제3항, 제99조제3항, 제100조제1항 각 호 외의 부분, 같은 조 제2항 및 별표 1 제1호마목

1)부터 3)까지 외의 부분, 별표 5 제9호다목1) 단서 및 별표 6 제2호의2나목 중 "지방경찰청장"을 각각 "시 · 도경찰청장"으로 한다.

제11조제2항제1호가목을 다음과 같이 하고, 같은 호 다목 중 "국가경찰공무원 또는 자치경찰공무원(이하 "경찰공무원"이라 한다)"을 "경찰공무원(자치경찰공무원을 포함한다. 이하 같다)"으로 한다.

가. 경찰공무원(의무경찰을 포함한다)

제24조제1항 · 제2항 및 제32조 각 호 외의 부분 본문 중 "국가경찰공무원"을 각각 "경찰공무원(자치경찰공무원은 제외한다)"으로 한다.

별표 8 제55호 중 "지방경찰청"을 "시 · 도경찰청"으로 한다.

⑯ 도시공원 및 녹지 등에 관한 법률 시행령 일부를 다음과 같이 개정한다.

제15조의2 및 제15조의3 중 "지방경찰청장"을 각각 "시 · 도경찰청장"으로 한다.

⑰ 민 · 군기술협력사업 촉진법 시행령 일부를 다음과 같이 개정한다.

제3조제2항제9호 중 "「경찰법」 제26조제1항"을 "「국가경찰과 자치경찰의 조직 및 운영에 관한 법률」 제33조제1항"으로 한다.

⑱ 변호사법 시행령 일부를 다음과 같이 개정한다.

제7조의2제2항제5호 중 "「경찰법」 제2조에 따른 경찰청, 지방경찰청"을 "「국가경찰과 자치경찰의 조직 및 운영에 관한 법률」 제12조 및 제13조에 따른 경찰청, 시 · 도경찰청"으로 한다.

제8조제2호다목 중 "「경찰법」 제2조제1항에 따른 경찰청과 같은 조 제2항에 따른 지방경찰청,"을 "「국가경찰과 자치경찰의 조직 및 운영에 관한 법률」 제12조 및 제13조에 따른 경찰청, 시 · 도경찰청 및"으로 한다.

⑲ 병역법 시행령 일부를 다음과 같이 개정한다.

제169조의2제2항제3호를 다음과 같이 한다.

3. 시 · 도경찰청 수사담당 부장(서울특별시 지방병무사범방지대책위원회의 경우에는 서울특별시경찰청 2차장)

제169조의4제2항 중 "지방경찰청장"을 "시 · 도경찰청장"으로 한다.

⑳ 보행안전 및 편의증진에 관한 법률 시행령 일부를 다음과 같이 개정한다.

제15조제2항제2호 중 "지방경찰청"을 "시 · 도경찰청"으로 한다.

㉑ 부패방지 및 국민권익위원회의 설치와 운영에 관한 법률 시행령 일부를 다음과 같이 개정한다.

제70조제2항부터 제4항까지 중 "지방경찰청장"을 각각 "시 · 도경찰청장"으로 한다.

㉒ 사격 및 사격장 안전관리에 관한 법률 시행령 일부를 다음과 같이 개정한다.

제4조제1항 각 호 외의 부분 본문, 같은 조 제2항, 제12조 각 호 외의 부분, 제14

조제2항 본문, 별표 1의2의 보유부지의 구조 · 설비란 제2호 전단, 별표 2의 보유부지의 구조 · 설비란 제2호 전단, 별표 3의 사옥의 구조 · 설비란 제3호 전단, 같은 표 탄알받이의 구조 · 설비란 제3호 전단, 별표 4의 사옥의 구조 · 설비란 제6호 전단, 같은 표 사격선과 표적 간의 측벽 및 방탄벽(방탄벽은 사선에서 가까운 것부터 차례대로 번호를 붙여 호칭한다)의 구조 · 설비란 제11호 전단, 별표 5의 보유부지의 구조 · 설비란 제3호 전단, 별표 6의 사옥의 구조 · 설비란 제3호 전단, 같은 표 탄알받이의 구조 · 설비란 제3호 전단, 별표 7의 사옥의 구조 · 설비란 제5호 전단, 같은 표 사격선과 표적 간의 측벽 및 방탄벽(방탄벽은 사선에서 가까운 것부터 순차로 번호를 붙여 호칭한다)의 구조 · 설비란 제9호 전단, 같은 표 탄알받이의 구조 · 설비란의 제4호 전단, 별표 9의 보유부지의 구조 · 설비란 제3호 전단 및 별표 15의 보유부지의 구조 · 설비란 제1호 중 "지방경찰청장"을 각각 "시 · 도경찰청장"으로 한다.

㉓ 사행행위 등 규제 및 처벌 특례법 시행령 일부를 다음과 같이 개정한다.

제5조제2항, 제15조제1항 및 제16조 각 호 외의 부분 중 "지방경찰청장"을 각각 "시 · 도경찰청장"으로 한다.

㉔ 아동 · 청소년의 성보호에 관한 법률 시행령 일부를 다음과 같이 개정한다.

제33조제7항 및 제39조제1항 각 호 외의 부분 중 "지방경찰청장"을 각각 "시 · 도경찰청장"으로 한다.

㉕ 여성폭력방지기본법 시행령 일부를 다음과 같이 개정한다.

제10조제1항제3호 중 "지방경찰청"을 "시 · 도경찰청"으로 한다.

㉖ 옥외광고물 등의 관리와 옥외광고산업 진흥에 관한 법률 시행령 일부를 다음과 같이 개정한다.

제16조제3항 후단 중 "지방경찰청장"을 "시 · 도경찰청장"으로 한다.

㉗ 원자력시설 등의 방호 및 방사능 방재 대책법 시행령 일부를 다음과 같이 개정한다.

제7조제4항제1호 중 "지방경찰청"을 "시 · 도경찰청"으로 한다.

㉘ 위치정보의 보호 및 이용 등에 관한 법률 시행령 일부를 다음과 같이 개정한다.

제28조 각 호 외의 부분 중 "「경찰법」 제2조에 따른 경찰청 · 지방경찰청 · 경찰서"를 "「국가경찰과 자치경찰의 조직 및 운영에 관한 법률」 제12조 및 제13조에 따른 경찰청 및 시 · 도경찰청, 경찰서"로 한다.

㉙ 위해성 경찰장비의 사용기준 등에 관한 규정 일부를 다음과 같이 개정한다.

제1조 중 "국가경찰공무원"을 "경찰공무원"으로 한다.

제4조 중 "(국가경찰공무원에 한한다. 이하 같다)"를 "(경찰공무원으로 한정한다. 이하 같다)"로 한다.

제5조 후단, 제13조의2제1항 각 호 외의 부분 및 제13조의2제3항 전단 중 "지방경찰청장"을 각각 "시·도경찰청장"으로 한다.

㉚ 유실물법 시행령 일부를 다음과 같이 개정한다.

제13조 중 "지방경찰청장"을 "시·도경찰청장"으로 한다.

㉛ 의무경찰대 설치 및 운영에 관한 법률 시행령 일부를 다음과 같이 개정한다.

제2조제2호, 같은 조 제3호가목, 제3조제1항, 제3조의2제1항·제2항, 별지 제2호서식 작성방법란 제2호 및 별지 제2호의2서식 작성방법란 제1호 중 "지방경찰청"을 각각 "시·도경찰청"으로 한다.

제35조제2항 중 "국가경찰공무원"을 각각 "경찰공무원"으로 한다.

㉜ 자동차손해배상 보장법 시행령 일부를 다음과 같이 개정한다.

제12조의3제1항 각 호 외의 부분 중 "국가경찰공무원"을 "경찰공무원"으로 한다.

제33조제1항 중 "지방경찰청장"을 "시·도경찰청장"으로 한다.

㉝ 자율주행자동차 상용화 촉진 및 지원에 관한 법률 시행령 일부를 다음과 같이 개정한다.

제7조제2항제4호 중 "지방경찰청장"을 "시·도경찰청장"으로 한다.

㉞ 자전거 이용 활성화에 관한 법률 시행령 일부를 다음과 같이 개정한다.

제2조의2 각 호 외의 부분 단서 및 제3조 중 "지방경찰청장"을 각각 "시·도경찰청장"으로 한다.

㉟ 장애인활동 지원에 관한 법률 시행령 일부를 다음과 같이 개정한다.

제20조의2제1항 전단 및 같은 조 제2항 중 "지방경찰청장"을 각각 "시·도경찰청장"으로 한다.

㊱ 정신건강증진 및 정신질환자 복지서비스 지원에 관한 법률 시행령 일부를 다음과 같이 개정한다.

제8조제1항제1호 중 "「경찰법」 제2조"를 "「국가경찰과 자치경찰의 조직 및 운영에 관한 법률」 제13조"로 한다.

㊲ 제주특별자치도 설치 및 국제자유도시 조성을 위한 특별법 시행령 일부를 다음과 같이 개정한다.

제13조 후단, 제15조제1항 및 같은 조 제2항 중 "국가경찰공무원"을 각각 "경찰공무원"으로 한다.

제38조제2항 및 제3항 중 "국가경찰·자치경찰 공무원"을 각각 "경찰공무원·자치경찰공무원"으로 한다.

㊳ 지방세기본법 시행령 일부를 다음과 같이 개정한다.

별표 3 제18호, 제80호, 제125호, 제126호, 제259호 및 제296호 중 "지방경찰청"을 각각 "시·도경찰청"으로 한다.

㊴ 집회 및 시위에 관한 법률 시행령 일부를 다음과 같이 개정한다.

제3조 각 호 외의 부분 중 "지방경찰청장"을 "시·도경찰청장"으로 한다.

제5조 전단, 제13조제2항 단서 및 제17조 각 호 외의 부분 본문 중 "국가경찰공무원"을 각각 "경찰공무원"으로 한다.

㊵ 청소년복지 지원법 시행령 일부를 다음과 같이 개정한다.

제4조제1항제7호 중 "「경찰법」 제2조제2항에 따른 지방경찰청"을 "「국가경찰과 자치경찰의 조직 및 운영에 관한 법률」 제13조에 따른 시·도경찰청"으로 한다.

㊶ 청원경찰법 시행령 일부를 다음과 같이 개정한다.

제2조 각 호 외의 부분 전단·후단, 제4조제1항, 같은 조 제2항 전단,제8조제5항 전단, 같은 조 제6항, 제14조제3항, 제16조제1항·제2항, 제20조 각 호 외의 부분, 제20조의2 각 호 외의 부분, 제21조제2항 및 별표 2 제1호 각 목 외의 부분·제2호 각 목 외의 부분·제4호 각 목 외의 부분 중 "지방경찰청장"을 각각 "시·도경찰청장"으로 한다.

㊷ 초·중등교육법 시행령 일부를 다음과 같이 개정한다.

제31조의3제2항제2호 중 "지방경찰청"을 "시·도경찰청"으로 한다.

㊸ 총포·도검·화약류 등의 안전관리에 관한 법률 시행령 일부를 다음과 같이 개정한다.

제12조제1항제6호, 제26조제3항 각 호 외의 부분 본문, 제26조의2제1항 각 호 외의 부분 본문, 제28조제1항 각 호 외의 부분, 제82조 본문, 제83조제1항 각 호 외의 부분, 같은 조 제2항 전단·후단, 같은 조 제3항 전단·후단, 제83조의2 각 호 외의 부분 및 제84조제2항 본문 중 "지방경찰청장"을 각각 "시·도경찰청장"으로 한다.

㊹ 치안분야 과학기술 진흥에 관한 규정 일부를 다음과 같이 개정한다.

제1조 중 "「경찰법」 제26조"를 "「국가경찰과 자치경찰의 조직 및 운영에 관한 법률」 제33조"로 한다.

제3조제1항 중 "「경찰법」(이하 "법"이라 한다) 제26조제1항"을 "「국가경찰과 자치경찰의 조직 및 운영에 관한 법률」(이하 "법"이라 한다) 제33조제1항"으로 한다.

제4조제1항 중 "법 제26조제2항"을 "법 제33조제2항"으로 한다.

제5조 각 호 외의 부분 중 "법 제26조제2항제7호"를 "법 제33조제2항제7호"로 한

다.

제6조제1항 중 "법 제26조제3항"을 "법 제33조제3항"으로 한다.

㊺ 통합방위법 시행령 일부를 다음과 같이 개정한다.

제2조제2항, 제3조제2항제5호, 같은 조 제5항, 제8조제1항제5호, 제19조제1항, 제20조제2항, 제23조제1항제1호 · 제2호, 같은 조 제3항, 제25조제1항제3호가목, 같은 조 제2항 · 제4항, 제32조 각 호 외의 부분, 같은 조 제2호 전단 및 제34조제2항 중 "지방경찰청장"을 각각 "시 · 도경찰청장"으로 한다.

제31조제2항 전단 중 "지방경찰청장,"을 "시 · 도경찰청장,"으로, "지방경찰청장등"을 "시 · 도경찰청장등"으로 하고, 같은 항 후단 중 "지방경찰청장"을 "시 · 도경찰청장"으로 하며, 같은 조 제3항부터 제5항까지 중 "지방경찰청장등"을 각각 "시 · 도경찰청장등"으로 한다.

제31조제3항 및 제5항 중 "국가경찰"을 각각 "경찰"로 한다.

㊻ 특정범죄신고자등보호법시행령 일부를 다음과 같이 개정한다.

제6조제4항 및 제8조제1항제2호 중 "지방경찰청장"을 각각 "시 · 도경찰청장"으로 한다.

㊼ 학교폭력예방 및 대책에 관한 법률 시행령 일부를 다음과 같이 개정한다.

제5조제4항제3호 중 "시 · 도 지방경찰청"을 "해당 시 · 도경찰청"으로 한다.

제30조 중 "지방경찰청장"을 "시 · 도경찰청장"으로 한다.

㊽ 해양사고의 조사 및 심판에 관한 법률 시행령 일부를 다음과 같이 개정한다.

제1조의2 각 호 외의 부분 단서 중 "국가경찰용선박"을 각각 "경찰용선박"으로 한다.

㊾ 행정권한의 위임 및 위탁에 관한 규정 일부를 다음과 같이 개정한다.

제28조제1항 각 호 외의 부분 및 같은 조제2항 중 "지방경찰청장"을 각각 "시 · 도경찰청장"으로 한다.

■ 자치경찰사무와 시 · 도자치경찰원회의 조직 및 운영 등에 관한 규정 [별표]

생활안전, 교통, 경비 관련 자치경찰사무의 범위(제2조제1호 관련)

자치경찰사무		범위
1. 지역 내 주민의 생활안전 활동에 관한 사무	가. 생활안전을 위한 순찰 및 시설의 운영	1) 지역주민 안전을 위한 범죄예방시설 설치 · 운영 2) 지역주민 안전을 위한 범죄예방진단 3) 지역주민 안전을 위한 순찰과 범죄예방활동 시행 · 관리
	나. 주민참여 방범활동의 지원 및 지도	1) 범죄예방을 위한 주민 참여 지역협의체 구성 · 운영 2) 주민 참여형 범죄예방활동 시행 · 관리
	다. 안전사고 및 재해 · 재난 시 긴급구조지원	1) 재난이 발생할 우려가 현저하거나 재난이 발생한 경우 주민의 생명 · 신체 및 재산을 보호하기 위한 긴급구조지원 2) 재해 발생 시 지역의 사회질서 유지 및 교통관리 등 3) 그 밖에 긴급구조지원기관으로서의 긴급구조지원 활동 등
	라. 아동 · 청소년 · 노인 · 여성 · 장애인 등 사회적 보호가 필요한 사람에 대한 보호 업무 및 가정 · 학교 · 성폭력 등의 예방	1) 아동 · 노인 · 장애인 학대 예방과 피해 아동 · 노인 · 장애인에 대한 보호활동 2) 아동 · 청소년 · 노인 · 여성 · 장애인 등 사회적 보호가 필요한 사람의 실종 예방 · 대응 활동 3) 아동 대상 범죄예방 및 아동안전 보호활동 4) 청소년 비행방지 등 선도 · 보호 활동 5) 가정폭력범죄 예방과 피해자 등 보호 활동 6) 학교폭력의 근절 · 예방과 가해학생 선도 및 피해학생 보호 활동 7) 성폭력 예방과 성폭력 피해자 등 보호 활동 8) 그 밖에 관련 법령에 경찰의 사무로 규정된 아동 · 청소년 · 노인 · 여성 · 장애인 등 사회적 보호가 필요한 사람에 대한 보호 및 가정폭력 · 학교폭력 · 성폭력 등 예방 업무
	마. 주민의 일상생활과 관련된 사회질서의 유지 및 그 위반행위의 지도 · 단속.	1) 경범죄 위반행위 지도 · 단속 등 공공질서 유지 2) 공공질서에 반하는 풍속 · 성매매사범 및 사행행위 지도 · 단속 3) 그 밖에 관련 법령에 경찰의 사무로 규정된 주

	다만, 지방자치단체 등 다른 행정청의 사무는 제외한다.	민의 일상생활과 관련된 사회질서의 유지 및 그 위반행위의 지도·단속 업무
	바. 그 밖에 지역주민의 생활안전에 관한 사무	1) 지역주민의 생활안전 관련 112신고(일반신고를 포함한다) 처리 2) 지하철, 내수면 등 일반적인 출동이 어려운 특정 지역에서 주민의 생명·신체·재산의 보호를 위한 경찰대 운영 3) 유실물 보관·반환·매각·국고귀속 등 유실물 관리 4) 「경찰관 직무집행법」 제4조에 따른 응급구호대상자에 대한 보호조치 및 유관기관 협력 5) 그 밖에 관련 법령에 경찰의 사무로 규정된 지역주민의 생활안전에 관한 사무
2. 지역 내 교통 활동에 관한 사무	가. 교통법규 위반에 대한 지도·단속	1) 교통법규 위반 지도·단속, 공익신고 처리 등 2) 음주단속 장비 등 교통경찰용 장비 보급·관리·운영 등
	나. 교통안전시설 및 무인 교통단속용 장비의 심의·설치·관리	1) 교통사고 예방, 교통소통을 위한 교통안전시설 설치·관리·운영 2) 도로교통 규제 관련 지역 교통안전시설 심의위원회 설치 및 운영 3) 무인 교통단속용 장비의 심의·설치·관리·운영
	다. 교통안전에 대한 교육 및 홍보	1) 교통안전에 대한 교육 2) 교통안전에 대한 홍보
	라. 주민참여 지역 교통활동의 지원 및 지도	1) 교통활동 지원 협력단체에 대한 운영·관리 2) 주민참여형 교통안전활동 지원 및 지도
	마. 통행 허가, 어린이통학버스의 신고, 긴급자동차의 지정 신청 등 각종 허가 및 신고에 관한 사무	1) 차마의 안전기준 초과 승차, 안전기준 초과적재 및 차로폭 초과 차 통행허가 처리 2) 도로공사 신고접수, 현장점검 및 지도·감독 등 3) 어린이통학버스 관련 신고접수·관리 및 관계기관 합동 점검 4) 긴급자동차의 지정 신청·관리 5) 버스전용차로 통행 지정신청 처리

		6) 주·정차 위반차량 견인대행법인등 지정
	바. 그 밖에 지역 내의 교통안전 및 소통에 관한 사무	1) 지역주민의 교통안전 관련 112신고(일반신고를 포함한다) 처리 2) 운전면허 관련 민원 업무 3) 지역교통정보센터 운영 및 교통정보 연계 4) 정체 해소 등 소통 및 안전 확보를 위한 교통관리 5) 지역 내 교통안전대책 수립·시행 6) 교통안전 관련 기관 협의 등
3. 지역 내 다중운집 행사 관련 혼잡 교통 및 안전 관리		가. 지역 내 다중운집 행사 등의 교통질서 확보 및 교통안전 관리 지원 나. 지역 내 다중운집 행사 안전 관리 지원

지방자치법

[시행 2022. 1. 13.] [법률 제18661호, 2021. 12. 28., 타법개정]

제1장 총강(總綱)

제1절 총칙

제1조(목적) 이 법은 지방자치단체의 종류와 조직 및 운영, 주민의 지방자치행정 참여에 관한 사항과 국가와 지방자치단체 사이의 기본적인 관계를 정함으로써 지방자치행정을 민주적이고 능률적으로 수행하고, 지방을 균형 있게 발전시키며, 대한민국을 민주적으로 발전시키려는 것을 목적으로 한다.

제2조(지방자치단체의 종류) ① 지방자치단체는 다음의 두 가지 종류로 구분한다.

1. 특별시, 광역시, 특별자치시, 도, 특별자치도
2. 시, 군, 구

② 지방자치단체인 구(이하 "자치구"라 한다)는 특별시와 광역시의 관할 구역의 구만을 말하며, 자치구의 자치권의 범위는 법령으로 정하는 바에 따라 시·군과 다르게 할 수 있다.

③ 제1항의 지방자치단체 외에 특정한 목적을 수행하기 위하여 필요하면 따로 특별지방자치단체를 설치할 수 있다. 이 경우 특별지방자치단체의 설치 등에 관하여는 제12장에서 정하는 바에 따른다.

제3조(지방자치단체의 법인격과 관할) ① 지방자치단체는 법인으로 한다.

② 특별시, 광역시, 특별자치시, 도, 특별자치도(이하 "시·도"라 한다)는 정부의 직할(直轄)로 두고, 시는 도의 관할 구역 안에, 군은 광역시나 도의 관할 구역 안에 두며, 자치구는 특별시와 광역시의 관할 구역 안에 둔다.

③ 특별시·광역시 또는 특별자치시가 아닌 인구 50만 이상의 시에는 자치구가 아닌 구를 둘 수 있고, 군에는 읍·면을 두며, 시와 구(자치구를 포함한다)에는 동을, 읍·면에는 리를 둔다.

④ 제10조제2항에 따라 설치된 시에는 도시의 형태를 갖춘 지역에는 동을, 그 밖

의 지역에는 읍·면을 두되, 자치구가 아닌 구를 둘 경우에는 그 구에 읍·면·동을 둘 수 있다.

⑤ 특별자치시와 특별자치도의 하부행정기관에 관한 사항은 따로 법률로 정한다.

제4조(지방자치단체의 기관구성 형태의 특례) ① 지방자치단체의 의회(이하 "지방의회"라 한다)와 집행기관에 관한 이 법의 규정에도 불구하고 따로 법률로 정하는 바에 따라 지방자치단체의 장의 선임방법을 포함한 지방자치단체의 기관구성 형태를 달리 할 수 있다.

② 제1항에 따라 지방의회와 집행기관의 구성을 달리하려는 경우에는 「주민투표법」에 따른 주민투표를 거쳐야 한다.

제2절 지방자치단체의 관할 구역

제5조(지방자치단체의 명칭과 구역) ① 지방자치단체의 명칭과 구역은 종전과 같이 하고, 명칭과 구역을 바꾸거나 지방자치단체를 폐지하거나 설치하거나 나누거나 합칠 때에는 법률로 정한다.

② 제1항에도 불구하고 지방자치단체의 구역변경 중 관할 구역 경계변경(이하 "경계변경"이라 한다)과 지방자치단체의 한자 명칭의 변경은 대통령령으로 정한다. 이 경우 경계변경의 절차는 제6조에서 정한 절차에 따른다.

③ 다음 각 호의 어느 하나에 해당할 때에는 관계 지방의회의 의견을 들어야 한다. 다만, 「주민투표법」 제8조에 따라 주민투표를 한 경우에는 그러하지 아니하다.

1. 지방자치단체를 폐지하거나 설치하거나 나누거나 합칠 때
2. 지방자치단체의 구역을 변경할 때(경계변경을 할 때는 제외한다)
3. 지방자치단체의 명칭을 변경할 때(한자 명칭을 변경할 때를 포함한다)

④ 제1항 및 제2항에도 불구하고 다음 각 호의 지역이 속할 지방자치단체는 제5항부터 제8항까지의 규정에 따라 행정안전부장관이 결정한다.

1. 「공유수면 관리 및 매립에 관한 법률」에 따른 매립지
2. 「공간정보의 구축 및 관리 등에 관한 법률」 제2조제19호의 지적공부(이하 "지적공부"라 한다)에 등록이 누락된 토지

⑤ 제4항제1호의 경우에는 「공유수면 관리 및 매립에 관한 법률」 제28조에 따른 매립면허관청(이하 이 조에서 "면허관청"이라 한다) 또는 관련 지방자치단체의 장이 같은 법 제45조에 따른 준공검사를 하기 전에, 제4항제2호의 경우에는 「공간정보의 구축 및 관리 등에 관한 법률」 제2조제18호에 따른 지적소관청(이하

이 조에서 "지적소관청"이라 한다)이 지적공부에 등록하기 전에 각각 해당 지역의 위치, 귀속희망 지방자치단체(복수인 경우를 포함한다) 등을 명시하여 행정안전부장관에게 그 지역이 속할 지방자치단체의 결정을 신청하여야 한다. 이 경우 제4항제1호에 따른 매립지의 매립면허를 받은 자는 면허관청에 해당 매립지가 속할 지방자치단체의 결정 신청을 요구할 수 있다.

⑥ 행정안전부장관은 제5항에 따른 신청을 받은 후 지체 없이 제5항에 따른 신청내용을 20일 이상 관보나 인터넷 홈페이지에 게재하는 등의 방법으로 널리 알려야 한다. 이 경우 알리는 방법, 의견 제출 등에 관하여는 「행정절차법」 제42조·제44조 및 제45조를 준용한다.

⑦ 행정안전부장관은 제6항에 따른 기간이 끝나면 다음 각 호에서 정하는 바에 따라 결정하고, 그 결과를 면허관청이나 지적소관청, 관계 지방자치단체의 장 등에게 통보하고 공고하여야 한다.

1. 제6항에 따른 기간 내에 신청내용에 대하여 이의가 제기된 경우: 제166조에 따른 지방자치단체중앙분쟁조정위원회(이하 이 조 및 제6조에서 "위원회"라 한다)의 심의·의결에 따라 제4항 각 호의 지역이 속할 지방자치단체를 결정
2. 제6항에 따른 기간 내에 신청내용에 대하여 이의가 제기되지 아니한 경우: 위원회의 심의·의결을 거치지 아니하고 신청내용에 따라 제4항 각 호의 지역이 속할 지방자치단체를 결정

⑧ 위원회의 위원장은 제7항제1호에 따른 심의과정에서 필요하다고 인정되면 관계 중앙행정기관 및 지방자치단체의 공무원 또는 관련 전문가를 출석시켜 의견을 듣거나 관계 기관이나 단체에 자료 및 의견 제출 등을 요구할 수 있다. 이 경우 관계 지방자치단체의 장에게는 의견을 진술할 기회를 주어야 한다.

⑨ 관계 지방자치단체의 장은 제4항부터 제7항까지의 규정에 따른 행정안전부장관의 결정에 이의가 있으면 그 결과를 통보받은 날부터 15일 이내에 대법원에 소송을 제기할 수 있다.

⑩ 행정안전부장관은 제9항에 따른 소송 결과 대법원의 인용결정이 있으면 그 취지에 따라 다시 결정하여야 한다.

⑪ 행정안전부장관은 제4항 각 호의 지역이 속할 지방자치단체 결정과 관련하여 제7항제1호에 따라 위원회의 심의를 할 때 같은 시·도 안에 있는 관계 시·군 및 자치구 상호 간 매립지 조성 비용 및 관리 비용 부담 등에 관한 조정(調整)이 필요한 경우 제165조제1항부터 제3항까지의 규정에도 불구하고 당사자의 신청 또는 직권으로 위원회의 심의·의결에 따라 조정할 수 있다. 이 경우 그 조정 결과의 통보 및 조정 결정 사항의 이행은 제165조제4항부터 제7항까지의 규정에

따른다.

제6조(지방자치단체의 관할 구역 경계변경 등) ① 지방자치단체의 장은 관할 구역과 생활권과의 불일치 등으로 인하여 주민생활에 불편이 큰 경우 등 대통령령으로 정하는 사유가 있는 경우에는 행정안전부장관에게 경계변경이 필요한 지역 등을 명시하여 경계변경에 대한 조정을 신청할 수 있다. 이 경우 지방자치단체의 장은 지방의회 재적의원 과반수의 출석과 출석의원 3분의 2 이상의 동의를 받아야 한다.

② 관계 중앙행정기관의 장 또는 둘 이상의 지방자치단체에 걸친 개발사업 등의 시행자는 대통령령으로 정하는 바에 따라 관계 지방자치단체의 장에게 제1항에 따른 경계변경에 대한 조정을 신청하여 줄 것을 요구할 수 있다.

③ 행정안전부장관은 제1항에 따른 경계변경에 대한 조정 신청을 받으면 지체 없이 그 신청 내용을 관계 지방자치단체의 장에게 통지하고, 20일 이상 관보나 인터넷 홈페이지에 게재하는 등의 방법으로 널리 알려야 한다. 이 경우 알리는 방법, 의견의 제출 등에 관하여는 「행정절차법」 제42조 · 제44조 및 제45조를 준용한다.

④ 행정안전부장관은 제3항에 따른 기간이 끝난 후 지체 없이 대통령령으로 정하는 바에 따라 관계 지방자치단체 등 당사자 간 경계변경에 관한 사항을 효율적으로 협의할 수 있도록 경계변경자율협의체(이하 이 조에서 "협의체"라 한다)를 구성 · 운영할 것을 관계 지방자치단체의 장에게 요청하여야 한다.

⑤ 관계 지방자치단체는 제4항에 따른 협의체 구성 · 운영 요청을 받은 후 지체 없이 협의체를 구성하고, 경계변경 여부 및 대상 등에 대하여 같은 항에 따른 행정안전부장관의 요청을 받은 날부터 120일 이내에 협의를 하여야 한다. 다만, 대통령령으로 정하는 부득이한 사유가 있는 경우에는 30일의 범위에서 그 기간을 연장할 수 있다.

⑥ 제5항에 따라 협의체를 구성한 지방자치단체의 장은 같은 항에 따른 협의 기간 이내에 협의체의 협의 결과를 행정안전부장관에게 알려야 한다.

⑦ 행정안전부장관은 다음 각 호의 어느 하나에 해당하는 경우에는 위원회의 심의 · 의결을 거쳐 경계변경에 대하여 조정할 수 있다.

1. 관계 지방자치단체가 제4항에 따른 행정안전부장관의 요청을 받은 날부터 120일 이내에 협의체를 구성하지 못한 경우
2. 관계 지방자치단체가 제5항에 따른 협의 기간 이내에 경계변경 여부 및 대상 등에 대하여 합의를 하지 못한 경우

⑧ 위원회는 제7항에 따라 경계변경에 대한 사항을 심의할 때에는 관계 지방의회

의 의견을 들어야 하며, 관련 전문가 및 지방자치단체의 장의 의견 청취 등에 관하여는 제5조제8항을 준용한다.

⑨ 행정안전부장관은 다음 각 호의 어느 하나에 해당하는 경우 지체 없이 그 내용을 검토한 후 이를 반영하여 경계변경에 관한 대통령령안을 입안하여야 한다.

1. 제5항에 따른 협의체의 협의 결과 관계 지방자치단체 간 경계변경에 합의를 하고, 관계 지방자치단체의 장이 제6항에 따라 그 내용을 각각 알린 경우
2. 위원회가 제7항에 따른 심의 결과 경계변경이 필요하다고 의결한 경우

⑩ 행정안전부장관은 경계변경의 조정과 관련하여 제7항에 따라 위원회의 심의를 할 때 같은 시·도 안에 있는 관계 시·군 및 자치구 상호 간 경계변경에 관련된 비용 부담, 행정적·재정적 사항 등에 관하여 조정이 필요한 경우 제165조제1항부터 제3항까지의 규정에도 불구하고 당사자의 신청 또는 직권으로 위원회의 심의·의결에 따라 조정할 수 있다. 이 경우 그 조정 결과의 통보 및 조정 결정 사항의 이행은 제165조제4항부터 제7항까지의 규정에 따른다.

제7조(자치구가 아닌 구와 읍·면·동 등의 명칭과 구역) ① 자치구가 아닌 구와 읍·면·동의 명칭과 구역은 종전과 같이 하고, 자치구가 아닌 구와 읍·면·동을 폐지하거나 설치하거나 나누거나 합칠 때에는 행정안전부장관의 승인을 받아 그 지방자치단체의 조례로 정한다. 다만, 명칭과 구역의 변경은 그 지방자치단체의 조례로 정하고, 그 결과를 특별시장·광역시장·도지사에게 보고하여야 한다.

② 리의 구역은 자연 촌락을 기준으로 하되, 그 명칭과 구역은 종전과 같이 하고, 명칭과 구역을 변경하거나 리를 폐지하거나 설치하거나 나누거나 합칠 때에는 그 지방자치단체의 조례로 정한다.

③ 인구 감소 등 행정여건 변화로 인하여 필요한 경우 그 지방자치단체의 조례로 정하는 바에 따라 2개 이상의 면을 하나의 면으로 운영하는 등 행정 운영상 면[이하 "행정면"(行政面)이라 한다]을 따로 둘 수 있다.

④ 동·리에서는 행정 능률과 주민의 편의를 위하여 그 지방자치단체의 조례로 정하는 바에 따라 하나의 동·리를 2개 이상의 동·리로 운영하거나 2개 이상의 동·리를 하나의 동·리로 운영하는 등 행정 운영상 동(이하 "행정동"이라 한다)·리(이하 "행정리"라 한다)를 따로 둘 수 있다. 〈개정 2021. 4. 20.〉

⑤ 행정동에 그 지방자치단체의 조례로 정하는 바에 따라 통 등 하부 조직을 둘 수 있다. 〈개정 2021. 4. 20.〉

⑥ 행정리에 그 지방자치단체의 조례로 정하는 바에 따라 하부 조직을 둘 수 있다. 〈신설 2021. 4. 20.〉

제8조(구역의 변경 또는 폐지·설치·분리·합병 시의 사무와 재산의 승계) ① 지

방자치단체의 구역을 변경하거나 지방자치단체를 폐지하거나 설치하거나 나누거나 합칠 때에는 새로 그 지역을 관할하게 된 지방자치단체가 그 사무와 재산을 승계한다.

② 제1항의 경우에 지역으로 지방자치단체의 사무와 재산을 구분하기 곤란하면 시·도에서는 행정안전부장관이, 시·군 및 자치구에서는 특별시장·광역시장·특별자치시장·도지사·특별자치도지사(이하 "시·도지사"라 한다)가 그 사무와 재산의 한계 및 승계할 지방자치단체를 지정한다.

제9조(사무소의 소재지) ① 지방자치단체의 사무소 소재지와 자치구가 아닌 구 및 읍·면·동의 사무소 소재지는 종전과 같이 하고, 이를 변경하거나 새로 설정하려면 지방자치단체의 조례로 정한다. 이 경우 면·동은 행정면·행정동(行政洞)을 말한다.

② 제1항의 사항을 조례로 정할 때에는 그 지방의회의 재적의원 과반수의 찬성이 있어야 한다.

제10조(시·읍의 설치기준 등) ① 시는 그 대부분이 도시의 형태를 갖추고 인구 5만 이상이 되어야 한다.

② 다음 각 호의 어느 하나에 해당하는 지역은 도농(都農) 복합형태의 시로 할 수 있다.

1. 제1항에 따라 설치된 시와 군을 통합한 지역
2. 인구 5만 이상의 도시 형태를 갖춘 지역이 있는 군
3. 인구 2만 이상의 도시 형태를 갖춘 2개 이상의 지역 인구가 5만 이상인 군. 이 경우 군의 인구는 15만 이상으로서 대통령령으로 정하는 요건을 갖추어야 한다.
4. 국가의 정책으로 인하여 도시가 형성되고, 제128조에 따라 도의 출장소가 설치된 지역으로서 그 지역의 인구가 3만 이상이며, 인구 15만 이상의 도농 복합형태의 시의 일부인 지역

③ 읍은 그 대부분이 도시의 형태를 갖추고 인구 2만 이상이 되어야 한다. 다만, 다음 각 호의 어느 하나에 해당하면 인구 2만 미만인 경우에도 읍으로 할 수 있다.

1. 군사무소 소재지의 면
2. 읍이 없는 도농 복합형태의 시에서 그 시에 있는 면 중 1개 면

④ 시·읍의 설치에 관한 세부기준은 대통령령으로 정한다.

제3절 지방자치단체의 기능과 사무

제11조(사무배분의 기본원칙) ① 국가는 지방자치단체가 사무를 종합적 · 자율적으로 수행할 수 있도록 국가와 지방자치단체 간 또는 지방자치단체 상호 간의 사무를 주민의 편익증진, 집행의 효과 등을 고려하여 서로 중복되지 아니하도록 배분하여야 한다.

② 국가는 제1항에 따라 사무를 배분하는 경우 지역주민생활과 밀접한 관련이 있는 사무는 원칙적으로 시 · 군 및 자치구의 사무로, 시 · 군 및 자치구가 처리하기 어려운 사무는 시 · 도의 사무로, 시 · 도가 처리하기 어려운 사무는 국가의 사무로 각각 배분하여야 한다.

③ 국가가 지방자치단체에 사무를 배분하거나 지방자치단체가 사무를 다른 지방자치단체에 재배분할 때에는 사무를 배분받거나 재배분받는 지방자치단체가 그 사무를 자기의 책임하에 종합적으로 처리할 수 있도록 관련 사무를 포괄적으로 배분하여야 한다.

제12조(사무처리의 기본원칙) ① 지방자치단체는 사무를 처리할 때 주민의 편의와 복리증진을 위하여 노력하여야 한다.

② 지방자치단체는 조직과 운영을 합리적으로 하고 규모를 적절하게 유지하여야 한다.

③ 지방자치단체는 법령을 위반하여 사무를 처리할 수 없으며, 시 · 군 및 자치구는 해당 구역을 관할하는 시 · 도의 조례를 위반하여 사무를 처리할 수 없다.

제13조(지방자치단체의 사무 범위) ① 지방자치단체는 관할 구역의 자치사무와 법령에 따라 지방자치단체에 속하는 사무를 처리한다.

② 제1항에 따른 지방자치단체의 사무를 예시하면 다음 각 호와 같다. 다만, 법률에 이와 다른 규정이 있으면 그러하지 아니하다.

1. 지방자치단체의 구역, 조직, 행정관리 등
   가. 관할 구역 안 행정구역의 명칭 · 위치 및 구역의 조정
   나. 조례 · 규칙의 제정 · 개정 · 폐지 및 그 운영 · 관리
   다. 산하(傘下) 행정기관의 조직관리
   라. 산하 행정기관 및 단체의 지도 · 감독
   마. 소속 공무원의 인사 · 후생복지 및 교육
   바. 지방세 및 지방세 외 수입의 부과 및 징수
   사. 예산의 편성 · 집행 및 회계감사와 재산관리
   아. 행정장비관리, 행정전산화 및 행정관리개선

자. 공유재산(公有財産) 관리
차. 주민등록 관리
카. 지방자치단체에 필요한 각종 조사 및 통계의 작성
2. 주민의 복지증진
가. 주민복지에 관한 사업
나. 사회복지시설의 설치 · 운영 및 관리
다. 생활이 어려운 사람의 보호 및 지원
라. 노인 · 아동 · 장애인 · 청소년 및 여성의 보호와 복지증진
마. 공공보건의료기관의 설립 · 운영
바. 감염병과 그 밖의 질병의 예방과 방역
사. 묘지 · 화장장(火葬場) 및 봉안당의 운영 · 관리
아. 공중접객업소의 위생을 개선하기 위한 지도
자. 청소, 생활폐기물의 수거 및 처리
차. 지방공기업의 설치 및 운영
3. 농림 · 수산 · 상공업 등 산업 진흥
가. 못 · 늪지 · 보(洑) 등 농업용수시설의 설치 및 관리
나. 농산물 · 임산물 · 축산물 · 수산물의 생산 및 유통 지원
다. 농업자재의 관리
라. 복합영농의 운영 · 지도
마. 농업 외 소득사업의 육성 · 지도
바. 농가 부업의 장려
사. 공유림 관리
아. 소규모 축산 개발사업 및 낙농 진흥사업
자. 가축전염병 예방
차. 지역산업의 육성 · 지원
카. 소비자 보호 및 저축 장려
타. 중소기업의 육성
파. 지역특화산업의 개발과 육성 · 지원
하. 우수지역특산품 개발과 관광민예품 개발
4. 지역개발과 자연환경보전 및 생활환경시설의 설치 · 관리
가. 지역개발사업
나. 지방 토목 · 건설사업의 시행
다. 도시 · 군계획사업의 시행

라. 지방도(地方道), 시도(市道)·군도(郡道)·구도(區道)의 신설·개선·보수 및 유지
마. 주거생활환경 개선의 장려 및 지원
바. 농어촌주택 개량 및 취락구조 개선
사. 자연보호활동
아. 지방하천 및 소하천의 관리
자. 상수도·하수도의 설치 및 관리
차. 소규모급수시설의 설치 및 관리
카. 도립공원, 광역시립공원, 군립공원, 시립공원 및 구립공원 등의 지정 및 관리
타. 도시공원 및 공원시설, 녹지, 유원지 등과 그 휴양시설의 설치 및 관리
파. 관광지, 관광단지 및 관광시설의 설치 및 관리
하. 지방 궤도사업의 경영
거. 주차장·교통표지 등 교통편의시설의 설치 및 관리
너. 재해대책의 수립 및 집행
더. 지역경제의 육성 및 지원

5. 교육·체육·문화·예술의 진흥
가. 어린이집·유치원·초등학교·중학교·고등학교 및 이에 준하는 각종 학교의 설치·운영·지도
나. 도서관·운동장·광장·체육관·박물관·공연장·미술관·음악당 등 공공교육·체육·문화시설의 설치 및 관리
다. 지방문화재의 지정·등록·보존 및 관리
라. 지방문화·예술의 진흥
마. 지방문화·예술단체의 육성

6. 지역민방위 및 지방소방
가. 지역 및 직장 민방위조직(의용소방대를 포함한다)의 편성과 운영 및 지도·감독
나. 지역의 화재예방·경계·진압·조사 및 구조·구급

7. 국제교류 및 협력
가. 국제기구·행사·대회의 유치·지원
나. 외국 지방자치단체와의 교류·협력

제14조(지방자치단체의 종류별 사무배분기준) ① 제13조에 따른 지방자치단체의 사무를 지방자치단체의 종류별로 배분하는 기준은 다음 각 호와 같다. 다만, 제13

조제2항제1호의 사무는 각 지방자치단체에 공통된 사무로 한다.

1. 시 · 도
   가. 행정처리 결과가 2개 이상의 시 · 군 및 자치구에 미치는 광역적 사무
   나. 시 · 도 단위로 동일한 기준에 따라 처리되어야 할 성질의 사무
   다. 지역적 특성을 살리면서 시 · 도 단위로 통일성을 유지할 필요가 있는 사무
   라. 국가와 시 · 군 및 자치구 사이의 연락 · 조정 등의 사무
   마. 시 · 군 및 자치구가 독자적으로 처리하기 어려운 사무
   바. 2개 이상의 시 · 군 및 자치구가 공동으로 설치하는 것이 적당하다고 인정되는 규모의 시설을 설치하고 관리하는 사무
2. 시 · 군 및 자치구

제1호에서 시 · 도가 처리하는 것으로 되어 있는 사무를 제외한 사무. 다만, 인구 50만 이상의 시에 대해서는 도가 처리하는 사무의 일부를 직접 처리하게 할 수 있다.

② 제1항의 배분기준에 따른 지방자치단체의 종류별 사무는 대통령령으로 정한다.

③ 시 · 도와 시 · 군 및 자치구는 사무를 처리할 때 서로 겹치지 아니하도록 하여야 하며, 사무가 서로 겹치면 시 · 군 및 자치구에서 먼저 처리한다.

제15조(국가사무의 처리 제한) 지방자치단체는 다음 각 호의 국가사무를 처리할 수 없다. 다만, 법률에 이와 다른 규정이 있는 경우에는 국가사무를 처리할 수 있다.

1. 외교, 국방, 사법(司法), 국세 등 국가의 존립에 필요한 사무
2. 물가정책, 금융정책, 수출입정책 등 전국적으로 통일적 처리를 할 필요가 있는 사무
3. 농산물 · 임산물 · 축산물 · 수산물 및 양곡의 수급조절과 수출입 등 전국적 규모의 사무
4. 국가종합경제개발계획, 국가하천, 국유림, 국토종합개발계획, 지정항만, 고속국도 · 일반국도, 국립공원 등 전국적 규모나 이와 비슷한 규모의 사무
5. 근로기준, 측량단위 등 전국적으로 기준을 통일하고 조정하여야 할 필요가 있는 사무
6. 우편, 철도 등 전국적 규모나 이와 비슷한 규모의 사무
7. 고도의 기술이 필요한 검사 · 시험 · 연구, 항공관리, 기상행정, 원자력개발 등 지방자치단체의 기술과 재정능력으로 감당하기 어려운 사무

제2장 주민

제16조(주민의 자격) 지방자치단체의 구역에 주소를 가진 자는 그 지방자치단체의 주민이 된다.

제17조(주민의 권리) ① 주민은 법령으로 정하는 바에 따라 주민생활에 영향을 미치는 지방자치단체의 정책의 결정 및 집행 과정에 참여할 권리를 가진다.

② 주민은 법령으로 정하는 바에 따라 소속 지방자치단체의 재산과 공공시설을 이용할 권리와 그 지방자치단체로부터 균등하게 행정의 혜택을 받을 권리를 가진다.

③ 주민은 법령으로 정하는 바에 따라 그 지방자치단체에서 실시하는 지방의회의원과 지방자치단체의 장의 선거(이하 "지방선거"라 한다)에 참여할 권리를 가진다.

제18조(주민투표) ① 지방자치단체의 장은 주민에게 과도한 부담을 주거나 중대한 영향을 미치는 지방자치단체의 주요 결정사항 등에 대하여 주민투표에 부칠 수 있다.

② 주민투표의 대상·발의자·발의요건, 그 밖에 투표절차 등에 관한 사항은 따로 법률로 정한다.

제19조(조례의 제정과 개정·폐지 청구) ① 주민은 지방자치단체의 조례를 제정하거나 개정하거나 폐지할 것을 청구할 수 있다.

② 조례의 제정·개정 또는 폐지 청구의 청구권자·청구대상·청구요건 및 절차 등에 관한 사항은 따로 법률로 정한다.

제20조(규칙의 제정과 개정·폐지 의견 제출) ① 주민은 제29조에 따른 규칙(권리·의무와 직접 관련되는 사항으로 한정한다)의 제정, 개정 또는 폐지와 관련된 의견을 해당 지방자치단체의 장에게 제출할 수 있다.

② 법령이나 조례를 위반하거나 법령이나 조례에서 위임한 범위를 벗어나는 사항은 제1항에 따른 의견 제출 대상에서 제외한다.

③ 지방자치단체의 장은 제1항에 따라 제출된 의견에 대하여 의견이 제출된 날부터 30일 이내에 검토 결과를 그 의견을 제출한 주민에게 통보하여야 한다.

④ 제1항에 따른 의견 제출, 제3항에 따른 의견의 검토와 결과 통보의 방법 및 절차는 해당 지방자치단체의 조례로 정한다.

제21조(주민의 감사 청구) ① 지방자치단체의 18세 이상의 주민으로서 다음 각 호의 어느 하나에 해당하는 사람(「공직선거법」 제18조에 따른 선거권이 없는 사람

은 제외한다. 이하 이 조에서 "18세 이상의 주민"이라 한다)은 시 · 도는 300명, 제198조에 따른 인구 50만 이상 대도시는 200명, 그 밖의 시 · 군 및 자치구는 150명 이내에서 그 지방자치단체의 조례로 정하는 수 이상의 18세 이상의 주민이 연대 서명하여 그 지방자치단체와 그 장의 권한에 속하는 사무의 처리가 법령에 위반되거나 공익을 현저히 해친다고 인정되면 시 · 도의 경우에는 주무부장관에게, 시 · 군 및 자치구의 경우에는 시 · 도지사에게 감사를 청구할 수 있다.

1. 해당 지방자치단체의 관할 구역에 주민등록이 되어 있는 사람
2. 「출입국관리법」 제10조에 따른 영주(永住)할 수 있는 체류자격 취득일 후 3년이 경과한 외국인으로서 같은 법 제34조에 따라 해당 지방자치단체의 외국인등록대장에 올라 있는 사람

② 다음 각 호의 사항은 감사 청구의 대상에서 제외한다.

1. 수사나 재판에 관여하게 되는 사항
2. 개인의 사생활을 침해할 우려가 있는 사항
3. 다른 기관에서 감사하였거나 감사 중인 사항. 다만, 다른 기관에서 감사한 사항이라도 새로운 사항이 발견되거나 중요 사항이 감사에서 누락된 경우와 제22조제1항에 따라 주민소송의 대상이 되는 경우에는 그러하지 아니하다.
4. 동일한 사항에 대하여 제22조제2항 각 호의 어느 하나에 해당하는 소송이 진행 중이거나 그 판결이 확정된 사항

③ 제1항에 따른 청구는 사무처리가 있었던 날이나 끝난 날부터 3년이 지나면 제기할 수 없다.

④ 지방자치단체의 18세 이상의 주민이 제1항에 따라 감사를 청구하려면 청구인의 대표자를 선정하여 청구인명부에 적어야 하며, 청구인의 대표자는 감사청구서를 작성하여 주무부장관 또는 시 · 도지사에게 제출하여야 한다.

⑤ 주무부장관이나 시 · 도지사는 제1항에 따른 청구를 받으면 청구를 받은 날부터 5일 이내에 그 내용을 공표하여야 하며, 청구를 공표한 날부터 10일간 청구인명부나 그 사본을 공개된 장소에 갖추어 두어 열람할 수 있도록 하여야 한다.

⑥ 청구인명부의 서명에 관하여 이의가 있는 사람은 제5항에 따른 열람기간에 해당 주무부장관이나 시 · 도지사에게 이의를 신청할 수 있다.

⑦ 주무부장관이나 시 · 도지사는 제6항에 따른 이의신청을 받으면 제5항에 따른 열람기간이 끝난 날부터 14일 이내에 심사 · 결정하되, 그 신청이 이유 있다고 결정한 경우에는 청구인명부를 수정하고, 그 사실을 이의신청을 한 사람과 제4항에 따른 청구인의 대표자에게 알려야 하며, 그 이의신청이 이유 없다고 결정한 경우에는 그 사실을 즉시 이의신청을 한 사람에게 알려야 한다.

⑧ 주무부장관이나 시·도지사는 제6항에 따른 이의신청이 없는 경우 또는 제6항에 따라 제기된 모든 이의신청에 대하여 제7항에 따른 결정이 끝난 경우로서 제1항부터 제3항까지의 규정에 따른 요건을 갖춘 경우에는 청구를 수리하고, 그러하지 아니한 경우에는 청구를 각하하되, 수리 또는 각하 사실을 청구인의 대표자에게 알려야 한다.

⑨ 주무부장관이나 시·도지사는 감사 청구를 수리한 날부터 60일 이내에 감사 청구된 사항에 대하여 감사를 끝내야 하며, 감사 결과를 청구인의 대표자와 해당 지방자치단체의 장에게 서면으로 알리고, 공표하여야 한다. 다만, 그 기간에 감사를 끝내기가 어려운 정당한 사유가 있으면 그 기간을 연장할 수 있으며, 기간을 연장할 때에는 미리 청구인의 대표자와 해당 지방자치단체의 장에게 알리고, 공표하여야 한다.

⑩ 주무부장관이나 시·도지사는 주민이 감사를 청구한 사항이 다른 기관에서 이미 감사한 사항이거나 감사 중인 사항이면 그 기관에서 한 감사 결과 또는 감사 중인 사실과 감사가 끝난 후 그 결과를 알리겠다는 사실을 청구인의 대표자와 해당 기관에 지체 없이 알려야 한다.

⑪ 주무부장관이나 시·도지사는 주민 감사 청구를 처리(각하를 포함한다)할 때 청구인의 대표자에게 반드시 증거 제출 및 의견 진술의 기회를 주어야 한다.

⑫ 주무부장관이나 시·도지사는 제9항에 따른 감사 결과에 따라 기간을 정하여 해당 지방자치단체의 장에게 필요한 조치를 요구할 수 있다. 이 경우 그 지방자치단체의 장은 이를 성실히 이행하여야 하고, 그 조치 결과를 지방의회와 주무부장관 또는 시·도지사에게 보고하여야 한다.

⑬ 주무부장관이나 시·도지사는 제12항에 따른 조치 요구 내용과 지방자치단체의 장의 조치 결과를 청구인의 대표자에게 서면으로 알리고, 공표하여야 한다.

⑭ 제1항부터 제13항까지에서 규정한 사항 외에 18세 이상의 주민의 감사 청구에 필요한 사항은 대통령령으로 정한다.

제22조(주민소송) ① 제21조제1항에 따라 공금의 지출에 관한 사항, 재산의 취득·관리·처분에 관한 사항, 해당 지방자치단체를 당사자로 하는 매매·임차·도급계약이나 그 밖의 계약의 체결·이행에 관한 사항 또는 지방세·사용료·수수료·과태료 등 공금의 부과·징수를 게을리한 사항을 감사 청구한 주민은 다음 각 호의 어느 하나에 해당하는 경우에 그 감사 청구한 사항과 관련이 있는 위법한 행위나 업무를 게을리한 사실에 대하여 해당 지방자치단체의 장(해당 사항의 사무처리에 관한 권한을 소속 기관의 장에게 위임한 경우에는 그 소속 기관의 장을 말한다. 이하 이 조에서 같다)을 상대방으로 하여 소송을 제기할 수 있다.

1. 주무부장관이나 시·도지사가 감사 청구를 수리한 날부터 60일(제21조제9항 단서에 따라 감사기간이 연장된 경우에는 연장된 기간이 끝난 날을 말한다)이 지나도 감사를 끝내지 아니한 경우
2. 제21조제9항 및 제10항에 따른 감사 결과 또는 같은 조 제12항에 따른 조치 요구에 불복하는 경우
3. 제21조제12항에 따른 주무부장관이나 시·도지사의 조치 요구를 지방자치단체의 장이 이행하지 아니한 경우
4. 제21조제12항에 따른 지방자치단체의 장의 이행 조치에 불복하는 경우

② 제1항에 따라 주민이 제기할 수 있는 소송은 다음 각 호와 같다.

1. 해당 행위를 계속하면 회복하기 어려운 손해를 발생시킬 우려가 있는 경우에는 그 행위의 전부나 일부를 중지할 것을 요구하는 소송
2. 행정처분인 해당 행위의 취소 또는 변경을 요구하거나 그 행위의 효력 유무 또는 존재 여부의 확인을 요구하는 소송
3. 게을리한 사실의 위법 확인을 요구하는 소송
4. 해당 지방자치단체의 장 및 직원, 지방의회의원, 해당 행위와 관련이 있는 상대방에게 손해배상청구 또는 부당이득반환청구를 할 것을 요구하는 소송. 다만, 그 지방자치단체의 직원이 「회계관계직원 등의 책임에 관한 법률」 제4조에 따른 변상책임을 져야 하는 경우에는 변상명령을 할 것을 요구하는 소송을 말한다.

③ 제2항제1호의 중지청구소송은 해당 행위를 중지할 경우 생명이나 신체에 중대한 위해가 생길 우려가 있거나 그 밖에 공공복리를 현저하게 해칠 우려가 있으면 제기할 수 없다.

④ 제2항에 따른 소송은 다음 각 호의 구분에 따른 날부터 90일 이내에 제기하여야 한다.

1. 제1항제1호: 해당 60일이 끝난 날(제21조제9항 단서에 따라 감사기간이 연장된 경우에는 연장기간이 끝난 날을 말한다)
2. 제1항제2호: 해당 감사 결과나 조치 요구 내용에 대한 통지를 받은 날
3. 제1항제3호: 해당 조치를 요구할 때에 지정한 처리기간이 끝난 날
4. 제1항제4호: 해당 이행 조치 결과에 대한 통지를 받은 날

⑤ 제2항 각 호의 소송이 진행 중이면 다른 주민은 같은 사항에 대하여 별도의 소송을 제기할 수 없다.

⑥ 소송의 계속(繫屬) 중에 소송을 제기한 주민이 사망하거나 제16조에 따른 주민의 자격을 잃으면 소송절차는 중단된다. 소송대리인이 있는 경우에도 또한 같

다.
⑦ 감사 청구에 연대 서명한 다른 주민은 제6항에 따른 사유가 발생한 사실을 안 날부터 6개월 이내에 소송절차를 수계(受繼)할 수 있다. 이 기간에 수계절차가 이루어지지 아니할 경우 그 소송절차는 종료된다.
⑧ 법원은 제6항에 따라 소송이 중단되면 감사 청구에 연대 서명한 다른 주민에게 소송절차를 중단한 사유와 소송절차 수계방법을 지체 없이 알려야 한다. 이 경우 법원은 감사 청구에 적힌 주소로 통지서를 우편으로 보낼 수 있고, 우편물이 통상 도달할 수 있을 때에 감사 청구에 연대 서명한 다른 주민은 제6항의 사유가 발생한 사실을 안 것으로 본다.
⑨ 제2항에 따른 소송은 해당 지방자치단체의 사무소 소재지를 관할하는 행정법원(행정법원이 설치되지 아니한 지역에서는 행정법원의 권한에 속하는 사건을 관할하는 지방법원 본원을 말한다)의 관할로 한다.
⑩ 해당 지방자치단체의 장은 제2항제1호부터 제3호까지의 규정에 따른 소송이 제기된 경우 그 소송 결과에 따라 권리나 이익의 침해를 받을 제3자가 있으면 그 제3자에 대하여, 제2항제4호에 따른 소송이 제기된 경우 그 직원, 지방의회의원 또는 상대방에 대하여 소송고지를 해 줄 것을 법원에 신청하여야 한다.
⑪ 제2항제4호에 따른 소송이 제기된 경우에 지방자치단체의 장이 한 소송고지신청은 그 소송에 관한 손해배상청구권 또는 부당이득반환청구권의 시효중단에 관하여 「민법」 제168조제1호에 따른 청구로 본다.
⑫ 제11항에 따른 시효중단의 효력은 그 소송이 끝난 날부터 6개월 이내에 재판상 청구, 파산절차참가, 압류 또는 가압류, 가처분을 하지 아니하면 효력이 생기지 아니한다.
⑬ 국가, 상급 지방자치단체 및 감사 청구에 연대 서명한 다른 주민과 제10항에 따라 소송고지를 받은 자는 법원에서 계속 중인 소송에 참가할 수 있다.
⑭ 제2항에 따른 소송에서 당사자는 법원의 허가를 받지 아니하고는 소의 취하, 소송의 화해 또는 청구의 포기를 할 수 없다.
⑮ 법원은 제14항에 따른 허가를 하기 전에 감사 청구에 연대 서명한 다른 주민에게 그 사실을 알려야 하며, 알린 때부터 1개월 이내에 허가 여부를 결정하여야 한다. 이 경우 통지방법 등에 관하여는 제8항 후단을 준용한다.
⑯ 제2항에 따른 소송은 「민사소송 등 인지법」 제2조제4항에 따른 비재산권을 목적으로 하는 소송으로 본다.
⑰ 소송을 제기한 주민은 승소(일부 승소를 포함한다)한 경우 그 지방자치단체에 대하여 변호사 보수 등의 소송비용, 감사 청구절차의 진행 등을 위하여 사용된

여비, 그 밖에 실제로 든 비용을 보상할 것을 청구할 수 있다. 이 경우 지방자치단체는 청구된 금액의 범위에서 그 소송을 진행하는 데 객관적으로 사용된 것으로 인정되는 금액을 지급하여야 한다.

⑱ 제1항에 따른 소송에 관하여 이 법에 규정된 것 외에는 「행정소송법」에 따른다.

제23조(손해배상금 등의 지급청구 등) ① 지방자치단체의 장(해당 사항의 사무처리에 관한 권한을 소속 기관의 장에게 위임한 경우에는 그 소속 기관의 장을 말한다. 이하 이 조에서 같다)은 제22조제2항제4호 본문에 따른 소송에 대하여 손해배상청구나 부당이득반환청구를 명하는 판결이 확정되면 판결이 확정된 날부터 60일 이내를 기한으로 하여 당사자에게 그 판결에 따라 결정된 손해배상금이나 부당이득반환금의 지급을 청구하여야 한다. 다만, 손해배상금이나 부당이득반환금을 지급하여야 할 당사자가 지방자치단체의 장이면 지방의회의 의장이 지급을 청구하여야 한다.

② 지방자치단체는 제1항에 따라 지급청구를 받은 자가 같은 항의 기한까지 손해배상금이나 부당이득반환금을 지급하지 아니하면 손해배상·부당이득반환의 청구를 목적으로 하는 소송을 제기하여야 한다. 이 경우 그 소송의 상대방이 지방자치단체의 장이면 그 지방의회의 의장이 그 지방자치단체를 대표한다.

제24조(변상명령 등) ① 지방자치단체의 장은 제22조제2항제4호 단서에 따른 소송에 대하여 변상할 것을 명하는 판결이 확정되면 판결이 확정된 날부터 60일 이내를 기한으로 하여 당사자에게 그 판결에 따라 결정된 금액을 변상할 것을 명령하여야 한다.

② 제1항에 따라 변상할 것을 명령받은 자가 같은 항의 기한까지 변상금을 지급하지 아니하면 지방세 체납처분의 예에 따라 징수할 수 있다. 〈개정 2021. 10. 19.〉

③ 제1항에 따라 변상할 것을 명령받은 자는 그 명령에 불복하는 경우 행정소송을 제기할 수 있다. 다만, 「행정심판법」에 따른 행정심판청구는 제기할 수 없다.

제25조(주민소환) ① 주민은 그 지방자치단체의 장 및 지방의회의원(비례대표 지방의회의원은 제외한다)을 소환할 권리를 가진다.

② 주민소환의 투표 청구권자·청구요건·절차 및 효력 등에 관한 사항은 따로 법률로 정한다.

제26조(주민에 대한 정보공개) ① 지방자치단체는 사무처리의 투명성을 높이기 위하여 「공공기관의 정보공개에 관한 법률」에서 정하는 바에 따라 지방의회의 의정

활동, 집행기관의 조직, 재무 등 지방자치에 관한 정보(이하 "지방자치정보"라 한다)를 주민에게 공개하여야 한다.

② 행정안전부장관은 주민의 지방자치정보에 대한 접근성을 높이기 위하여 이 법 또는 다른 법령에 따라 공개된 지방자치정보를 체계적으로 수집하고 주민에게 제공하기 위한 정보공개시스템을 구축·운영할 수 있다.

제27조(주민의 의무) 주민은 법령으로 정하는 바에 따라 소속 지방자치단체의 비용을 분담하여야 하는 의무를 진다.

제3장 조례와 규칙

제28조(조례) ① 지방자치단체는 법령의 범위에서 그 사무에 관하여 조례를 제정할 수 있다. 다만, 주민의 권리 제한 또는 의무 부과에 관한 사항이나 벌칙을 정할 때에는 법률의 위임이 있어야 한다.

② 법령에서 조례로 정하도록 위임한 사항은 그 법령의 하위 법령에서 그 위임의 내용과 범위를 제한하거나 직접 규정할 수 없다.

제29조(규칙) 지방자치단체의 장은 법령 또는 조례의 범위에서 그 권한에 속하는 사무에 관하여 규칙을 제정할 수 있다.

제30조(조례와 규칙의 입법한계) 시·군 및 자치구의 조례나 규칙은 시·도의 조례나 규칙을 위반해서는 아니 된다.

제31조(지방자치단체를 신설하거나 격을 변경할 때의 조례·규칙 시행) 지방자치단체를 나누거나 합하여 새로운 지방자치단체가 설치되거나 지방자치단체의 격이 변경되면 그 지방자치단체의 장은 필요한 사항에 관하여 새로운 조례나 규칙이 제정·시행될 때까지 종래 그 지역에 시행되던 조례나 규칙을 계속 시행할 수 있다.

제32조(조례와 규칙의 제정 절차 등) ① 조례안이 지방의회에서 의결되면 지방의회의 의장은 의결된 날부터 5일 이내에 그 지방자치단체의 장에게 이송하여야 한다.

② 지방자치단체의 장은 제1항의 조례안을 이송받으면 20일 이내에 공포하여야 한다.

③ 지방자치단체의 장은 이송받은 조례안에 대하여 이의가 있으면 제2항의 기간에 이유를 붙여 지방의회로 환부(還付)하고, 재의(再議)를 요구할 수 있다. 이 경우 지방자치단체의 장은 조례안의 일부에 대하여 또는 조례안을 수정하여 재의

를 요구할 수 없다.

④ 지방의회는 제3항에 따라 재의 요구를 받으면 조례안을 재의에 부치고 재적의원 과반수의 출석과 출석의원 3분의 2 이상의 찬성으로 전(前)과 같은 의결을 하면 그 조례안은 조례로서 확정된다.

⑤ 지방자치단체의 장이 제2항의 기간에 공포하지 아니하거나 재의 요구를 하지 아니하더라도 그 조례안은 조례로서 확정된다.

⑥ 지방자치단체의 장은 제4항 또는 제5항에 따라 확정된 조례를 지체 없이 공포하여야 한다. 이 경우 제5항에 따라 조례가 확정된 후 또는 제4항에 따라 확정된 조례가 지방자치단체의 장에게 이송된 후 5일 이내에 지방자치단체의 장이 공포하지 아니하면 지방의회의 의장이 공포한다.

⑦ 제2항 및 제6항 전단에 따라 지방자치단체의 장이 조례를 공포하였을 때에는 즉시 해당 지방의회의 의장에게 통지하여야 하며, 제6항 후단에 따라 지방의회의 의장이 조례를 공포하였을 때에는 그 사실을 즉시 해당 지방자치단체의 장에게 통지하여야 한다.

⑧ 조례와 규칙은 특별한 규정이 없으면 공포한 날부터 20일이 지나면 효력을 발생한다.

제33조(조례와 규칙의 공포 방법 등) ① 조례와 규칙의 공포는 해당 지방자치단체의 공보에 게재하는 방법으로 한다. 다만, 제32조제6항 후단에 따라 지방의회의 의장이 조례를 공포하는 경우에는 공보나 일간신문에 게재하거나 게시판에 게시한다.

② 제1항에 따른 공보는 종이로 발행되는 공보(이하 이 조에서 "종이공보"라 한다) 또는 전자적인 형태로 발행되는 공보(이하 이 조에서 "전자공보"라 한다)로 운영한다.

③ 공보의 내용 해석 및 적용 시기 등에 대하여 종이공보와 전자공보는 동일한 효력을 가진다.

④ 조례와 규칙의 공포에 관하여 그 밖에 필요한 사항은 대통령령으로 정한다.

제34조(조례 위반에 대한 과태료) ① 지방자치단체는 조례를 위반한 행위에 대하여 조례로써 1천만원 이하의 과태료를 정할 수 있다.

② 제1항에 따른 과태료는 해당 지방자치단체의 장이나 그 관할 구역의 지방자치단체의 장이 부과 · 징수한다.

제35조(보고) 조례나 규칙을 제정하거나 개정하거나 폐지할 경우 조례는 지방의회에서 이송된 날부터 5일 이내에, 규칙은 공포 예정일 15일 전에 시 · 도지사는 행

정안전부장관에게, 시장·군수 및 자치구의 구청장은 시·도지사에게 그 전문(全文)을 첨부하여 각각 보고하여야 하며, 보고를 받은 행정안전부장관은 그 내용을 관계 중앙행정기관의 장에게 통보하여야 한다.

제4장 선거

제36조(지방선거에 관한 법률의 제정) 지방선거에 관하여 이 법에서 정한 것 외에 필요한 사항은 따로 법률로 정한다.

제5장 지방의회

제1절 조직

제37조(의회의 설치) 지방자치단체에 주민의 대의기관인 의회를 둔다.

제38조(지방의회의원의 선거) 지방의회의원은 주민이 보통·평등·직접·비밀선거로 선출한다.

제2절 지방의회의원

제39조(의원의 임기) 지방의회의원의 임기는 4년으로 한다.

제40조(의원의 의정활동비 등) ① 지방의회의원에게는 다음 각 호의 비용을 지급한다.

1. 의정(議政) 자료를 수집하고 연구하거나 이를 위한 보조 활동에 사용되는 비용을 보전(補塡)하기 위하여 매월 지급하는 의정활동비
2. 지방의회의원의 직무활동에 대하여 지급하는 월정수당
3. 본회의 의결, 위원회 의결 또는 지방의회의 의장의 명에 따라 공무로 여행할 때 지급하는 여비

② 제1항 각 호에 규정된 비용은 대통령령으로 정하는 기준을 고려하여 해당 지방자치단체의 의정비심의위원회에서 결정하는 금액 이내에서 지방자치단체의 조례로 정한다. 다만, 제1항제3호에 따른 비용은 의정비심의위원회 결정 대상에서 제외한다.

③ 의정비심의위원회의 구성·운영 등에 필요한 사항은 대통령령으로 정한다.

제41조(의원의 정책지원 전문인력) ① 지방의회의원의 의정활동을 지원하기 위하여 지방의회의원 정수의 2분의 1 범위에서 해당 지방자치단체의 조례로 정하는 바에

따라 지방의회에 정책지원 전문인력을 둘 수 있다.

② 정책지원 전문인력은 지방공무원으로 보하며, 직급·직무 및 임용절차 등 운영에 필요한 사항은 대통령령으로 정한다.

제42조(상해·사망 등의 보상) ① 지방의회의원이 직무로 인하여 신체에 상해를 입거나 사망한 경우와 그 상해나 직무로 인한 질병으로 사망한 경우에는 보상금을 지급할 수 있다.

② 제1항의 보상금의 지급기준은 대통령령으로 정하는 범위에서 해당 지방자치단체의 조례로 정한다.

제43조(겸직 등 금지) ① 지방의회의원은 다음 각 호의 어느 하나에 해당하는 직(職)을 겸할 수 없다.

1. 국회의원, 다른 지방의회의원
2. 헌법재판소 재판관, 각급 선거관리위원회 위원
3. 「국가공무원법」 제2조에 따른 국가공무원과 「지방공무원법」 제2조에 따른 지방공무원(「정당법」 제22조에 따라 정당의 당원이 될 수 있는 교원은 제외한다)
4. 「공공기관의 운영에 관한 법률」 제4조에 따른 공공기관(한국방송공사, 한국교육방송공사 및 한국은행을 포함한다)의 임직원
5. 「지방공기업법」 제2조에 따른 지방공사와 지방공단의 임직원
6. 농업협동조합, 수산업협동조합, 산림조합, 엽연초생산협동조합, 신용협동조합, 새마을금고(이들 조합·금고의 중앙회와 연합회를 포함한다)의 임직원과 이들 조합·금고의 중앙회장이나 연합회장
7. 「정당법」 제22조에 따라 정당의 당원이 될 수 없는 교원
8. 다른 법령에 따라 공무원의 신분을 가지는 직
9. 그 밖에 다른 법률에서 겸임할 수 없도록 정하는 직

② 「정당법」 제22조에 따라 정당의 당원이 될 수 있는 교원이 지방의회의원으로 당선되면 임기 중 그 교원의 직은 휴직된다.

③ 지방의회의원이 당선 전부터 제1항 각 호의 직을 제외한 다른 직을 가진 경우에는 임기 개시 후 1개월 이내에, 임기 중 그 다른 직에 취임한 경우에는 취임 후 15일 이내에 지방의회의 의장에게 서면으로 신고하여야 하며, 그 방법과 절차는 해당 지방자치단체의 조례로 정한다.

④ 지방의회의 의장은 제3항에 따라 지방의회의원의 겸직신고를 받으면 그 내용을 연 1회 이상 해당 지방의회의 인터넷 홈페이지에 게시하거나 지방자치단체의 조례로 정하는 방법에 따라 공개하여야 한다.

⑤ 지방의회의원이 다음 각 호의 기관·단체 및 그 기관·단체가 설립·운영하는

시설의 대표, 임원, 상근직원 또는 그 소속 위원회(자문위원회는 제외한다)의 위원이 된 경우에는 그 겸한 직을 사임하여야 한다.

1. 해당 지방자치단체가 출자 · 출연(재출자 · 재출연을 포함한다)한 기관 · 단체
2. 해당 지방자치단체의 사무를 위탁받아 수행하고 있는 기관 · 단체
3. 해당 지방자치단체로부터 운영비, 사업비 등을 지원받고 있는 기관 · 단체
4. 법령에 따라 해당 지방자치단체의 장의 인가를 받아 설립된 조합(조합설립을 위한 추진위원회 등 준비단체를 포함한다)의 임직원

⑥ 지방의회의 의장은 지방의회의원이 다음 각 호의 어느 하나에 해당하는 경우에는 그 겸한 직을 사임할 것을 권고하여야 한다. 이 경우 지방의회의 의장은 제66조에 따른 윤리심사자문위원회의 의견을 들어야 하며 그 의견을 존중하여야 한다.

1. 제5항에 해당하는 데도 불구하고 겸한 직을 사임하지 아니할 때
2. 다른 직을 겸하는 것이 제44조제2항에 위반된다고 인정될 때

⑦ 지방의회의 의장은 지방의회의원의 행위 또는 양수인이나 관리인의 지위가 제5항 또는 제6항에 따라 제한되는지와 관련하여 제66조에 따른 윤리심사자문위원회의 의견을 들을 수 있다.

제44조(의원의 의무) ① 지방의회의원은 공공의 이익을 우선하여 양심에 따라 그 직무를 성실히 수행하여야 한다.

② 지방의회의원은 청렴의 의무를 지며, 지방의회의원으로서의 품위를 유지하여야 한다.

③ 지방의회의원은 지위를 남용하여 재산상의 권리 · 이익 또는 직위를 취득하거나 다른 사람을 위하여 그 취득을 알선해서는 아니 된다.

④ 지방의회의원은 해당 지방자치단체, 제43조제5항 각 호의 어느 하나에 해당하는 기관 · 단체 및 그 기관 · 단체가 설립 · 운영하는 시설과 영리를 목적으로 하는 거래를 하여서는 아니 된다.

⑤ 지방의회의원은 소관 상임위원회의 직무와 관련된 영리행위를 할 수 없으며, 그 범위는 해당 지방자치단체의 조례로 정한다.

제45조(의원체포 및 확정판결의 통지) ① 수사기관의 장은 체포되거나 구금된 지방의회의원이 있으면 지체 없이 해당 지방의회의 의장에게 영장의 사본을 첨부하여 그 사실을 알려야 한다.

② 각급 법원장은 지방의회의원이 형사사건으로 공소(公訴)가 제기되어 판결이 확정되면 지체 없이 해당 지방의회의 의장에게 그 사실을 알려야 한다.

제46조(지방의회의 의무 등) ① 지방의회는 지방의회의원이 준수하여야 할 지방의회의원의 윤리강령과 윤리실천규범을 조례로 정하여야 한다.

② 지방의회는 소속 의원들이 의정활동에 필요한 전문성을 확보하도록 노력하여야 한다.

제3절 권한

제47조(지방의회의 의결사항) ① 지방의회는 다음 각 호의 사항을 의결한다.

1. 조례의 제정 · 개정 및 폐지
2. 예산의 심의 · 확정
3. 결산의 승인
4. 법령에 규정된 것을 제외한 사용료 · 수수료 · 분담금 · 지방세 또는 가입금의 부과와 징수
5. 기금의 설치 · 운용
6. 대통령령으로 정하는 중요 재산의 취득 · 처분
7. 대통령령으로 정하는 공공시설의 설치 · 처분
8. 법령과 조례에 규정된 것을 제외한 예산 외의 의무부담이나 권리의 포기
9. 청원의 수리와 처리
10. 외국 지방자치단체와의 교류 · 협력
11. 그 밖에 법령에 따라 그 권한에 속하는 사항

② 지방자치단체는 제1항 각 호의 사항 외에 조례로 정하는 바에 따라 지방의회에서 의결되어야 할 사항을 따로 정할 수 있다.

제48조(서류제출 요구) ① 본회의나 위원회는 그 의결로 안건의 심의와 직접 관련된 서류의 제출을 해당 지방자치단체의 장에게 요구할 수 있다.

② 위원회가 제1항의 요구를 할 때에는 지방의회의 의장에게 그 사실을 보고하여야 한다.

③ 제1항에도 불구하고 폐회 중에는 지방의회의 의장이 서류의 제출을 해당 지방자치단체의 장에게 요구할 수 있다.

④ 제1항 또는 제3항에 따라 서류제출을 요구할 때에는 서면, 전자문서 또는 컴퓨터의 자기테이프 · 자기디스크, 그 밖에 이와 유사한 매체에 기록된 상태 등 제출 형식을 지정할 수 있다.

제49조(행정사무 감사권 및 조사권) ① 지방의회는 매년 1회 그 지방자치단체의 사무에 대하여 시 · 도에서는 14일의 범위에서, 시 · 군 및 자치구에서는 9일의 범위

에서 감사를 실시하고, 지방자치단체의 사무 중 특정 사안에 관하여 본회의 의결로 본회의나 위원회에서 조사하게 할 수 있다.

② 제1항의 조사를 발의할 때에는 이유를 밝힌 서면으로 하여야 하며, 재적의원 3분의 1 이상의 찬성이 있어야 한다.

③ 지방자치단체 및 그 장이 위임받아 처리하는 국가사무와 시·도의 사무에 대하여 국회와 시·도의회가 직접 감사하기로 한 사무 외에는 그 감사를 각각 해당 시·도의회와 시·군 및 자치구의회가 할 수 있다. 이 경우 국회와 시·도의회는 그 감사 결과에 대하여 그 지방의회에 필요한 자료를 요구할 수 있다.

④ 제1항의 감사 또는 조사와 제3항의 감사를 위하여 필요하면 현지확인을 하거나 서류제출을 요구할 수 있으며, 지방자치단체의 장 또는 관계 공무원이나 그 사무에 관계되는 사람을 출석하게 하여 증인으로서 선서한 후 증언하게 하거나 참고인으로서 의견을 진술하도록 요구할 수 있다.

⑤ 제4항에 따른 증언에서 거짓증언을 한 사람은 고발할 수 있으며, 제4항에 따라 서류제출을 요구받은 자가 정당한 사유 없이 서류를 정해진 기한까지 제출하지 아니한 경우, 같은 항에 따라 출석요구를 받은 증인이 정당한 사유 없이 출석하지 아니하거나 선서 또는 증언을 거부한 경우에는 500만원 이하의 과태료를 부과할 수 있다.

⑥ 제5항에 따른 과태료 부과절차는 제34조를 따른다.

⑦ 제1항의 감사 또는 조사와 제3항의 감사를 위하여 필요한 사항은 「국정감사 및 조사에 관한 법률」에 준하여 대통령령으로 정하고, 제4항과 제5항의 선서·증언·감정 등에 관한 절차는 「국회에서의 증언·감정 등에 관한 법률」에 준하여 대통령령으로 정한다.

제50조(행정사무 감사 또는 조사 보고의 처리) ① 지방의회는 본회의의 의결로 감사 또는 조사 결과를 처리한다.

② 지방의회는 감사 또는 조사 결과 해당 지방자치단체나 기관의 시정이 필요한 사유가 있을 때에는 시정을 요구하고, 지방자치단체나 기관에서 처리함이 타당하다고 인정되는 사항은 그 지방자치단체나 기관으로 이송한다.

③ 지방자치단체나 기관은 제2항에 따라 시정 요구를 받거나 이송받은 사항을 지체 없이 처리하고 그 결과를 지방의회에 보고하여야 한다.

제51조(행정사무처리상황의 보고와 질의응답) ① 지방자치단체의 장이나 관계 공무원은 지방의회나 그 위원회에 출석하여 행정사무의 처리상황을 보고하거나 의견을 진술하고 질문에 답변할 수 있다.

② 지방자치단체의 장이나 관계 공무원은 지방의회나 그 위원회가 요구하면 출석

· 답변하여야 한다. 다만, 특별한 이유가 있으면 지방자치단체의 장은 관계 공무원에게 출석 · 답변하게 할 수 있다.

③ 제1항이나 제2항에 따라 지방의회나 그 위원회에 출석하여 답변할 수 있는 관계 공무원은 조례로 정한다.

제52조(의회규칙) 지방의회는 내부운영에 관하여 이 법에서 정한 것 외에 필요한 사항을 규칙으로 정할 수 있다.

제4절 소집과 회기

제53조(정례회) ① 지방의회는 매년 2회 정례회를 개최한다.

② 정례회의 집회일, 그 밖에 정례회 운영에 필요한 사항은 해당 지방자치단체의 조례로 정한다.

제54조(임시회) ① 지방의회의원 총선거 후 최초로 집회되는 임시회는 지방의회 사무처장 · 사무국장 · 사무과장이 지방의회의원 임기 개시일부터 25일 이내에 소집한다.

② 지방자치단체를 폐지하거나 설치하거나 나누거나 합쳐 새로운 지방자치단체가 설치된 경우에 최초의 임시회는 지방의회 사무처장 · 사무국장 · 사무과장이 해당 지방자치단체가 설치되는 날에 소집한다.

③ 지방의회의 의장은 지방자치단체의 장이나 조례로 정하는 수 이상의 지방의회의원이 요구하면 15일 이내에 임시회를 소집하여야 한다. 다만, 지방의회의 의장과 부의장이 부득이한 사유로 임시회를 소집할 수 없을 때에는 지방의회의원 중 최다선의원이, 최다선의원이 2명 이상인 경우에는 그 중 연장자의 순으로 소집할 수 있다.

④ 임시회 소집은 집회일 3일 전에 공고하여야 한다. 다만, 긴급할 때에는 그러하지 아니하다.

제55조(제출안건의 공고) 지방자치단체의 장이 지방의회에 제출할 안건은 지방자치단체의 장이 미리 공고하여야 한다. 다만, 회의 중 긴급한 안건을 제출할 때에는 그러하지 아니하다. 〈개정 2021. 10. 19.〉

[제목개정 2021. 10. 19.]

제56조(개회 · 휴회 · 폐회와 회의일수) ① 지방의회의 개회 · 휴회 · 폐회와 회기는 지방의회가 의결로 정한다.

② 연간 회의 총일수와 정례회 및 임시회의 회기는 해당 지방자치단체의 조례로

정한다.

제5절 의장과 부의장

제57조(의장 · 부의장의 선거와 임기) ① 지방의회는 지방의회의원 중에서 시 · 도의 경우 의장 1명과 부의장 2명을, 시 · 군 및 자치구의 경우 의장과 부의장 각 1명을 무기명투표로 선출하여야 한다.

② 지방의회의원 총선거 후 처음으로 선출하는 의장 · 부의장 선거는 최초집회일에 실시한다.

③ 의장과 부의장의 임기는 2년으로 한다.

제58조(의장의 직무) 지방의회의 의장은 의회를 대표하고 의사(議事)를 정리하며, 회의장 내의 질서를 유지하고 의회의 사무를 감독한다.

제59조(의장 직무대리) 지방의회의 의장이 부득이한 사유로 직무를 수행할 수 없을 때에는 부의장이 그 직무를 대리한다.

제60조(임시의장) 지방의회의 의장과 부의장이 모두 부득이한 사유로 직무를 수행할 수 없을 때에는 임시의장을 선출하여 의장의 직무를 대행하게 한다.

제61조(보궐선거) ① 지방의회의 의장이나 부의장이 궐위(闕位)된 경우에는 보궐선거를 실시한다.

② 보궐선거로 당선된 의장이나 부의장의 임기는 전임자 임기의 남은 기간으로 한다.

제62조(의장 · 부의장 불신임의 의결) ① 지방의회의 의장이나 부의장이 법령을 위반하거나 정당한 사유 없이 직무를 수행하지 아니하면 지방의회는 불신임을 의결할 수 있다.

② 제1항의 불신임 의결은 재적의원 4분의 1 이상의 발의와 재적의원 과반수의 찬성으로 한다.

③ 제2항의 불신임 의결이 있으면 지방의회의 의장이나 부의장은 그 직에서 해임된다.

제63조(의장 등을 선거할 때의 의장 직무 대행) 제57조제1항, 제60조 또는 제61조제1항에 따른 선거(이하 이 조에서 "의장등의 선거"라 한다)를 실시할 때 의장의 직무를 수행할 사람이 없으면 출석의원 중 최다선의원이, 최다선의원이 2명 이상이면 그 중 연장자가 그 직무를 대행한다. 이 경우 직무를 대행하는 지방의회의원이 정당한 사유 없이 의장등의 선거를 실시할 직무를 이행하지 아니할 때

에는 다음 순위의 지방의회의원이 그 직무를 대행한다.

제6절 위원회

제64조(위원회의 설치) ① 지방의회는 조례로 정하는 바에 따라 위원회를 둘 수 있다.

② 위원회의 종류는 다음 각 호와 같다.

1. 소관 의안(議案)과 청원 등을 심사·처리하는 상임위원회
2. 특정한 안건을 심사·처리하는 특별위원회

③ 위원회의 위원은 본회의에서 선임한다.

제65조(윤리특별위원회) ① 지방의회의원의 윤리강령과 윤리실천규범 준수 여부 및 징계에 관한 사항을 심사하기 위하여 윤리특별위원회를 둔다.

② 제1항에 따른 윤리특별위원회(이하 "윤리특별위원회"라 한다)는 지방의회의원의 윤리강령과 윤리실천규범 준수 여부 및 지방의회의원의 징계에 관한 사항을 심사하기 전에 제66조에 따른 윤리심사자문위원회의 의견을 들어야 하며 그 의견을 존중하여야 한다.

제66조(윤리심사자문위원회) ① 지방의회의원의 겸직 및 영리행위 등에 관한 지방의회의 의장의 자문과 지방의회의원의 윤리강령과 윤리실천규범 준수 여부 및 징계에 관한 윤리특별위원회의 자문에 응하기 위하여 윤리특별위원회에 윤리심사자문위원회를 둔다.

② 윤리심사자문위원회의 위원은 민간전문가 중에서 지방의회의 의장이 위촉한다.

③ 제1항 및 제2항에서 규정한 사항 외에 윤리심사자문위원회의 구성 및 운영에 필요한 사항은 회의규칙으로 정한다.

제67조(위원회의 권한) 위원회는 그 소관에 속하는 의안과 청원 등 또는 지방의회가 위임한 특정한 안건을 심사한다.

제68조(전문위원) ① 위원회에는 위원장과 위원의 자치입법활동을 지원하기 위하여 지방의회의원이 아닌 전문지식을 가진 위원(이하 "전문위원"이라 한다)을 둔다.

② 전문위원은 위원회에서 의안과 청원 등의 심사, 행정사무감사 및 조사, 그 밖의 소관 사항과 관련하여 검토보고 및 관련 자료의 수집·조사·연구를 한다.

③ 위원회에 두는 전문위원의 직급과 수 등에 관하여 필요한 사항은 대통령령으로 정한다.

제69조(위원회에서의 방청 등) ① 위원회에서 해당 지방의회의원이 아닌 사람은 위

원회의 위원장(이하 이 장에서 "위원장"이라 한다)의 허가를 받아 방청할 수 있다.

② 위원장은 질서를 유지하기 위하여 필요할 때에는 방청인의 퇴장을 명할 수 있다.

제70조(위원회의 개회) ① 위원회는 본회의의 의결이 있거나 지방의회의 의장 또는 위원장이 필요하다고 인정할 때, 재적위원 3분의 1 이상이 요구할 때에 개회한다.

② 폐회 중에는 지방자치단체의 장도 지방의회의 의장 또는 위원장에게 이유서를 붙여 위원회 개회를 요구할 수 있다.

제71조(위원회에 관한 조례) 위원회에 관하여 이 법에서 정한 것 외에 필요한 사항은 조례로 정한다.

제7절 회의

제72조(의사정족수) ① 지방의회는 재적의원 3분의 1 이상의 출석으로 개의(開議)한다.

② 회의 참석 인원이 제1항의 정족수에 미치지 못할 때에는 지방의회의 의장은 회의를 중지하거나 산회(散會)를 선포한다.

제73조(의결정족수) ① 회의는 이 법에 특별히 규정된 경우 외에는 재적의원 과반수의 출석과 출석의원 과반수의 찬성으로 의결한다.

② 지방의회의 의장은 의결에서 표결권을 가지며, 찬성과 반대가 같으면 부결된 것으로 본다.

제74조(표결방법) 본회의에서 표결할 때에는 조례 또는 회의규칙으로 정하는 표결방식에 의한 기록표결로 가부(可否)를 결정한다. 다만, 다음 각 호의 어느 하나에 해당하는 경우에는 무기명투표로 표결한다.

1. 제57조에 따른 의장 · 부의장 선거
2. 제60조에 따른 임시의장 선출
3. 제62조에 따른 의장 · 부의장 불신임 의결
4. 제92조에 따른 자격상실 의결
5. 제100조에 따른 징계 의결
6. 제32조, 제120조 또는 제121조, 제192조에 따른 재의 요구에 관한 의결
7. 그 밖에 지방의회에서 하는 각종 선거 및 인사에 관한 사항

제75조(회의의 공개 등) ① 지방의회의 회의는 공개한다. 다만, 지방의회의원 3명

이상이 발의하고 출석의원 3분의 2 이상이 찬성한 경우 또는 지방의회의 의장이 사회의 안녕질서 유지를 위하여 필요하다고 인정하는 경우에는 공개하지 아니할 수 있다.

② 지방의회의 의장은 공개된 회의의 방청 허가를 받은 장애인에게 정당한 편의를 제공하여야 한다.

제76조(의안의 발의) ① 지방의회에서 의결할 의안은 지방자치단체의 장이나 조례로 정하는 수 이상의 지방의회의원의 찬성으로 발의한다.

② 위원회는 그 직무에 속하는 사항에 관하여 의안을 제출할 수 있다.

③ 제1항 및 제2항의 의안은 그 안을 갖추어 지방의회의 의장에게 제출하여야 한다.

④ 제1항에 따라 지방의회의원이 조례안을 발의하는 경우에는 발의 의원과 찬성 의원을 구분하되, 해당 조례안의 제명의 부제로 발의 의원의 성명을 기재하여야 한다. 다만, 발의 의원이 2명 이상인 경우에는 대표발의 의원 1명을 명시하여야 한다.

⑤ 지방의회의원이 발의한 제정조례안 또는 전부개정조례안 중 지방의회에서 의결된 조례안을 공표하거나 홍보하는 경우에는 해당 조례안의 부제를 함께 표기할 수 있다.

제77조(조례안 예고) ① 지방의회는 심사대상인 조례안에 대하여 5일 이상의 기간을 정하여 그 취지, 주요 내용, 전문을 공보나 인터넷 홈페이지 등에 게재하는 방법으로 예고할 수 있다.

② 조례안 예고의 방법, 절차, 그 밖에 필요한 사항은 회의규칙으로 정한다.

제78조(의안에 대한 비용추계 자료 등의 제출) ① 지방자치단체의 장이 예산상 또는 기금상의 조치가 필요한 의안을 제출할 경우에는 그 의안의 시행에 필요할 것으로 예상되는 비용에 대한 추계서와 그에 따른 재원조달방안에 관한 자료를 의안에 첨부하여야 한다. 〈개정 2021. 10. 19.〉

② 제1항에 따른 비용의 추계 및 재원조달방안에 관한 자료의 작성 및 제출절차 등에 관하여 필요한 사항은 해당 지방자치단체의 조례로 정한다.

제79조(회기계속의 원칙) 지방의회에 제출된 의안은 회기 중에 의결되지 못한 것 때문에 폐기되지 아니한다. 다만, 지방의회의원의 임기가 끝나는 경우에는 그러하지 아니하다.

제80조(일사부재의의 원칙) 지방의회에서 부결된 의안은 같은 회기 중에 다시 발의하거나 제출할 수 없다.

제81조(위원회에서 폐기된 의안) ① 위원회에서 본회의에 부칠 필요가 없다고 결정된 의안은 본회의에 부칠 수 없다. 다만, 위원회의 결정이 본회의에 보고된 날부터 폐회나 휴회 중의 기간을 제외한 7일 이내에 지방의회의 의장이나 재적의원 3분의 1 이상이 요구하면 그 의안을 본회의에 부쳐야 한다.

② 제1항 단서의 요구가 없으면 그 의안은 폐기된다.

제82조(의장이나 의원의 제척) 지방의회의 의장이나 지방의회의원은 본인·배우자·직계존비속(直系尊卑屬) 또는 형제자매와 직접 이해관계가 있는 안건에 관하여는 그 의사에 참여할 수 없다. 다만, 의회의 동의가 있으면 의회에 출석하여 발언할 수 있다.

제83조(회의규칙) 지방의회는 회의 운영에 관하여 이 법에서 정한 것 외에 필요한 사항을 회의규칙으로 정한다.

제84조(회의록) ① 지방의회는 회의록을 작성하고 회의의 진행내용 및 결과와 출석의원의 성명을 적어야 한다.

② 회의록에는 지방의회의 의장과 지방의회에서 선출한 지방의회의원 2명 이상이 서명하여야 한다.

③ 지방의회의 의장은 회의록 사본을 첨부하여 회의 결과를 그 지방자치단체의 장에게 알려야 한다.

④ 지방의회의 의장은 회의록을 지방의회의원에게 배부하고, 주민에게 공개한다. 다만, 비밀로 할 필요가 있다고 지방의회의 의장이 인정하거나 지방의회에서 의결한 사항은 공개하지 아니한다.

제8절 청원

제85조(청원서의 제출) ① 지방의회에 청원을 하려는 자는 지방의회의원의 소개를 받아 청원서를 제출하여야 한다.

② 청원서에는 청원자의 성명(법인인 경우에는 그 명칭과 대표자의 성명을 말한다) 및 주소를 적고 서명·날인하여야 한다.

제86조(청원의 불수리) 재판에 간섭하거나 법령에 위배되는 내용의 청원은 수리하지 아니한다.

제87조(청원의 심사·처리) ① 지방의회의 의장은 청원서를 접수하면 소관 위원회나 본회의에 회부하여 심사를 하게 한다.

② 청원을 소개한 지방의회의원은 소관 위원회나 본회의가 요구하면 청원의 취지

를 설명하여야 한다.

③ 위원회가 청원을 심사하여 본회의에 부칠 필요가 없다고 결정하면 그 처리 결과를 지방의회의 의장에게 보고하고, 지방의회의 의장은 청원한 자에게 알려야 한다.

第88조(청원의 이송과 처리보고) ① 지방의회가 채택한 청원으로서 그 지방자치단체의 장이 처리하는 것이 타당하다고 인정되는 청원은 의견서를 첨부하여 지방자치단체의 장에게 이송한다.

② 지방자치단체의 장은 제1항의 청원을 처리하고 그 처리결과를 지체 없이 지방의회에 보고하여야 한다.

제9절 의원의 사직 · 퇴직과 자격심사

第89조(의원의 사직) 지방의회는 그 의결로 소속 지방의회의원의 사직을 허가할 수 있다. 다만, 폐회 중에는 지방의회의 의장이 허가할 수 있다.

第90조(의원의 퇴직) 지방의회의원이 다음 각 호의 어느 하나에 해당될 때에는 지방의회의원의 직에서 퇴직한다.

1. 제43조제1항 각 호의 어느 하나에 해당하는 직에 취임할 때
2. 피선거권이 없게 될 때(지방자치단체의 구역변경이나 없어지거나 합한 것 외의 다른 사유로 그 지방자치단체의 구역 밖으로 주민등록을 이전하였을 때를 포함한다)
3. 징계에 따라 제명될 때

第91조(의원의 자격심사) ① 지방의회의원은 다른 의원의 자격에 대하여 이의가 있으면 재적의원 4분의 1 이상의 찬성으로 지방의회의 의장에게 자격심사를 청구할 수 있다.

② 심사 대상인 지방의회의원은 자기의 자격심사에 관한 회의에 출석하여 의견을 진술할 수 있으나, 의결에는 참가할 수 없다.

第92조(자격상실 의결) ① 제91조제1항의 심사 대상인 지방의회의원에 대한 자격상실 의결은 재적의원 3분의 2 이상의 찬성이 있어야 한다.

② 심사 대상인 지방의회의원은 제1항에 따라 자격상실이 확정될 때까지는 그 직을 상실하지 아니한다.

第93조(결원의 통지) 지방의회의 의장은 지방의회의원의 결원이 생겼을 때에는 15일 이내에 그 지방자치단체의 장과 관할 선거관리위원회에 알려야 한다.

제10절 질서

제94조(회의의 질서유지) ① 지방의회의 의장이나 위원장은 지방의회의원이 본회의나 위원회의 회의장에서 이 법이나 회의규칙에 위배되는 발언이나 행위를 하여 회의장의 질서를 어지럽히면 경고 또는 제지를 하거나 발언의 취소를 명할 수 있다.

② 지방의회의 의장이나 위원장은 제1항의 명에 따르지 아니한 지방의회의원이 있으면 그 지방의회의원에 대하여 당일의 회의에서 발언하는 것을 금지하거나 퇴장시킬 수 있다.

③ 지방의회의 의장이나 위원장은 회의장이 소란하여 질서를 유지하기 어려우면 회의를 중지하거나 산회를 선포할 수 있다.

제95조(모욕 등 발언의 금지) ① 지방의회의원은 본회의나 위원회에서 다른 사람을 모욕하거나 다른 사람의 사생활에 대하여 발언해서는 아니 된다.

② 본회의나 위원회에서 모욕을 당한 지방의회의원은 모욕을 한 지방의회의원에 대하여 지방의회에 징계를 요구할 수 있다.

제96조(발언 방해 등의 금지) 지방의회의원은 회의 중에 폭력을 행사하거나 소란한 행위를 하여 다른 사람의 발언을 방해할 수 없으며, 지방의회의 의장이나 위원장의 허가 없이 연단(演壇)이나 단상(壇上)에 올라가서는 아니 된다.

제97조(방청인의 단속) ① 방청인은 의안에 대하여 찬성·반대를 표명하거나 소란한 행위를 하여서는 아니 된다.

② 지방의회의 의장은 회의장의 질서를 방해하는 방청인의 퇴장을 명할 수 있으며, 필요하면 경찰관서에 인도할 수 있다.

③ 지방의회의 의장은 방청석이 소란하면 모든 방청인을 퇴장시킬 수 있다.

④ 제1항부터 제3항까지에서 규정한 사항 외에 방청인 단속에 필요한 사항은 회의규칙으로 정한다.

제11절 징계

제98조(징계의 사유) 지방의회는 지방의회의원이 이 법이나 자치법규에 위배되는 행위를 하면 윤리특별위원회의 심사를 거쳐 의결로써 징계할 수 있다.

제99조(징계의 요구) ① 지방의회의 의장은 제98조에 따른 징계대상 지방의회의원이 있어 징계 요구를 받으면 윤리특별위원회에 회부한다.

② 제95조제1항을 위반한 지방의회의원에 대하여 모욕을 당한 지방의회의원이 징계를 요구하려면 징계사유를 적은 요구서를 지방의회의 의장에게 제출하여야 한다.
③ 지방의회의 의장은 제2항의 징계 요구를 받으면 윤리특별위원회에 회부한다.

제100조(징계의 종류와 의결) ① 징계의 종류는 다음과 같다.
1. 공개회의에서의 경고
2. 공개회의에서의 사과
3. 30일 이내의 출석정지
4. 제명

② 제1항제4호에 따른 제명 의결에는 재적의원 3분의 2 이상의 찬성이 있어야 한다.

제101조(징계에 관한 회의규칙) 징계에 관하여 이 법에서 정한 사항 외에 필요한 사항은 회의규칙으로 정한다.

제12절 사무기구와 직원

제102조(사무처 등의 설치) ① 시·도의회에는 사무를 처리하기 위하여 조례로 정하는 바에 따라 사무처를 둘 수 있으며, 사무처에는 사무처장과 직원을 둔다.
② 시·군 및 자치구의회에는 사무를 처리하기 위하여 조례로 정하는 바에 따라 사무국이나 사무과를 둘 수 있으며, 사무국·사무과에는 사무국장 또는 사무과장과 직원을 둘 수 있다.
③ 제1항과 제2항에 따른 사무처장·사무국장·사무과장 및 직원(이하 제103조, 제104조 및 제118조에서 "사무직원"이라 한다)은 지방공무원으로 보한다.

제103조(사무직원의 정원과 임면 등) ① 지방의회에 두는 사무직원의 수는 인건비 등 대통령령으로 정하는 기준에 따라 조례로 정한다.
② 지방의회의 의장은 지방의회 사무직원을 지휘·감독하고 법령과 조례·의회규칙으로 정하는 바에 따라 그 임면·교육·훈련·복무·징계 등에 관한 사항을 처리한다.

제104조(사무직원의 직무와 신분보장 등) ① 사무처장·사무국장 또는 사무과장은 지방의회의 의장의 명을 받아 의회의 사무를 처리한다.
② 사무직원의 임용·보수·복무·신분보장·징계 등에 관하여는 이 법에서 정한 것 외에는 「지방공무원법」을 적용한다.

제6장 집행기관

제1절 지방자치단체의 장

제1관 지방자치단체의 장의 직 인수위원회

제105조(지방자치단체의 장의 직 인수위원회) ① 「공직선거법」 제191조에 따른 지방자치단체의 장의 당선인(같은 법 제14조제3항 단서에 따라 당선이 결정된 사람을 포함하며, 이하 이 조에서 "당선인"이라 한다)은 이 법에서 정하는 바에 따라 지방자치단체의 장의 직 인수를 위하여 필요한 권한을 갖는다.

② 당선인을 보좌하여 지방자치단체의 장의 직 인수와 관련된 업무를 담당하기 위하여 당선이 결정된 때부터 해당 지방자치단체에 지방자치단체의 장의 직 인수위원회(이하 이 조에서 "인수위원회"라 한다)를 설치할 수 있다.

③ 인수위원회는 당선인으로 결정된 때부터 지방자치단체의 장의 임기 시작일 이후 20일의 범위에서 존속한다.

④ 인수위원회는 다음 각 호의 업무를 수행한다.

1. 해당 지방자치단체의 조직 · 기능 및 예산현황의 파악
2. 해당 지방자치단체의 정책기조를 설정하기 위한 준비
3. 그 밖에 지방자치단체의 장의 직 인수에 필요한 사항

⑤ 인수위원회는 위원장 1명 및 부위원장 1명을 포함하여 다음 각 호의 구분에 따른 위원으로 구성한다.

1. 시 · 도: 20명 이내
2. 시 · 군 및 자치구: 15명 이내

⑥ 위원장 · 부위원장 및 위원은 명예직으로 하고, 당선인이 임명하거나 위촉한다.

⑦ 「지방공무원법」 제31조 각 호의 어느 하나에 해당하는 사람은 인수위원회의 위원장 · 부위원장 및 위원이 될 수 없다.

⑧ 인수위원회의 위원장 · 부위원장 및 위원과 그 직에 있었던 사람은 그 직무와 관련하여 알게 된 비밀을 다른 사람에게 누설하거나 지방자치단체의 장의 직 인수 업무 외의 다른 목적으로 이용할 수 없으며, 직권을 남용해서는 아니 된다.

⑨ 인수위원회의 위원장 · 부위원장 및 위원과 그 직에 있었던 사람 중 공무원이 아닌 사람은 인수위원회의 업무와 관련하여 「형법」이나 그 밖의 법률에 따른 벌칙을 적용할 때에는 공무원으로 본다.

⑩ 제1항부터 제9항까지에서 규정한 사항 외에 인수위원회의 구성 · 운영 및 인력 · 예산 지원 등에 필요한 사항은 해당 지방자치단체의 조례로 정한다.

제2관 지방자치단체의 장의 지위

제106조(지방자치단체의 장) 특별시에 특별시장, 광역시에 광역시장, 특별자치시에 특별자치시장, 도와 특별자치도에 도지사를 두고, 시에 시장, 군에 군수, 자치구에 구청장을 둔다.

제107조(지방자치단체의 장의 선거) 지방자치단체의 장은 주민이 보통 · 평등 · 직접 · 비밀선거로 선출한다.

제108조(지방자치단체의 장의 임기) 지방자치단체의 장의 임기는 4년으로 하며, 3기 내에서만 계속 재임(在任)할 수 있다.

제109조(겸임 등의 제한) ① 지방자치단체의 장은 다음 각 호의 어느 하나에 해당하는 직을 겸임할 수 없다.

1. 대통령, 국회의원, 헌법재판소 재판관, 각급 선거관리위원회 위원, 지방의회의원
2. 「국가공무원법」 제2조에 따른 국가공무원과 「지방공무원법」 제2조에 따른 지방공무원
3. 다른 법령에 따라 공무원의 신분을 가지는 직
4. 「공공기관의 운영에 관한 법률」 제4조에 따른 공공기관(한국방송공사, 한국교육방송공사 및 한국은행을 포함한다)의 임직원
5. 농업협동조합, 수산업협동조합, 산림조합, 엽연초생산협동조합, 신용협동조합 및 새마을금고(이들 조합 · 금고의 중앙회와 연합회를 포함한다)의 임직원
6. 교원
7. 「지방공기업법」 제2조에 따른 지방공사와 지방공단의 임직원
8. 그 밖에 다른 법률에서 겸임할 수 없도록 정하는 직

② 지방자치단체의 장은 재임 중 그 지방자치단체와 영리를 목적으로 하는 거래를 하거나 그 지방자치단체와 관계있는 영리사업에 종사할 수 없다.

제110조(지방자치단체의 폐지 · 설치 · 분리 · 합병과 지방자치단체의 장) 지방자치단체를 폐지하거나 설치하거나 나누거나 합쳐 새로 지방자치단체의 장을 선출하여야 하는 경우에는 그 지방자치단체의 장이 선출될 때까지 시 · 도지사는 행정안전부장관이, 시장 · 군수 및 자치구의 구청장은 시 · 도지사가 각각 그 직무를 대행할 사람을 지정하여야 한다. 다만, 둘 이상의 동격의 지방자치단체를 통폐합하여 새로운 지방자치단체를 설치하는 경우에는 종전의 지방자치단체의 장 중에서 해

당 지방자치단체의 장의 직무를 대행할 사람을 지정한다.

제111조(지방자치단체의 장의 사임) ① 지방자치단체의 장은 그 직을 사임하려면 지방의회의 의장에게 미리 사임일을 적은 서면(이하 "사임통지서"라 한다)으로 알려야 한다.

② 지방자치단체의 장은 사임통지서에 적힌 사임일에 사임한다. 다만, 사임통지서에 적힌 사임일까지 지방의회의 의장에게 사임통지가 되지 아니하면 지방의회의 의장에게 사임통지가 된 날에 사임한다.

제112조(지방자치단체의 장의 퇴직) 지방자치단체의 장이 다음 각 호의 어느 하나에 해당될 때에는 그 직에서 퇴직한다.

1. 지방자치단체의 장이 겸임할 수 없는 직에 취임할 때
2. 피선거권이 없게 될 때. 이 경우 지방자치단체의 구역이 변경되거나 없어지거나 합한 것 외의 다른 사유로 그 지방자치단체의 구역 밖으로 주민등록을 이전하였을 때를 포함한다.
3. 제110조에 따라 지방자치단체의 장의 직을 상실할 때

제113조(지방자치단체의 장의 체포 및 확정판결의 통지) ① 수사기관의 장은 체포되거나 구금된 지방자치단체의 장이 있으면 지체 없이 영장의 사본을 첨부하여 해당 지방자치단체에 알려야 한다. 이 경우 통지를 받은 지방자치단체는 그 사실을 즉시 행정안전부장관에게 보고하여야 하며, 시·군 및 자치구가 행정안전부장관에게 보고할 때에는 시·도지사를 거쳐야 한다.

② 각급 법원장은 지방자치단체의 장이 형사사건으로 공소가 제기되어 판결이 확정되면 지체 없이 해당 지방자치단체에 알려야 한다. 이 경우 통지를 받은 지방자치단체는 그 사실을 즉시 행정안전부장관에게 보고하여야 하며, 시·군 및 자치구가 행정안전부장관에게 보고할 때에는 시·도지사를 거쳐야 한다.

제3관 지방자치단체의 장의 권한

제114조(지방자치단체의 통할대표권) 지방자치단체의 장은 지방자치단체를 대표하고, 그 사무를 총괄한다.

제115조(국가사무의 위임) 시·도와 시·군 및 자치구에서 시행하는 국가사무는 시·도지사와 시장·군수 및 자치구의 구청장에게 위임하여 수행하는 것을 원칙으로 한다. 다만, 법령에 다른 규정이 있는 경우에는 그러하지 아니하다.

제116조(사무의 관리 및 집행권) 지방자치단체의 장은 그 지방자치단체의 사무와

법령에 따라 그 지방자치단체의 장에게 위임된 사무를 관리하고 집행한다.

제117조(사무의 위임 등) ① 지방자치단체의 장은 조례나 규칙으로 정하는 바에 따라 그 권한에 속하는 사무의 일부를 보조기관, 소속 행정기관 또는 하부행정기관에 위임할 수 있다.
② 지방자치단체의 장은 조례나 규칙으로 정하는 바에 따라 그 권한에 속하는 사무의 일부를 관할 지방자치단체나 공공단체 또는 그 기관(사업소·출장소를 포함한다)에 위임하거나 위탁할 수 있다.
③ 지방자치단체의 장은 조례나 규칙으로 정하는 바에 따라 그 권한에 속하는 사무 중 조사·검사·검정·관리업무 등 주민의 권리·의무와 직접 관련되지 아니하는 사무를 법인·단체 또는 그 기관이나 개인에게 위탁할 수 있다.
④ 지방자치단체의 장이 위임받거나 위탁받은 사무의 일부를 제1항부터 제3항까지의 규정에 따라 다시 위임하거나 위탁하려면 미리 그 사무를 위임하거나 위탁한 기관의 장의 승인을 받아야 한다.

제118조(직원에 대한 임면권 등) 지방자치단체의 장은 소속 직원(지방의회의 사무직원은 제외한다)을 지휘·감독하고 법령과 조례·규칙으로 정하는 바에 따라 그 임면·교육훈련·복무·징계 등에 관한 사항을 처리한다.

제119조(사무인계) 지방자치단체의 장이 퇴직할 때에는 소관 사무 일체를 후임자에게 인계하여야 한다.

제4관 지방의회와의 관계

제120조(지방의회의 의결에 대한 재의 요구와 제소) ① 지방자치단체의 장은 지방의회의 의결이 월권이거나 법령에 위반되거나 공익을 현저히 해친다고 인정되면 그 의결사항을 이송받은 날부터 20일 이내에 이유를 붙여 재의를 요구할 수 있다.
② 제1항의 요구에 대하여 재의한 결과 재적의원 과반수의 출석과 출석의원 3분의 2 이상의 찬성으로 전과 같은 의결을 하면 그 의결사항은 확정된다.
③ 지방자치단체의 장은 제2항에 따라 재의결된 사항이 법령에 위반된다고 인정되면 대법원에 소(訴)를 제기할 수 있다. 이 경우에는 제192조제4항을 준용한다.

제121조(예산상 집행 불가능한 의결의 재의 요구) ① 지방자치단체의 장은 지방의회의 의결이 예산상 집행할 수 없는 경비를 포함하고 있다고 인정되면 그 의결사항을 이송받은 날부터 20일 이내에 이유를 붙여 재의를 요구할 수 있다.

② 지방의회가 다음 각 호의 어느 하나에 해당하는 경비를 줄이는 의결을 할 때에도 제1항과 같다.

1. 법령에 따라 지방자치단체에서 의무적으로 부담하여야 할 경비
2. 비상재해로 인한 시설의 응급 복구를 위하여 필요한 경비

③ 제1항과 제2항의 경우에는 제120조제2항을 준용한다.

제122조(지방자치단체의 장의 선결처분) ① 지방자치단체의 장은 지방의회가 지방의회의원이 구속되는 등의 사유로 제73조에 따른 의결정족수에 미달될 때와 지방의회의 의결사항 중 주민의 생명과 재산 보호를 위하여 긴급하게 필요한 사항으로서 지방의회를 소집할 시간적 여유가 없거나 지방의회에서 의결이 지체되어 의결되지 아니할 때에는 선결처분(先決處分)을 할 수 있다.

② 제1항에 따른 선결처분은 지체 없이 지방의회에 보고하여 승인을 받아야 한다.

③ 지방의회에서 제2항의 승인을 받지 못하면 그 선결처분은 그때부터 효력을 상실한다.

④ 지방자치단체의 장은 제2항이나 제3항에 관한 사항을 지체 없이 공고하여야 한다.

제2절 보조기관

제123조(부지사·부시장·부군수·부구청장) ① 특별시·광역시 및 특별자치시에 부시장, 도와 특별자치도에 부지사, 시에 부시장, 군에 부군수, 자치구에 부구청장을 두며, 그 수는 다음 각 호의 구분과 같다.

1. 특별시의 부시장의 수: 3명을 넘지 아니하는 범위에서 대통령령으로 정한다.
2. 광역시와 특별자치시의 부시장 및 도와 특별자치도의 부지사의 수: 2명(인구 800만 이상의 광역시나 도는 3명)을 넘지 아니하는 범위에서 대통령령으로 정한다.
3. 시의 부시장, 군의 부군수 및 자치구의 부구청장의 수: 1명으로 한다.

② 특별시·광역시 및 특별자치시의 부시장, 도와 특별자치도의 부지사는 대통령령으로 정하는 바에 따라 정무직 또는 일반직 국가공무원으로 보한다. 다만, 제1항제1호 및 제2호에 따라 특별시·광역시 및 특별자치시의 부시장, 도와 특별자치도의 부지사를 2명이나 3명 두는 경우에 1명은 대통령령으로 정하는 바에 따라 정무직·일반직 또는 별정직 지방공무원으로 보하되, 정무직과 별정직 지방공무원으로 보할 때의 자격기준은 해당 지방자치단체의 조례로 정한다.

③ 제2항의 정무직 또는 일반직 국가공무원으로 보하는 부시장·부지사는 시·도지사의 제청으로 행정안전부장관을 거쳐 대통령이 임명한다. 이 경우 제청된 사람에게 법적 결격사유가 없으면 시·도지사가 제청한 날부터 30일 이내에 임명절차를 마쳐야 한다.

④ 시의 부시장, 군의 부군수, 자치구의 부구청장은 일반직 지방공무원으로 보하되, 그 직급은 대통령령으로 정하며 시장·군수·구청장이 임명한다.

⑤ 시·도의 부시장과 부지사, 시의 부시장·부군수·부구청장은 해당 지방자치단체의 장을 보좌하여 사무를 총괄하고, 소속 직원을 지휘·감독한다.

⑥ 제1항제1호 및 제2호에 따라 시·도의 부시장과 부지사를 2명이나 3명 두는 경우에 그 사무 분장은 대통령령으로 정한다. 이 경우 부시장·부지사를 3명 두는 시·도에서는 그중 1명에게 특정지역의 사무를 담당하게 할 수 있다.

제124조(지방자치단체의 장의 권한대행 등) ① 지방자치단체의 장이 다음 각 호의 어느 하나에 해당되면 부지사·부시장·부군수·부구청장(이하 이 조에서 "부단체장"이라 한다)이 그 권한을 대행한다.

1. 궐위된 경우
2. 공소 제기된 후 구금상태에 있는 경우
3. 「의료법」에 따른 의료기관에 60일 이상 계속하여 입원한 경우

② 지방자치단체의 장이 그 직을 가지고 그 지방자치단체의 장 선거에 입후보하면 예비후보자 또는 후보자로 등록한 날부터 선거일까지 부단체장이 그 지방자치단체의 장의 권한을 대행한다.

③ 지방자치단체의 장이 출장·휴가 등 일시적 사유로 직무를 수행할 수 없으면 부단체장이 그 직무를 대리한다.

④ 제1항부터 제3항까지의 경우에 부지사나 부시장이 2명 이상인 시·도에서는 대통령령으로 정하는 순서에 따라 그 권한을 대행하거나 직무를 대리한다.

⑤ 제1항부터 제3항까지의 규정에 따라 권한을 대행하거나 직무를 대리할 부단체장이 부득이한 사유로 직무를 수행할 수 없으면 그 지방자치단체의 규칙에 정해진 직제 순서에 따른 공무원이 그 권한을 대행하거나 직무를 대리한다.

제125조(행정기구와 공무원) ① 지방자치단체는 그 사무를 분장하기 위하여 필요한 행정기구와 지방공무원을 둔다.

② 제1항에 따른 행정기구의 설치와 지방공무원의 정원은 인건비 등 대통령령으로 정하는 기준에 따라 그 지방자치단체의 조례로 정한다.

③ 행정안전부장관은 지방자치단체의 행정기구와 지방공무원의 정원이 적절하게 운영되고 다른 지방자치단체와의 균형이 유지되도록 하기 위하여 필요한 사항을

권고할 수 있다.

④ 지방공무원의 임용과 시험 · 자격 · 보수 · 복무 · 신분보장 · 징계 · 교육 · 훈련 등에 관한 사항은 따로 법률로 정한다.

⑤ 지방자치단체에는 제1항에도 불구하고 법률로 정하는 바에 따라 국가공무원을 둘 수 있다.

⑥ 제5항에 규정된 국가공무원의 경우 「국가공무원법」 제32조제1항부터 제3항까지의 규정에도 불구하고 5급 이상의 국가공무원이나 고위공무원단에 속하는 공무원은 해당 지방자치단체의 장의 제청으로 소속 장관을 거쳐 대통령이 임명하고, 6급 이하의 국가공무원은 그 지방자치단체의 장의 제청으로 소속 장관이 임명한다.

제3절 소속 행정기관

제126조(직속기관) 지방자치단체는 소관 사무의 범위에서 필요하면 대통령령이나 대통령령으로 정하는 범위에서 그 지방자치단체의 조례로 자치경찰기관(제주특별자치도만 해당한다), 소방기관, 교육훈련기관, 보건진료기관, 시험연구기관 및 중소기업지도기관 등을 직속기관으로 설치할 수 있다.

제127조(사업소) 지방자치단체는 특정 업무를 효율적으로 수행하기 위하여 필요하면 대통령령으로 정하는 범위에서 그 지방자치단체의 조례로 사업소를 설치할 수 있다.

제128조(출장소) 지방자치단체는 외진 곳의 주민의 편의와 특정지역의 개발 촉진을 위하여 필요하면 대통령령으로 정하는 범위에서 그 지방자치단체의 조례로 출장소를 설치할 수 있다.

제129조(합의제행정기관) ① 지방자치단체는 소관 사무의 일부를 독립하여 수행할 필요가 있으면 법령이나 그 지방자치단체의 조례로 정하는 바에 따라 합의제행정기관을 설치할 수 있다.

② 제1항의 합의제행정기관의 설치 · 운영에 필요한 사항은 대통령령이나 그 지방자치단체의 조례로 정한다.

제130조(자문기관의 설치 등) ① 지방자치단체는 소관 사무의 범위에서 법령이나 그 지방자치단체의 조례로 정하는 바에 따라 자문기관(소관 사무에 대한 자문에 응하거나 협의, 심의 등을 목적으로 하는 심의회, 위원회 등을 말한다. 이하 같다)을 설치 · 운영할 수 있다.

② 자문기관은 법령이나 조례에 규정된 기능과 권한을 넘어서 주민의 권리를 제한하거나 의무를 부과하는 내용으로 자문 또는 심의 등을 하여서는 아니 된다.
③ 자문기관의 설치 요건 · 절차, 구성 및 운영 등에 관한 사항은 대통령령으로 정한다. 다만, 다른 법령에서 지방자치단체에 둘 수 있는 자문기관의 설치 요건 · 절차, 구성 및 운영 등을 따로 정한 경우에는 그 법령에서 정하는 바에 따른다.
④ 지방자치단체는 자문기관 운영의 효율성 향상을 위하여 해당 지방자치단체에 설치된 다른 자문기관과 성격 · 기능이 중복되는 자문기관을 설치 · 운영해서는 아니 되며, 지방자치단체의 조례로 정하는 바에 따라 성격과 기능이 유사한 다른 자문기관의 기능을 포함하여 운영할 수 있다.
⑤ 지방자치단체의 장은 자문기관 운영의 효율성 향상을 위한 자문기관 정비계획 및 조치 결과 등을 종합하여 작성한 자문기관 운영현황을 매년 해당 지방의회에 보고하여야 한다.

제4절 하부행정기관

제131조(하부행정기관의 장) 자치구가 아닌 구에 구청장, 읍에 읍장, 면에 면장, 동에 동장을 둔다. 이 경우 면 · 동은 행정면 · 행정동을 말한다.

제132조(하부행정기관의 장의 임명) ① 자치구가 아닌 구의 구청장은 일반직 지방공무원으로 보하되, 시장이 임명한다.
② 읍장 · 면장 · 동장은 일반직 지방공무원으로 보하되, 시장 · 군수 또는 자치구의 구청장이 임명한다.

제133조(하부행정기관의 장의 직무권한) 자치구가 아닌 구의 구청장은 시장, 읍장 · 면장은 시장이나 군수, 동장은 시장(구가 없는 시의 시장을 말한다)이나 구청장(자치구의 구청장을 포함한다)의 지휘 · 감독을 받아 소관 국가사무와 지방자치단체의 사무를 맡아 처리하고 소속 직원을 지휘 · 감독한다.

제134조(하부행정기구) 지방자치단체는 조례로 정하는 바에 따라 자치구가 아닌 구와 읍 · 면 · 동에 소관 행정사무를 분장하기 위하여 필요한 행정기구를 둘 수 있다. 이 경우 면 · 동은 행정면 · 행정동을 말한다.

제5절 교육 · 과학 및 체육에 관한 기관

제135조(교육 · 과학 및 체육에 관한 기관) ① 지방자치단체의 교육 · 과학 및 체육에 관한 사무를 분장하기 위하여 별도의 기관을 둔다.

② 제1항에 따른 기관의 조직과 운영에 필요한 사항은 따로 법률로 정한다.

제7장 재무

제1절 재정 운영의 기본원칙

제136조(지방재정의 조정) 국가와 지방자치단체는 지역 간 재정불균형을 해소하기 위하여 국가와 지방자치단체 간, 지방자치단체 상호 간에 적절한 재정 조정을 하도록 노력하여야 한다.

제137조(건전재정의 운영) ① 지방자치단체는 그 재정을 수지균형의 원칙에 따라 건전하게 운영하여야 한다.

② 국가는 지방재정의 자주성과 건전한 운영을 장려하여야 하며, 국가의 부담을 지방자치단체에 넘겨서는 아니 된다.

③ 국가는 다음 각 호의 어느 하나에 해당하는 기관의 신설·확장·이전·운영과 관련된 비용을 지방자치단체에 부담시켜서는 아니 된다.

1. 「정부조직법」과 다른 법률에 따라 설치된 국가행정기관 및 그 소속 기관
2. 「공공기관의 운영에 관한 법률」 제4조에 따른 공공기관
3. 국가가 출자·출연한 기관(재단법인, 사단법인 등을 포함한다)
4. 국가가 설립·조성·관리하는 시설 또는 단지 등을 지원하기 위하여 설치된 기관(재단법인, 사단법인 등을 포함한다)

④ 국가는 제3항 각 호의 기관을 신설하거나 확장하거나 이전하는 위치를 선정할 경우 지방자치단체의 재정적 부담을 입지 선정의 조건으로 하거나 입지 적합성의 선정항목으로 이용해서는 아니 된다.

제138조(국가시책의 구현) ① 지방자치단체는 국가시책을 달성하기 위하여 노력하여야 한다.

② 제1항에 따라 국가시책을 달성하기 위하여 필요한 경비의 국고보조율과 지방비부담률은 법령으로 정한다.

제139조(지방채무 및 지방채권의 관리) ① 지방자치단체의 장이나 지방자치단체조합은 따로 법률로 정하는 바에 따라 지방채를 발행할 수 있다.

② 지방자치단체의 장은 따로 법률로 정하는 바에 따라 지방자치단체의 채무부담의 원인이 될 계약의 체결이나 그 밖의 행위를 할 수 있다.

③ 지방자치단체의 장은 공익을 위하여 필요하다고 인정하면 미리 지방의회의 의결을 받아 보증채무부담행위를 할 수 있다.

④ 지방자치단체는 조례나 계약에 의하지 아니하고는 채무의 이행을 지체할 수 없다.

⑤ 지방자치단체는 법령이나 조례의 규정에 따르거나 지방의회의 의결을 받지 아니하고는 채권에 관하여 채무를 면제하거나 그 효력을 변경할 수 없다.

제2절 예산과 결산

제140조(회계연도) 지방자치단체의 회계연도는 매년 1월 1일에 시작하여 그 해 12월 31일에 끝난다.

제141조(회계의 구분) ① 지방자치단체의 회계는 일반회계와 특별회계로 구분한다.

② 특별회계는 법률이나 지방자치단체의 조례로 설치할 수 있다.

제142조(예산의 편성 및 의결) ① 지방자치단체의 장은 회계연도마다 예산안을 편성하여 시·도는 회계연도 시작 50일 전까지, 시·군 및 자치구는 회계연도 시작 40일 전까지 지방의회에 제출하여야 한다.

② 시·도의회는 제1항의 예산안을 회계연도 시작 15일 전까지, 시·군 및 자치구의회는 회계연도 시작 10일 전까지 의결하여야 한다.

③ 지방의회는 지방자치단체의 장의 동의 없이 지출예산 각 항의 금액을 증가시키거나 새로운 비용항목을 설치할 수 없다.

④ 지방자치단체의 장은 제1항의 예산안을 제출한 후 부득이한 사유로 그 내용의 일부를 수정하려면 수정예산안을 작성하여 지방의회에 다시 제출할 수 있다.

제143조(계속비) 지방자치단체의 장은 한 회계연도를 넘어 계속하여 경비를 지출할 필요가 있으면 그 총액과 연도별 금액을 정하여 계속비로서 지방의회의 의결을 받아야 한다.

제144조(예비비) ① 지방자치단체는 예측할 수 없는 예산 외의 지출이나 예산초과지출에 충당하기 위하여 세입·세출예산에 예비비를 계상하여야 한다.

② 예비비의 지출은 다음 해 지방의회의 승인을 받아야 한다.

제145조(추가경정예산) ① 지방자치단체의 장은 예산을 변경할 필요가 있으면 추가경정예산안을 편성하여 지방의회의 의결을 받아야 한다.

② 제1항의 경우에는 제142조제3항 및 제4항을 준용한다.

제146조(예산이 성립하지 아니할 때의 예산 집행) 지방의회에서 새로운 회계연도가 시작될 때까지 예산안이 의결되지 못하면 지방자치단체의 장은 지방의회에서 예산안이 의결될 때까지 다음 각 호의 목적을 위한 경비를 전년도 예산에 준하여

집행할 수 있다.
1. 법령이나 조례에 따라 설치된 기관이나 시설의 유지·운영
2. 법령상 또는 조례상 지출의무의 이행
3. 이미 예산으로 승인된 사업의 계속

제147조(지방자치단체를 신설할 때의 예산) ① 지방자치단체를 폐지하거나 설치하거나 나누거나 합쳐 새로운 지방자치단체가 설치된 경우에는 지체 없이 그 지방자치단체의 예산을 편성하여야 한다.
② 제1항의 경우에 해당 지방자치단체의 장은 예산이 성립될 때까지 필요한 경상적 수입과 지출을 할 수 있다. 이 경우 수입과 지출은 새로 성립될 예산에 포함시켜야 한다.

제148조(재정부담이 따르는 조례 제정 등) 지방의회는 새로운 재정부담이 따르는 조례나 안건을 의결하려면 미리 지방자치단체의 장의 의견을 들어야 한다.

제149조(예산의 이송·고시 등) ① 지방의회의 의장은 예산안이 의결되면 그날부터 3일 이내에 지방자치단체의 장에게 이송하여야 한다.
② 지방자치단체의 장은 제1항에 따라 예산을 이송받으면 지체 없이 시·도에서는 행정안전부장관에게, 시·군 및 자치구에서는 시·도지사에게 각각 보고하고, 그 내용을 고시하여야 한다. 다만, 제121조에 따른 재의 요구를 할 때에는 그러하지 아니하다.

제150조(결산) ① 지방자치단체의 장은 출납 폐쇄 후 80일 이내에 결산서와 증명서류를 작성하고 지방의회가 선임한 검사위원의 검사의견서를 첨부하여 다음 해 지방의회의 승인을 받아야 한다. 결산의 심사 결과 위법하거나 부당한 사항이 있는 경우에 지방의회는 본회의 의결 후 지방자치단체 또는 해당 기관에 변상 및 징계 조치 등 그 시정을 요구하고, 지방자치단체 또는 해당 기관은 시정 요구를 받은 사항을 지체 없이 처리하여 그 결과를 지방의회에 보고하여야 한다.
② 지방자치단체의 장은 제1항에 따른 승인을 받으면 그날부터 5일 이내에 시·도에서는 행정안전부장관에게, 시·군 및 자치구에서는 시·도지사에게 각각 보고하고, 그 내용을 고시하여야 한다.
③ 제1항에 따른 검사위원의 선임과 운영에 필요한 사항은 대통령령으로 정한다.

제151조(지방자치단체가 없어졌을 때의 결산) ① 지방자치단체를 폐지하거나 설치하거나 나누거나 합쳐 없어진 지방자치단체의 수입과 지출은 없어진 날로 마감하되, 그 지방자치단체의 장이었던 사람이 결산하여야 한다.
② 제1항의 결산은 제150조제1항에 따라 사무를 인수한 지방자치단체의 의회의

승인을 받아야 한다.

제3절 수입과 지출

제152조(지방세) 지방자치단체는 법률로 정하는 바에 따라 지방세를 부과·징수할 수 있다.

제153조(사용료) 지방자치단체는 공공시설의 이용 또는 재산의 사용에 대하여 사용료를 징수할 수 있다.

제154조(수수료) ① 지방자치단체는 그 지방자치단체의 사무가 특정인을 위한 것이면 그 사무에 대하여 수수료를 징수할 수 있다.
② 지방자치단체는 국가나 다른 지방자치단체의 위임사무가 특정인을 위한 것이면 그 사무에 대하여 수수료를 징수할 수 있다.
③ 제2항에 따른 수수료는 그 지방자치단체의 수입으로 한다. 다만, 법령에 달리 정해진 경우에는 그러하지 아니하다.

제155조(분담금) 지방자치단체는 그 재산 또는 공공시설의 설치로 주민의 일부가 특히 이익을 받으면 이익을 받는 자로부터 그 이익의 범위에서 분담금을 징수할 수 있다.

제156조(사용료의 징수조례 등) ① 사용료·수수료 또는 분담금의 징수에 관한 사항은 조례로 정한다. 다만, 국가가 지방자치단체나 그 기관에 위임한 사무와 자치사무의 수수료 중 전국적으로 통일할 필요가 있는 수수료는 다른 법령의 규정에도 불구하고 대통령령으로 정하는 표준금액으로 징수하되, 지방자치단체가 다른 금액으로 징수하려는 경우에는 표준금액의 50퍼센트 범위에서 조례로 가감 조정하여 징수할 수 있다.
② 사기나 그 밖의 부정한 방법으로 사용료·수수료 또는 분담금의 징수를 면한 자에게는 그 징수를 면한 금액의 5배 이내의 과태료를, 공공시설을 부정사용한 자에게는 50만원 이하의 과태료를 부과하는 규정을 조례로 정할 수 있다.
③ 제2항에 따른 과태료의 부과·징수, 재판 및 집행 등의 절차에 관한 사항은 「질서위반행위규제법」에 따른다.

제157조(사용료 등의 부과·징수, 이의신청) ① 사용료·수수료 또는 분담금은 공평한 방법으로 부과하거나 징수하여야 한다.
② 사용료·수수료 또는 분담금의 부과나 징수에 대하여 이의가 있는 자는 그 처분을 통지받은 날부터 90일 이내에 그 지방자치단체의 장에게 이의신청할 수 있

다.

③ 지방자치단체의 장은 제2항의 이의신청을 받은 날부터 60일 이내에 결정을 하여 알려야 한다.

④ 사용료·수수료 또는 분담금의 부과나 징수에 대하여 행정소송을 제기하려면 제3항에 따른 결정을 통지받은 날부터 90일 이내에 처분청을 당사자로 하여 소를 제기하여야 한다.

⑤ 제3항에 따른 결정기간에 결정의 통지를 받지 못하면 제4항에도 불구하고 그 결정기간이 지난 날부터 90일 이내에 소를 제기할 수 있다.

⑥ 제2항과 제3항에 따른 이의신청의 방법과 절차 등에 관하여는 「지방세기본법」 제90조와 제94조부터 제100조까지의 규정을 준용한다.

⑦ 지방자치단체의 장은 사용료·수수료 또는 분담금을 내야 할 자가 납부기한까지 그 사용료·수수료 또는 분담금을 내지 아니하면 지방세 체납처분의 예에 따라 징수할 수 있다.

제158조(경비의 지출) 지방자치단체는 자치사무 수행에 필요한 경비와 위임된 사무에 필요한 경비를 지출할 의무를 진다. 다만, 국가사무나 지방자치단체사무를 위임할 때에는 사무를 위임한 국가나 지방자치단체에서 그 경비를 부담하여야 한다.

제4절 재산 및 공공시설

제159조(재산과 기금의 설치) ① 지방자치단체는 행정목적을 달성하기 위한 경우나 공익상 필요한 경우에는 재산(현금 외의 모든 재산적 가치가 있는 물건과 권리를 말한다)을 보유하거나 특정한 자금을 운용하기 위한 기금을 설치할 수 있다.

② 제1항의 재산의 보유, 기금의 설치·운용에 필요한 사항은 조례로 정한다.

제160조(재산의 관리와 처분) 지방자치단체의 재산은 법령이나 조례에 따르지 아니하고는 교환·양여(讓與)·대여하거나 출자 수단 또는 지급 수단으로 사용할 수 없다.

제161조(공공시설) ① 지방자치단체는 주민의 복지를 증진하기 위하여 공공시설을 설치할 수 있다.

② 제1항의 공공시설의 설치와 관리에 관하여 다른 법령에 규정이 없으면 조례로 정한다.

③ 제1항의 공공시설은 관계 지방자치단체의 동의를 받아 그 지방자치단체의 구역 밖에 설치할 수 있다.

제5절 보칙

제162조(지방재정 운영에 관한 법률의 제정) 지방자치단체의 재정에 관하여 이 법에서 정한 것 외에 필요한 사항은 따로 법률로 정한다.

제163조(지방공기업의 설치 · 운영) ① 지방자치단체는 주민의 복리증진과 사업의 효율적 수행을 위하여 지방공기업을 설치 · 운영할 수 있다.
② 지방공기업의 설치 · 운영에 필요한 사항은 따로 법률로 정한다.

제8장 지방자치단체 상호 간의 관계

제1절 지방자치단체 간의 협력과 분쟁조정

제164조(지방자치단체 상호 간의 협력) ① 지방자치단체는 다른 지방자치단체로부터 사무의 공동처리에 관한 요청이나 사무처리에 관한 협의 · 조정 · 승인 또는 지원의 요청을 받으면 법령의 범위에서 협력하여야 한다.
② 관계 중앙행정기관의 장은 지방자치단체 간의 협력 활성화를 위하여 필요한 지원을 할 수 있다.

제165조(지방자치단체 상호 간의 분쟁조정) ① 지방자치단체 상호 간 또는 지방자치단체의 장 상호 간에 사무를 처리할 때 의견이 달라 다툼(이하 "분쟁"이라 한다)이 생기면 다른 법률에 특별한 규정이 없으면 행정안전부장관이나 시 · 도지사가 당사자의 신청을 받아 조정할 수 있다. 다만, 그 분쟁이 공익을 현저히 해쳐 조속한 조정이 필요하다고 인정되면 당사자의 신청이 없어도 직권으로 조정할 수 있다.
② 제1항 단서에 따라 행정안전부장관이나 시 · 도지사가 분쟁을 조정하는 경우에는 그 취지를 미리 당사자에게 알려야 한다.
③ 행정안전부장관이나 시 · 도지사가 제1항의 분쟁을 조정하려는 경우에는 관계 중앙행정기관의 장과의 협의를 거쳐 제166조에 따른 지방자치단체중앙분쟁조정위원회나 지방자치단체지방분쟁조정위원회의 의결에 따라 조정을 결정하여야 한다.
④ 행정안전부장관이나 시 · 도지사는 제3항에 따라 조정을 결정하면 서면으로 지체 없이 관계 지방자치단체의 장에게 통보하여야 하며, 통보를 받은 지방자치단체의 장은 그 조정 결정 사항을 이행하여야 한다.
⑤ 제3항에 따른 조정 결정 사항 중 예산이 필요한 사항에 대해서는 관계 지방자치단체는 필요한 예산을 우선적으로 편성하여야 한다. 이 경우 연차적으로 추진하여야 할 사항은 연도별 추진계획을 행정안전부장관이나 시 · 도지사에게 보고

하여야 한다.

⑥ 행정안전부장관이나 시 · 도지사는 제3항의 조정 결정에 따른 시설의 설치 또는 서비스의 제공으로 이익을 얻거나 그 원인을 일으켰다고 인정되는 지방자치단체에 대해서는 그 시설비나 운영비 등의 전부나 일부를 행정안전부장관이 정하는 기준에 따라 부담하게 할 수 있다.

⑦ 행정안전부장관이나 시 · 도지사는 제4항부터 제6항까지의 규정에 따른 조정 결정 사항이 성실히 이행되지 아니하면 그 지방자치단체에 대하여 제189조를 준용하여 이행하게 할 수 있다.

제166조(지방자치단체중앙분쟁조정위원회 등의 설치와 구성 등) ① 제165조제1항에 따른 분쟁의 조정과 제173조제1항에 따른 협의사항의 조정에 필요한 사항을 심의 · 의결하기 위하여 행정안전부에 지방자치단체중앙분쟁조정위원회(이하 "중앙분쟁조정위원회"라 한다)를, 시 · 도에 지방자치단체지방분쟁조정위원회(이하 "지방분쟁조정위원회"라 한다)를 둔다.

② 중앙분쟁조정위원회는 다음 각 호의 분쟁을 심의 · 의결한다.

1. 시 · 도 간 또는 그 장 간의 분쟁
2. 시 · 도를 달리하는 시 · 군 및 자치구 간 또는 그 장 간의 분쟁
3. 시 · 도와 시 · 군 및 자치구 간 또는 그 장 간의 분쟁
4. 시 · 도와 지방자치단체조합 간 또는 그 장 간의 분쟁
5. 시 · 도를 달리하는 시 · 군 및 자치구와 지방자치단체조합 간 또는 그 장 간의 분쟁
6. 시 · 도를 달리하는 지방자치단체조합 간 또는 그 장 간의 분쟁

③ 지방분쟁조정위원회는 제2항 각 호에 해당하지 아니하는 지방자치단체 · 지방자치단체조합 간 또는 그 장 간의 분쟁을 심의 · 의결한다.

④ 중앙분쟁조정위원회와 지방분쟁조정위원회(이하 "분쟁조정위원회"라 한다)는 각각 위원장 1명을 포함하여 11명 이내의 위원으로 구성한다.

⑤ 중앙분쟁조정위원회의 위원장과 위원 중 5명은 다음 각 호의 사람 중에서 행정안전부장관의 제청으로 대통령이 임명하거나 위촉하고, 대통령령으로 정하는 중앙행정기관 소속 공무원은 당연직위원이 된다.

1. 대학에서 부교수 이상으로 3년 이상 재직 중이거나 재직한 사람
2. 판사 · 검사 또는 변호사의 직에 6년 이상 재직 중이거나 재직한 사람
3. 그 밖에 지방자치사무에 관한 학식과 경험이 풍부한 사람

⑥ 지방분쟁조정위원회의 위원장과 위원 중 5명은 제5항 각 호의 사람 중에서 시 · 도지사가 임명하거나 위촉하고, 조례로 정하는 해당 지방자치단체 소속 공무

원은 당연직위원이 된다.

⑦ 공무원이 아닌 위원장 및 위원의 임기는 3년으로 하며, 연임할 수 있다. 다만, 보궐위원의 임기는 전임자 임기의 남은 기간으로 한다.

第167条(분쟁조정위원회의 운영 등) ① 분쟁조정위원회는 위원장을 포함한 위원 7명 이상의 출석으로 개의하고, 출석위원 3분의 2 이상의 찬성으로 의결한다.

② 분쟁조정위원회의 위원장은 분쟁의 조정과 관련하여 필요하다고 인정하면 관계 공무원, 지방자치단체조합의 직원 또는 관계 전문가를 출석시켜 의견을 듣거나 관계 기관이나 단체에 대하여 자료 및 의견 제출 등을 요구할 수 있다. 이 경우 분쟁의 당사자에게는 의견을 진술할 기회를 주어야 한다.

③ 이 법에서 정한 사항 외에 분쟁조정위원회의 구성과 운영 등에 필요한 사항은 대통령령으로 정한다.

第168条(사무의 위탁) ① 지방자치단체나 그 장은 소관 사무의 일부를 다른 지방자치단체나 그 장에게 위탁하여 처리하게 할 수 있다.

② 지방자치단체나 그 장은 제1항에 따라 사무를 위탁하려면 관계 지방자치단체와의 협의에 따라 규약을 정하여 고시하여야 한다.

③ 제2항의 사무위탁에 관한 규약에는 다음 각 호의 사항이 포함되어야 한다.

1. 사무를 위탁하는 지방자치단체와 사무를 위탁받는 지방자치단체
2. 위탁사무의 내용과 범위
3. 위탁사무의 관리와 처리방법
4. 위탁사무의 관리와 처리에 드는 경비의 부담과 지출방법
5. 그 밖에 사무위탁에 필요한 사항

④ 지방자치단체나 그 장은 사무위탁을 변경하거나 해지하려면 관계 지방자치단체나 그 장과 협의하여 그 사실을 고시하여야 한다.

⑤ 사무가 위탁된 경우 위탁된 사무의 관리와 처리에 관한 조례나 규칙은 규약에 다르게 정해진 경우 외에는 사무를 위탁받은 지방자치단체에 대해서도 적용한다.

제2절 행정협의회

第169条(행정협의회의 구성) ① 지방자치단체는 2개 이상의 지방자치단체에 관련된 사무의 일부를 공동으로 처리하기 위하여 관계 지방자치단체 간의 행정협의회(이하 "협의회"라 한다)를 구성할 수 있다. 이 경우 지방자치단체의 장은 시·도가 구성원이면 행정안전부장관과 관계 중앙행정기관의 장에게, 시·군 또는 자치구가 구성원이면 시·도지사에게 이를 보고하여야 한다.

② 지방자치단체는 협의회를 구성하려면 관계 지방자치단체 간의 협의에 따라 규약을 정하여 관계 지방의회에 각각 보고한 다음 고시하여야 한다.

③ 행정안전부장관이나 시·도지사는 공익상 필요하면 관계 지방자치단체에 대하여 협의회를 구성하도록 권고할 수 있다.

제170조(협의회의 조직) ① 협의회는 회장과 위원으로 구성한다.

② 회장과 위원은 규약으로 정하는 바에 따라 관계 지방자치단체의 직원 중에서 선임한다.

③ 회장은 협의회를 대표하며 회의를 소집하고 협의회의 사무를 총괄한다.

제171조(협의회의 규약) 협의회의 규약에는 다음 각 호의 사항이 포함되어야 한다.

1. 협의회의 명칭
2. 협의회를 구성하는 지방자치단체
3. 협의회가 처리하는 사무
4. 협의회의 조직과 회장 및 위원의 선임방법
5. 협의회의 운영과 사무처리에 필요한 경비의 부담이나 지출방법
6. 그 밖에 협의회의 구성과 운영에 필요한 사항

제172조(협의회의 자료제출 요구 등) 협의회는 사무를 처리하기 위하여 필요하다고 인정하면 관계 지방자치단체의 장에게 자료 제출, 의견 제시, 그 밖에 필요한 협조를 요구할 수 있다.

제173조(협의사항의 조정) ① 협의회에서 합의가 이루어지지 아니한 사항에 대하여 관계 지방자치단체의 장이 조정을 요청하면 시·도 간의 협의사항에 대해서는 행정안전부장관이, 시·군 및 자치구 간의 협의사항에 대해서는 시·도지사가 조정할 수 있다. 다만, 관계되는 시·군 및 자치구가 2개 이상의 시·도에 걸쳐 있는 경우에는 행정안전부장관이 조정할 수 있다.

② 행정안전부장관이나 시·도지사가 제1항에 따라 조정을 하려면 관계 중앙행정기관의 장과의 협의를 거쳐 분쟁조정위원회의 의결에 따라 조정하여야 한다.

제174조(협의회의 협의 및 사무처리의 효력) ① 협의회를 구성한 관계 지방자치단체는 협의회가 결정한 사항이 있으면 그 결정에 따라 사무를 처리하여야 한다.

② 제173조제1항에 따라 행정안전부장관이나 시·도지사가 조정한 사항에 관하여는 제165조제3항부터 제6항까지의 규정을 준용한다.

③ 협의회가 관계 지방자치단체나 그 장의 명의로 한 사무의 처리는 관계 지방자치단체나 그 장이 한 것으로 본다.

제175조(협의회의 규약변경 및 폐지) 지방자치단체가 협의회의 규약을 변경하거나 협의회를 없애려는 경우에는 제169조제1항 및 제2항을 준용한다.

제3절 지방자치단체조합

제176조(지방자치단체조합의 설립) ① 2개 이상의 지방자치단체가 하나 또는 둘 이상의 사무를 공동으로 처리할 필요가 있을 때에는 규약을 정하여 지방의회의 의결을 거쳐 시·도는 행정안전부장관의 승인, 시·군 및 자치구는 시·도지사의 승인을 받아 지방자치단체조합을 설립할 수 있다. 다만, 지방자치단체조합의 구성원인 시·군 및 자치구가 2개 이상의 시·도에 걸쳐 있는 지방자치단체조합은 행정안전부장관의 승인을 받아야 한다.

② 지방자치단체조합은 법인으로 한다.

제177조(지방자치단체조합의 조직) ① 지방자치단체조합에는 지방자치단체조합회의와 지방자치단체조합장 및 사무직원을 둔다.

② 지방자치단체조합회의의 위원과 지방자치단체조합장 및 사무직원은 지방자치단체조합규약으로 정하는 바에 따라 선임한다.

③ 관계 지방의회의원과 관계 지방자치단체의 장은 제43조제1항과 제109조제1항에도 불구하고 지방자치단체조합회의의 위원이나 지방자치단체조합장을 겸할 수 있다.

제178조(지방자치단체조합회의와 지방자치단체조합장의 권한) ① 지방자치단체조합회의는 지방자치단체조합의 규약으로 정하는 바에 따라 지방자치단체조합의 중요 사무를 심의·의결한다.

② 지방자치단체조합회의는 지방자치단체조합이 제공하는 서비스에 대한 사용료·수수료 또는 분담금을 제156조제1항에 따른 조례로 정한 범위에서 정할 수 있다.

③ 지방자치단체조합장은 지방자치단체조합을 대표하며 지방자치단체조합의 사무를 총괄한다.

제179조(지방자치단체조합의 규약) 지방자치단체조합의 규약에는 다음 각 호의 사항이 포함되어야 한다.

1. 지방자치단체조합의 명칭
2. 지방자치단체조합을 구성하는 지방자치단체
3. 사무소의 위치

4. 지방자치단체조합의 사무
5. 지방자치단체조합회의의 조직과 위원의 선임방법
6. 집행기관의 조직과 선임방법
7. 지방자치단체조합의 운영 및 사무처리에 필요한 경비의 부담과 지출방법
8. 그 밖에 지방자치단체조합의 구성과 운영에 관한 사항

제180조(지방자치단체조합의 지도 · 감독) ① 시 · 도가 구성원인 지방자치단체조합은 행정안전부장관, 시 · 군 및 자치구가 구성원인 지방자치단체조합은 1차로 시 · 도지사, 2차로 행정안전부장관의 지도 · 감독을 받는다. 다만, 지방자치단체조합의 구성원인 시 · 군 및 자치구가 2개 이상의 시 · 도에 걸쳐 있는 지방자치단체조합은 행정안전부장관의 지도 · 감독을 받는다.

② 행정안전부장관은 공익상 필요하면 지방자치단체조합의 설립이나 해산 또는 규약 변경을 명할 수 있다.

제181조(지방자치단체조합의 규약 변경 및 해산) ① 지방자치단체조합의 규약을 변경하거나 지방자치단체조합을 해산하려는 경우에는 제176조제1항을 준용한다.

② 지방자치단체조합을 해산한 경우에 그 재산의 처분은 관계 지방자치단체의 협의에 따른다.

제4절 지방자치단체의 장 등의 협의체

제182조(지방자치단체의 장 등의 협의체) ① 지방자치단체의 장이나 지방의회의 의장은 상호 간의 교류와 협력을 증진하고, 공동의 문제를 협의하기 위하여 다음 각 호의 구분에 따라 각각 전국적 협의체를 설립할 수 있다.

1. 시 · 도지사
2. 시 · 도의회의 의장
3. 시장 · 군수 및 자치구의 구청장
4. 시 · 군 및 자치구의회의 의장

② 제1항 각 호의 전국적 협의체는 그들 모두가 참가하는 지방자치단체 연합체를 설립할 수 있다.

③ 제1항에 따른 협의체나 제2항에 따른 연합체를 설립하였을 때에는 그 협의체 · 연합체의 대표자는 지체 없이 행정안전부장관에게 신고하여야 한다.

④ 제1항에 따른 협의체나 제2항에 따른 연합체는 지방자치에 직접적인 영향을 미치는 법령 등에 관한 의견을 행정안전부장관에게 제출할 수 있으며, 행정안전부장관은 제출된 의견을 관계 중앙행정기관의 장에게 통보하여야 한다.

⑤ 관계 중앙행정기관의 장은 제4항에 따라 통보된 내용에 대하여 통보를 받은 날부터 2개월 이내에 타당성을 검토하여 행정안전부장관에게 결과를 통보하여야 하고, 행정안전부장관은 통보받은 검토 결과를 해당 협의체나 연합체에 지체 없이 통보하여야 한다. 이 경우 관계 중앙행정기관의 장은 검토 결과 타당성이 없다고 인정하면 구체적인 사유 및 내용을 밝혀 통보하여야 하며, 타당하다고 인정하면 관계 법령에 그 내용이 반영될 수 있도록 적극 협력하여야 한다.

⑥ 제1항에 따른 협의체나 제2항에 따른 연합체는 지방자치와 관련된 법률의 제정 · 개정 또는 폐지가 필요하다고 인정하는 경우에는 국회에 서면으로 의견을 제출할 수 있다.

⑦ 제1항에 따른 협의체나 제2항에 따른 연합체의 설립신고와 운영, 그 밖에 필요한 사항은 대통령령으로 정한다.

제9장 국가와 지방자치단체 간의 관계

제183조(국가와 지방자치단체의 협력 의무) 국가와 지방자치단체는 주민에 대한 균형적인 공공서비스 제공과 지역 간 균형발전을 위하여 협력하여야 한다.

제184조(지방자치단체의 사무에 대한 지도와 지원) ① 중앙행정기관의 장이나 시 · 도지사는 지방자치단체의 사무에 관하여 조언 또는 권고하거나 지도할 수 있으며, 이를 위하여 필요하면 지방자치단체에 자료 제출을 요구할 수 있다.

② 국가나 시 · 도는 지방자치단체가 그 지방자치단체의 사무를 처리하는 데 필요하다고 인정하면 재정지원이나 기술지원을 할 수 있다.

③ 지방자치단체의 장은 제1항의 조언 · 권고 또는 지도와 관련하여 중앙행정기관의 장이나 시 · 도지사에게 의견을 제출할 수 있다.

제185조(국가사무나 시 · 도 사무 처리의 지도 · 감독) ① 지방자치단체나 그 장이 위임받아 처리하는 국가사무에 관하여 시 · 도에서는 주무부장관, 시 · 군 및 자치구에서는 1차로 시 · 도지사, 2차로 주무부장관의 지도 · 감독을 받는다.

② 시 · 군 및 자치구나 그 장이 위임받아 처리하는 시 · 도의 사무에 관하여는 시 · 도지사의 지도 · 감독을 받는다.

제186조(중앙지방협력회의의 설치) ① 국가와 지방자치단체 간의 협력을 도모하고 지방자치 발전과 지역 간 균형발전에 관련되는 중요 정책을 심의하기 위하여 중앙지방협력회의를 둔다.

② 제1항에 따른 중앙지방협력회의의 구성과 운영에 관한 사항은 따로 법률로 정한다.

제187조(중앙행정기관과 지방자치단체 간 협의 · 조정) ① 중앙행정기관의 장과 지방자치단체의 장이 사무를 처리할 때 의견을 달리하는 경우 이를 협의 · 조정하기 위하여 국무총리 소속으로 행정협의조정위원회를 둔다.

② 행정협의조정위원회는 위원장 1명을 포함하여 13명 이내의 위원으로 구성한다.

③ 행정협의조정위원회의 위원은 다음 각 호의 사람이 되고, 위원장은 제3호의 위촉위원 중에서 국무총리가 위촉한다.

1. 기획재정부장관, 행정안전부장관, 국무조정실장 및 법제처장
2. 안건과 관련된 중앙행정기관의 장과 시 · 도지사 중 위원장이 지명하는 사람
3. 그 밖에 지방자치에 관한 학식과 경험이 풍부한 사람 중에서 국무총리가 위촉하는 사람 4명

④ 제1항부터 제3항까지에서 규정한 사항 외에 행정협의조정위원회의 구성과 운영 등에 필요한 사항은 대통령령으로 정한다.

제188조(위법 · 부당한 명령이나 처분의 시정) ① 지방자치단체의 사무에 관한 지방자치단체의 장(제103조제2항에 따른 사무의 경우에는 지방의회의 의장을 말한다. 이하 이 조에서 같다)의 명령이나 처분이 법령에 위반되거나 현저히 부당하여 공익을 해친다고 인정되면 시 · 도에 대해서는 주무부장관이, 시 · 군 및 자치구에 대해서는 시 · 도지사가 기간을 정하여 서면으로 시정할 것을 명하고, 그 기간에 이행하지 아니하면 이를 취소하거나 정지할 수 있다.

② 주무부장관은 지방자치단체의 사무에 관한 시장 · 군수 및 자치구의 구청장의 명령이나 처분이 법령에 위반되거나 현저히 부당하여 공익을 해침에도 불구하고 시 · 도지사가 제1항에 따른 시정명령을 하지 아니하면 시 · 도지사에게 기간을 정하여 시정명령을 하도록 명할 수 있다.

③ 주무부장관은 시 · 도지사가 제2항에 따른 기간에 시정명령을 하지 아니하면 제2항에 따른 기간이 지난 날부터 7일 이내에 직접 시장 · 군수 및 자치구의 구청장에게 기간을 정하여 서면으로 시정할 것을 명하고, 그 기간에 이행하지 아니하면 주무부장관이 시장 · 군수 및 자치구의 구청장의 명령이나 처분을 취소하거나 정지할 수 있다.

④ 주무부장관은 시 · 도지사가 시장 · 군수 및 자치구의 구청장에게 제1항에 따라 시정명령을 하였으나 이를 이행하지 아니한 데 따른 취소 · 정지를 하지 아니하는 경우에는 시 · 도지사에게 기간을 정하여 시장 · 군수 및 자치구의 구청장의 명령이나 처분을 취소하거나 정지할 것을 명하고, 그 기간에 이행하지 아니하면 주무부장관이 이를 직접 취소하거나 정지할 수 있다.

⑤ 제1항부터 제4항까지의 규정에 따른 자치사무에 관한 명령이나 처분에 대한 주무부장관 또는 시·도지사의 시정명령, 취소 또는 정지는 법령을 위반한 것에 한정한다.
⑥ 지방자치단체의 장은 제1항, 제3항 또는 제4항에 따른 자치사무에 관한 명령이나 처분의 취소 또는 정지에 대하여 이의가 있으면 그 취소처분 또는 정지처분을 통보받은 날부터 15일 이내에 대법원에 소를 제기할 수 있다.

제189조(지방자치단체의 장에 대한 직무이행명령) ① 지방자치단체의 장이 법령에 따라 그 의무에 속하는 국가위임사무나 시·도위임사무의 관리와 집행을 명백히 게을리하고 있다고 인정되면 시·도에 대해서는 주무부장관이, 시·군 및 자치구에 대해서는 시·도지사가 기간을 정하여 서면으로 이행할 사항을 명령할 수 있다.
② 주무부장관이나 시·도지사는 해당 지방자치단체의 장이 제1항의 기간에 이행명령을 이행하지 아니하면 그 지방자치단체의 비용부담으로 대집행 또는 행정상·재정상 필요한 조치(이하 이 조에서 "대집행등"이라 한다)를 할 수 있다. 이 경우 행정대집행에 관하여는 「행정대집행법」을 준용한다.
③ 주무부장관은 시장·군수 및 자치구의 구청장이 법령에 따라 그 의무에 속하는 국가위임사무의 관리와 집행을 명백히 게을리하고 있다고 인정됨에도 불구하고 시·도지사가 제1항에 따른 이행명령을 하지 아니하는 경우 시·도지사에게 기간을 정하여 이행명령을 하도록 명할 수 있다.
④ 주무부장관은 시·도지사가 제3항에 따른 기간에 이행명령을 하지 아니하면 제3항에 따른 기간이 지난 날부터 7일 이내에 직접 시장·군수 및 자치구의 구청장에게 기간을 정하여 이행명령을 하고, 그 기간에 이행하지 아니하면 주무부장관이 직접 대집행등을 할 수 있다.
⑤ 주무부장관은 시·도지사가 시장·군수 및 자치구의 구청장에게 제1항에 따라 이행명령을 하였으나 이를 이행하지 아니한 데 따른 대집행등을 하지 아니하는 경우에는 시·도지사에게 기간을 정하여 대집행등을 하도록 명하고, 그 기간에 대집행등을 하지 아니하면 주무부장관이 직접 대집행등을 할 수 있다.
⑥ 지방자치단체의 장은 제1항 또는 제4항에 따른 이행명령에 이의가 있으면 이행명령서를 접수한 날부터 15일 이내에 대법원에 소를 제기할 수 있다. 이 경우 지방자치단체의 장은 이행명령의 집행을 정지하게 하는 집행정지결정을 신청할 수 있다.

제190조(지방자치단체의 자치사무에 대한 감사) ① 행정안전부장관이나 시·도지사는 지방자치단체의 자치사무에 관하여 보고를 받거나 서류·장부 또는 회계를 감

사할 수 있다. 이 경우 감사는 법령 위반사항에 대해서만 한다.

② 행정안전부장관 또는 시·도지사는 제1항에 따라 감사를 하기 전에 해당 사무의 처리가 법령에 위반되는지 등을 확인하여야 한다.

제191조(지방자치단체에 대한 감사 절차 등) ① 주무부장관, 행정안전부장관 또는 시·도지사는 이미 감사원 감사 등이 실시된 사안에 대해서는 새로운 사실이 발견되거나 중요한 사항이 누락된 경우 등 대통령령으로 정하는 경우를 제외하고는 감사 대상에서 제외하고 종전의 감사 결과를 활용하여야 한다.

② 주무부장관과 행정안전부장관은 다음 각 호의 어느 하나에 해당하는 감사를 하려고 할 때에는 지방자치단체의 수감부담을 줄이고 감사의 효율성을 높이기 위하여 같은 기간 동안 함께 감사를 할 수 있다.

1. 제185조에 따른 주무부장관의 위임사무 감사
2. 제190조에 따른 행정안전부장관의 자치사무 감사

③ 제185조, 제190조 및 이 조 제2항에 따른 감사의 절차·방법 등에 관하여 필요한 사항은 대통령령으로 정한다.

제192조(지방의회 의결의 재의와 제소) ① 지방의회의 의결이 법령에 위반되거나 공익을 현저히 해친다고 판단되면 시·도에 대해서는 주무부장관이, 시·군 및 자치구에 대해서는 시·도지사가 해당 지방자치단체의 장에게 재의를 요구하게 할 수 있고, 재의 요구 지시를 받은 지방자치단체의 장은 의결사항을 이송받은 날부터 20일 이내에 지방의회에 이유를 붙여 재의를 요구하여야 한다.

② 시·군 및 자치구의회의 의결이 법령에 위반된다고 판단됨에도 불구하고 시·도지사가 제1항에 따라 재의를 요구하게 하지 아니한 경우 주무부장관이 직접 시장·군수 및 자치구의 구청장에게 재의를 요구하게 할 수 있고, 재의 요구 지시를 받은 시장·군수 및 자치구의 구청장은 의결사항을 이송받은 날부터 20일 이내에 지방의회에 이유를 붙여 재의를 요구하여야 한다.

③ 제1항 또는 제2항의 요구에 대하여 재의한 결과 재적의원 과반수의 출석과 출석의원 3분의 2 이상의 찬성으로 전과 같은 의결을 하면 그 의결사항은 확정된다.

④ 지방자치단체의 장은 제3항에 따라 재의결된 사항이 법령에 위반된다고 판단되면 재의결된 날부터 20일 이내에 대법원에 소를 제기할 수 있다. 이 경우 필요하다고 인정되면 그 의결의 집행을 정지하게 하는 집행정지결정을 신청할 수 있다.

⑤ 주무부장관이나 시·도지사는 재의결된 사항이 법령에 위반된다고 판단됨에도 불구하고 해당 지방자치단체의 장이 소를 제기하지 아니하면 시·도에 대해서는

주무부장관이, 시 · 군 및 자치구에 대해서는 시 · 도지사(제2항에 따라 주무부장관이 직접 재의 요구 지시를 한 경우에는 주무부장관을 말한다. 이하 이 조에서 같다)가 그 지방자치단체의 장에게 제소를 지시하거나 직접 제소 및 집행정지결정을 신청할 수 있다.

⑥ 제5항에 따른 제소의 지시는 제4항의 기간이 지난 날부터 7일 이내에 하고, 해당 지방자치단체의 장은 제소 지시를 받은 날부터 7일 이내에 제소하여야 한다.

⑦ 주무부장관이나 시 · 도지사는 제6항의 기간이 지난 날부터 7일 이내에 제5항에 따른 직접 제소 및 집행정지결정을 신청할 수 있다.

⑧ 제1항 또는 제2항에 따라 지방의회의 의결이 법령에 위반된다고 판단되어 주무부장관이나 시 · 도지사로부터 재의 요구 지시를 받은 해당 지방자치단체의 장이 재의를 요구하지 아니하는 경우(법령에 위반되는 지방의회의 의결사항이 조례안인 경우로서 재의 요구 지시를 받기 전에 그 조례안을 공포한 경우를 포함한다)에는 주무부장관이나 시 · 도지사는 제1항 또는 제2항에 따른 기간이 지난 날부터 7일 이내에 대법원에 직접 제소 및 집행정지 결정을 신청할 수 있다.

⑨ 제1항 또는 제2항에 따른 지방의회의 의결이나 제3항에 따라 재의결된 사항이 둘 이상의 부처와 관련되거나 주무부장관이 불분명하면 행정안전부장관이 재의 요구 또는 제소를 지시하거나 직접 제소 및 집행정지 결정을 신청할 수 있다.

제10장 국제교류 · 협력

제193조(지방자치단체의 역할) 지방자치단체는 국가의 외교 · 통상 정책과 배치되지 아니하는 범위에서 국제교류 · 협력, 통상 · 투자유치를 위하여 외국의 지방자치단체, 민간기관, 국제기구(국제연합과 그 산하기구 · 전문기구를 포함한 정부 간 기구, 지방자치단체 간 기구를 포함한 준정부 간 기구, 국제 비정부기구 등을 포함한다. 이하 같다)와 협력을 추진할 수 있다.

제194조(지방자치단체의 국제기구 지원) 지방자치단체는 국제기구 설립 · 유치 또는 활동 지원을 위하여 국제기구에 공무원을 파견하거나 운영비용 등 필요한 비용을 보조할 수 있다.

제195조(해외사무소 설치 · 운영) ① 지방자치단체는 국제교류 · 협력 등의 업무를 원활히 수행하기 위하여 필요한 곳에 단독 또는 지방자치단체 간 협력을 통해 공동으로 해외사무소를 설치할 수 있다.

② 지방자치단체는 해외사무소가 효율적으로 운영될 수 있도록 노력해야 한다.

제11장 서울특별시 및 대도시 등과 세종특별자치시 및 제주특별자치도의 행정특례

제196조(자치구의 재원) 특별시장이나 광역시장은 「지방재정법」에서 정하는 바에 따라 해당 지방자치단체의 관할 구역의 자치구 상호 간의 재원을 조정하여야 한다.

제197조(특례의 인정) ① 서울특별시의 지위·조직 및 운영에 대해서는 수도로서의 특수성을 고려하여 법률로 정하는 바에 따라 특례를 둘 수 있다.
② 세종특별자치시와 제주특별자치도의 지위·조직 및 행정·재정 등의 운영에 대해서는 행정체제의 특수성을 고려하여 법률로 정하는 바에 따라 특례를 둘 수 있다.

제198조(대도시 등에 대한 특례 인정) ① 서울특별시·광역시 및 특별자치시를 제외한 인구 50만 이상 대도시의 행정, 재정 운영 및 국가의 지도·감독에 대해서는 그 특성을 고려하여 관계 법률로 정하는 바에 따라 특례를 둘 수 있다.
② 제1항에도 불구하고 서울특별시·광역시 및 특별자치시를 제외한 다음 각 호의 어느 하나에 해당하는 대도시 및 시·군·구의 행정, 재정 운영 및 국가의 지도·감독에 대해서는 그 특성을 고려하여 관계 법률로 정하는 바에 따라 추가로 특례를 둘 수 있다.
1. 인구 100만 이상 대도시(이하 "특례시"라 한다)
2. 실질적인 행정수요, 국가균형발전 및 지방소멸위기 등을 고려하여 대통령령으로 정하는 기준과 절차에 따라 행정안전부장관이 지정하는 시·군·구

③ 제1항에 따른 인구 50만 이상 대도시와 제2항제1호에 따른 특례시의 인구 인정기준은 대통령령으로 정한다.

제12장 특별지방자치단체

제1절 설치

제199조(설치) ① 2개 이상의 지방자치단체가 공동으로 특정한 목적을 위하여 광역적으로 사무를 처리할 필요가 있을 때에는 특별지방자치단체를 설치할 수 있다. 이 경우 특별지방자치단체를 구성하는 지방자치단체(이하 "구성 지방자치단체"라 한다)는 상호 협의에 따른 규약을 정하여 구성 지방자치단체의 지방의회 의결을 거쳐 행정안전부장관의 승인을 받아야 한다.

② 행정안전부장관은 제1항 후단에 따라 규약에 대하여 승인하는 경우 관계 중앙행정기관의 장 또는 시·도지사에게 그 사실을 알려야 한다.

③ 특별지방자치단체는 법인으로 한다.

④ 특별지방자치단체를 설치하기 위하여 국가 또는 시·도 사무의 위임이 필요할 때에는 구성 지방자치단체의 장이 관계 중앙행정기관의 장 또는 시·도지사에게 그 사무의 위임을 요청할 수 있다.

⑤ 행정안전부장관이 국가 또는 시·도 사무의 위임이 포함된 규약에 대하여 승인할 때에는 사전에 관계 중앙행정기관의 장 또는 시·도지사와 협의하여야 한다.

⑥ 구성 지방자치단체의 장이 제1항 후단에 따라 행정안전부장관의 승인을 받았을 때에는 규약의 내용을 지체 없이 고시하여야 한다. 이 경우 구성 지방자치단체의 장이 시장·군수 및 자치구의 구청장일 때에는 그 승인사항을 시·도지사에게 알려야 한다.

제200조(설치 권고 등) 행정안전부장관은 공익상 필요하다고 인정할 때에는 관계 지방자치단체에 대하여 특별지방자치단체의 설치, 해산 또는 규약 변경을 권고할 수 있다. 이 경우 행정안전부장관의 권고가 국가 또는 시·도 사무의 위임을 포함하고 있을 때에는 사전에 관계 중앙행정기관의 장 또는 시·도지사와 협의하여야 한다.

제201조(구역) 특별지방자치단체의 구역은 구성 지방자치단체의 구역을 합한 것으로 한다. 다만, 특별지방자치단체의 사무가 구성 지방자치단체 구역의 일부에만 관계되는 등 특별한 사정이 있을 때에는 해당 지방자치단체 구역의 일부만을 구역으로 할 수 있다.

제2절 규약과 기관 구성

제202조(규약 등) ① 특별지방자치단체의 규약에는 법령의 범위에서 다음 각 호의 사항이 포함되어야 한다.

1. 특별지방자치단체의 목적
2. 특별지방자치단체의 명칭
3. 구성 지방자치단체
4. 특별지방자치단체의 관할 구역
5. 특별지방자치단체의 사무소의 위치
6. 특별지방자치단체의 사무
7. 특별지방자치단체의 사무처리를 위한 기본계획에 포함되어야 할 사항

8. 특별지방자치단체의 지방의회의 조직, 운영 및 의원의 선임방법
9. 특별지방자치단체의 집행기관의 조직, 운영 및 장의 선임방법
10. 특별지방자치단체의 운영 및 사무처리에 필요한 경비의 부담 및 지출방법
11. 특별지방자치단체의 사무처리 개시일
12. 그 밖에 특별지방자치단체의 구성 및 운영에 필요한 사항

② 구성 지방자치단체의 장은 제1항의 규약을 변경하려는 경우에는 구성 지방자치단체의 지방의회 의결을 거쳐 행정안전부장관의 승인을 받아야 한다. 이 경우 국가 또는 시 · 도 사무의 위임에 관하여는 제199조제4항 및 제5항을 준용한다.

③ 구성 지방자치단체의 장은 제2항에 따라 행정안전부장관의 승인을 받았을 때에는 지체 없이 그 사실을 고시하여야 한다. 이 경우 구성 지방자치단체의 장이 시장 · 군수 및 자치구의 구청장일 때에는 그 승인사항을 시 · 도지사에게 알려야 한다.

제203조(기본계획 등) ① 특별지방자치단체의 장은 소관 사무를 처리하기 위한 기본계획(이하 "기본계획"이라 한다)을 수립하여 특별지방자치단체 의회의 의결을 받아야 한다. 기본계획을 변경하는 경우에도 또한 같다.

② 특별지방자치단체는 기본계획에 따라 사무를 처리하여야 한다.

③ 특별지방자치단체의 장은 구성 지방자치단체의 사무처리가 기본계획의 시행에 지장을 주거나 지장을 줄 우려가 있을 때에는 특별지방자치단체의 의회 의결을 거쳐 구성 지방자치단체의 장에게 필요한 조치를 요청할 수 있다.

제204조(의회의 조직 등) ① 특별지방자치단체의 의회는 규약으로 정하는 바에 따라 구성 지방자치단체의 의회 의원으로 구성한다.

② 제1항의 지방의회의원은 제43조제1항에도 불구하고 특별지방자치단체의 의회 의원을 겸할 수 있다.

③ 특별지방자치단체의 의회가 의결하여야 할 안건 중 대통령령으로 정하는 중요한 사항에 대해서는 특별지방자치단체의 장에게 미리 통지하고, 특별지방자치단체의 장은 그 내용을 구성 지방자치단체의 장에게 통지하여야 한다. 그 의결의 결과에 대해서도 또한 같다.

제205조(집행기관의 조직 등) ① 특별지방자치단체의 장은 규약으로 정하는 바에 따라 특별지방자치단체의 의회에서 선출한다.

② 구성 지방자치단체의 장은 제109조에도 불구하고 특별지방자치단체의 장을 겸할 수 있다.

③ 특별지방자치단체의 의회 및 집행기관의 직원은 규약으로 정하는 바에 따라

특별지방자치단체 소속인 지방공무원과 구성 지방자치단체의 지방공무원 중에서 파견된 사람으로 구성한다.

제3절 운영

제206조(경비의 부담) ① 특별지방자치단체의 운영 및 사무처리에 필요한 경비는 구성 지방자치단체의 인구, 사무처리의 수혜범위 등을 고려하여 규약으로 정하는 바에 따라 구성 지방자치단체가 분담한다.

② 구성 지방자치단체는 제1항의 경비에 대하여 특별회계를 설치하여 운영하여야 한다.

③ 국가 또는 시ㆍ도가 사무를 위임하는 경우에는 그 사무를 수행하는 데 필요한 재정적 지원을 할 수 있다.

제207조(사무처리상황 등의 통지) 특별지방자치단체의 장은 대통령령으로 정하는 바에 따라 사무처리 상황 등을 구성 지방자치단체의 장 및 행정안전부장관(시ㆍ군 및 자치구만으로 구성하는 경우에는 시ㆍ도지사를 포함한다)에게 통지하여야 한다.

제208조(가입 및 탈퇴) ① 특별지방자치단체에 가입하거나 특별지방자치단체에서 탈퇴하려는 지방자치단체의 장은 해당 지방의회의 의결을 거쳐 특별지방자치단체의 장에게 가입 또는 탈퇴를 신청하여야 한다.

② 제1항에 따른 가입 또는 탈퇴의 신청을 받은 특별지방자치단체의 장은 특별지방자치단체 의회의 동의를 받아 신청의 수용 여부를 결정하되, 특별한 사유가 없으면 가입하거나 탈퇴하려는 지방자치단체의 의견을 존중하여야 한다.

③ 제2항에 따른 가입 및 탈퇴에 관하여는 제199조를 준용한다.

제209조(해산) ① 구성 지방자치단체는 특별지방자치단체가 그 설치 목적을 달성하는 등 해산의 사유가 있을 때에는 해당 지방의회의 의결을 거쳐 행정안전부장관의 승인을 받아 특별지방자치단체를 해산하여야 한다.

② 구성 지방자치단체는 제1항에 따라 특별지방자치단체를 해산할 경우에는 상호 협의에 따라 그 재산을 처분하고 사무와 직원의 재배치를 하여야 하며, 국가 또는 시ㆍ도 사무를 위임받았을 때에는 관계 중앙행정기관의 장 또는 시ㆍ도지사와 협의하여야 한다. 다만, 협의가 성립하지 아니할 때에는 당사자의 신청을 받아 행정안전부장관이 조정할 수 있다.

제210조(지방자치단체에 관한 규정의 준용) 시ㆍ도, 시ㆍ도와 시ㆍ군 및 자치구 또

는 2개 이상의 시 · 도에 걸쳐 있는 시 · 군 및 자치구로 구성되는 특별지방자치단체는 시 · 도에 관한 규정을, 시 · 군 및 자치구로 구성하는 특별지방자치단체는 시 · 군 및 자치구에 관한 규정을 준용한다. 다만, 제3조, 제1장제2절, 제11조부터 제14조까지, 제17조제3항, 제25조, 제4장, 제38조, 제39조, 제40조제1항제1호 및 제2호, 같은 조 제3항, 제41조, 제6장제1절제1관, 제106조부터 제108조까지, 제110조, 제112조제2호 후단, 같은 조 제3호, 제123조, 제124조, 제6장제3절(제130조는 제외한다)부터 제5절까지, 제152조, 제166조, 제167조 및 제8장제2절부터 제4절까지, 제11장에 관하여는 그러하지 아니하다.

제211조(다른 법률과의 관계) ① 다른 법률에서 지방자치단체 또는 지방자치단체의 장을 인용하고 있는 경우에는 제202조제1항에 따른 규약으로 정하는 사무를 처리하기 위한 범위에서는 특별지방자치단체 또는 특별지방자치단체의 장을 인용한 것으로 본다.

② 다른 법률에서 시 · 도 또는 시 · 도지사를 인용하고 있는 경우에는 제202조제1항에 따른 규약으로 정하는 사무를 처리하기 위한 범위에서는 시 · 도, 시 · 도와 시 · 군 및 자치구 또는 2개 이상의 시 · 도에 걸쳐 있는 시 · 군 및 자치구로 구성하는 특별지방자치단체 또는 특별지방자치단체의 장을 인용한 것으로 본다.

③ 다른 법률에서 시 · 군 및 자치구 또는 시장 · 군수 및 자치구의 구청장을 인용하고 있는 경우에는 제202조제1항에 따른 규약으로 정하는 사무를 처리하기 위한 범위에서는 동일한 시 · 도 관할 구역의 시 · 군 및 자치구로 구성하는 특별지방자치단체 또는 특별지방자치단체의 장을 인용한 것으로 본다.

부칙 〈제18661호, 2021. 12. 28.〉 (중소기업창업 지원법)

제1조(시행일) 이 법은 공포 후 6개월이 경과한 날부터 시행한다. 다만, · · · 〈생략〉 · · · · 부칙 제7조제27항은 2022년 1월 13일부터 시행한다.

제2조 부터 제6조까지 생략

제7조(다른 법률의 개정) ①부터 ㉖까지 생략

㉗ 법률 제17893호 지방자치법 전부개정법률 일부를 다음과 같이 개정한다.

부칙 제22조제48항 중 "제39조의3제2항제1호"를 "제23조제2항제1호"로 한다.

제8조 생략

강원도 자치경찰사무와 자치경찰위원회의 조직 및 운영 등에 관한 조례

[시행 2022. 1. 13.] [강원도조례 제4797호, 2021. 12. 31., 일부개정]

강원도

제1조(목적) 이 조례는 「국가경찰과 자치경찰의 조직 및 운영에 관한 법률」과 「자치경찰사무와 시ㆍ도자치경찰위원회의 조직 및 운영 등에 관한 규정」에서 위임된 사항과 그 시행에 필요한 사항을 규정함을 목적으로 한다.

제2조(생활안전ㆍ교통ㆍ경비 관련 자치경찰사무의 범위 등) ① 「국가경찰과 자치경찰의 조직 및 운영에 관한 법률」(이하 "법"이라 한다) 제4조제2항 및 「자치경찰사무와 시ㆍ도자치경찰위원회의 조직 및 운영 등에 관한 규정」(이하 "영"이라 한다) 제2조에 따른 자치경찰사무의 구체적 사항과 범위는 별표와 같다. 다만, 강원도 자치경찰위원회(이하 "위원회"라 한다)가 강원도경찰청장과 협의하여 조정할 수 있다.

② 위원회는 영 제2조제3호에 따라 자치경찰사무가 국가경찰사무와 유기적으로 연계되고 다른 특별시ㆍ광역시ㆍ특별자치시ㆍ도ㆍ특별자치도의 자치경찰사무와 균형이 이루어지도록 노력하여야 하며, 필요한 경우 경찰청장의 의견을 들을 수 있다.

제3조(위원회 위원의 임명) ① 강원도지사(이하 "도지사"라 한다)가 법 제20조제1항제1호부터 제4호까지의 규정에 따른 위원회 위원 추천권자(이하 이 조에서 "추천권자"라 한다)로부터 위원을 추천받을 경우 추천권자는 추천자에 대한 자격요건 충족여부 및 결격사유 등을 확인할 수 있는 자료를 도지사에게 제출하여야 한다.

② 도지사는 위원으로 추천받은 사람이 법 제20조제2항의 자격요건을 갖추지 못하였거나 같은 조 제7항의 결격사유에 해당할 경우 해당 사실을 추천권자에게 통보하고, 재추천을 요청하여야 한다.

제4조(위원장 및 상임위원의 임명) ① 도지사는 법 제20조제1항에 따라 위원을 임명하고 위원 중 1명을 위원장으로 임명한다.

② 제1항에 따라 임명된 위원장은 회의를 개최하여 위원 중 1명을 상임위원으로 선정한다.

③ 제2항에 따라 선정된 상임위원은 위원장의 제청으로 도지사가 임명한다.

제5조(의안의 발의 및 상정) ① 위원은 재적위원 2인 이상의 찬성으로 법 제24조에 따른 위원회 소관 사무 범위에서 위원회에 상정할 의안을 발의할 수 있다. 다만, 위원장과 상임위원은 단독으로 의안을 발의할 수 있다.

② 위원장은 발의된 의안을 법 제26조제1항에 따른 정기회의 또는 임시회의에 상정한다.

제6조(간사의 임명) ① 위원회에 위원회 업무를 보좌할 간사 1인을 두며, 간사는 사무국 자치경찰정책과장으로 한다.

② 간사는 위원장의 명을 받아 다음 각 호의 사항을 처리한다.

1. 회의운영에 관한 사항(소집, 출석요구, 진행준비 등)
2. 의안에 관한 사항(상정안건의 작성, 접수 및 검토 등)
3. 회의 기록에 관한 사항(회의록의 작성 및 기록, 의안의 보관 등)
4. 그 밖의 위원회 소관 사무 처리를 위한 보좌 등

제7조(사무국) ① 법 제27조 및 영 제18조에 따라 위원회의 사무를 처리할 사무국을 설치하며, 사무국장은 상임위원이 겸임한다.

② 사무국의 조직·정원 등은 「강원도 행정기구설치 조례」 및 「강원도 공무원 정원 조례」에 따른다.

제8조(실무협의회 구성 및 운영) ① 위원회는 영 제15조제1항에 따라 국가경찰사무와의 유기적 연계 등을 위한 실무협의회를 운영할 수 있다.

② 실무협의회는 위원회, 경찰청 등 관계기관의 소속 공무원 등으로 구성한다.

③ 실무협의회는 회의 운영에 필요한 경우 관계전문가에게 회의에 출석하여 발언하게 하거나 자료의 제출을 요청할 수 있다.

④ 이 조례에서 규정한 사항 외에 실무협의회 운영 등에 필요한 사항은 위원회가 경찰청 등 관계기관과 협의하여 정한다.

제9조(중복감사의 방지) 위원회는 법 제24조제1항제7호에 따른 감사를 실시할 경우 경찰청장과의 협의를 통해 중복감사 등이 이루어지지 않도록 노력하여야 한다.

제10조(자치경찰사무 담당 공무원 등에 대한 지원) ① 도지사는 법 제35조제2항에

따라 자치경찰사무를 수행하는 공무원에게 「강원도 공무원 후생복지 조례」에 따라 강원도 소속 공무원이 적용받는 후생복지에 관한 사항(복지, 처우 등)을 예산의 범위에서 지원할 수 있다.

② 다만, 제1항에 따라 지원하는 경우에도 「경찰공무원의 보건안전 및 복지 기본법」과 「공무원 후생복지에 관한 규정」 등에 의한 유사 지원과 중복하여 지원할 수 없다.

제11조(예산안 제출) 위원회는 법 제35조제1항에 따라 자치경찰사무 수행에 필요한 예산안을 심의·의결하여 도지사에게 제출하여야 한다.

제12조(위원장의 의회 출석·답변) 위원장은 「지방자치법」제51조제2항에 따라 도의회가 요구하면 출석·답변하여야 한다. 다만, 특별한 이유가 있으면 위원장은 상임위원 또는 위원회 소속 공무원에게 출석·답변하게 할 수 있다.〈개정 2021.12.31.〉

제13조 (시행규칙) 이 조례의 시행에 필요한 사항은 규칙으로 정한다.

부칙 〈제4668호, 2021.4.2.〉

이 조례는 공포한 날부터 시행한다.

부칙 〈제4797호(지방자치법 전부개정 등에 따른 인용조문 정비를 위한 강원도 42개 조례 일부개정에 관한 조례안), 2021.12.31.〉

이 조례는 공포한 날부터 시행한다. 다만, 제1조부터 제36조까지의 개정규정은 2022년 1월 13일부터 시행한다.

경기도남부자치경찰위원회 법제사무처리 규정

[시행 2022. 1. 3.] [경기도훈령 제3호, 2022. 1. 3., 제정]

경기도

제1조(목적) 이 규정은 경기도남부자치경찰위원회(이하 "위원회"라 한다) 소관 규칙의 제정·개정 또는 폐지 등 법제사무 운영에 필요한 사항을 규정함을 목적으로 한다.

제2조(정의) 이 규정에서 사용하는 용어의 뜻은 다음과 같다.

1. "규칙"이란 위원회가 발령하는 훈령·예규·고시(그 명칭에 관계없이 법령의 시행 또는 행정사무처리 등과 관련하여 발령하는 실무상의 규정·지침·고시·지시·통첩 등을 포함한다)를 말한다.
2. "정비"란 규칙의 제정·개정 또는 폐지를 말한다.
3. "훈령"이란 상급기관이 하급기관에 대하여 장기간에 걸쳐 그 권한의 행사를 일반적으로 지시하기 위하여 발하는 명령으로서 조문형식 또는 시행문 형식에 의하여 작성하고, 연도구분과 관계없이 연속되는 일련 번호를 사용한다.
4. "예규"란 행정사무의 통일을 기하기 위하여 반복적 행정사무의 처리기준을 제시하는 법규문서 외의 문서로서 조문형식 또는 시행문 형식에 의하여 작성하고, 연도구분과 관계없이 연속되는 일련 번호를 사용한다.
5. "고시"란 법령이 정하는 바에 따라 일정한 사항을 일반에게 알리기 위한 문서로서 연도표시 일련번호를 사용한다.
6. "주관부서"란 규칙의 내용에 해당되는 사무를 주로 처리하는 위원회 내 업무소관부서를 말한다.
7. "관련부서"란 규칙의 내용과 관련이 있는 사무를 처리하는 위원회 내 부서를 말한다.
8. "관계기관"이란 경기도, 경기남부경찰청(이하 "도경찰청"이라 한다), 경기도교육청 등의 기관을 말한다.
9. "법무부서"란「경기도 행정기구 및 정원 조례」에 따라 경기도 소관의 자치법규

·훈령·예규 등의 중요문서를 심사하는 부서를 말한다.

제3조(다른 규칙과의 관계) 자치경찰 법제사무에 관하여 위원회의 다른 규칙 등에 특별한 규정이 있는 경우를 제외하고는 이 규정에서 정하는 바에 따른다.

제4조(규칙의 명칭) ① 훈령·예규·고시의 제명은 각각 "OO 규정"·"OO 지침"·"OO 고시"로 하는 것을 원칙으로 한다.

② 그 밖에는 규칙의 내용과 형식에 따라 규칙·세칙 등으로 할 수 있다.

제5조(주관부서의 지정) ① 규칙의 정비와 관련한 일련의 절차는 주관부서에서 수행한다.

② 해당 규칙과 관련되는 부서가 두 개 이상인 경우에는 상호 협의하여 주관부서를 정한다.

③ 주관부서는 규칙의 정비 과정에서 관련부서에 자료의 제출 또는 업무의 공동수행 등을 요청할 수 있고, 관련부서는 이에 적극 협조하여야 한다.

제6조(정비안 작성 및 의견 수렴) ① 주관부서가 규칙을 정비하고자 할 때에는 다음 각 호의 서류를 작성하여야 한다.

1. 별지 제1호 서식의 정비 이유서
2. 별지 제2호 서식의 정비안
3. 별지 제3호 서식의 신·구조문대비표(일부 개정의 경우에 한정한다)

② 주관부서는 관계기관 및 관련부서로부터 정비안에 대한 의견을 들을 수 있다.

제7조(법제심사) 주관부서장은 규칙안의 심사를 법무부서장에게 요청할 수 있다. 이 경우 제6조의 제1항 각 호의 서류를 포함하여야 한다.

제8조(안건상정) ① 주관부서장은 제6조 제1항에 따라 작성한 정비안을 의견 청취 등 필요한 절차를 거친 후 위원회에 상정 하여야 한다.

② 안건을 상정할 때 관계기관의 의견 등이 있는 경우, 이를 포함하여야 한다.

제9조(심의·의결) ① 주관부서장은 상정한 안건에 대하여 위원회의 심의·의결을 받아야 한다.

② 관련 규칙 등의 제정·개정 또는 폐지에 따른 용어 및 인용조문 정비에 관한 사항과 같은 경미한 사안의 경우에는 위원회의 심의·의결을 거치지 않고, 주관부서에서 바로 처리할 수 있다.

③ 위원회는 위원회 회의 운영규정에 따라 심의하고 의결한다.

제10조(규칙의 발령 및 관리) ① 주관부서장은 위원회의 심의·의결 등의 절차를 마친 때에는 다음 각 호의 구분에 따라 일련번호를 부여하고 문서를 시행하여 발

령(별지 제4호 서식)한다.

1. 훈령과 예규를 포함한 규칙 등: 연도구분과 관계없이 연속되는 일련번호
2. 고시: 연도표시 일련번호

② 제1항에 따라 발령된 규칙 등은 별지 제5호 서식에 따라 대장에 등재하여야 한다.

③ 주관부서장은 제1항에 따른 규칙 등을 발령한 때에는 규칙 발령문 원본의 보존·관리를 철저히 하여야 한다.

④ 제3항의 규칙 발령문 전문에는 위원회의 의결을 얻은 사실을 포함하여 작성한다.

제11조(발령사실의 통보) 제10조제1항에 따라 발령된 규칙의 주관부서의 장은 지체 없이 관계기관과 관련부서에 해당 규칙의 발령사실과 발령내용을 통보하여야 한다.

부칙 〈2022.1.3.〉

이 규정은 발령한 날부터 시행한다.

경기도 자치경찰사무와 자치경찰위원회의 구성 및 운영 등에 관한 조례

[시행 2021. 5. 20.] [경기도조례 제7000호, 2021. 5. 20., 제정]

경기도(남부자치경찰위원회), 031-8008-8509

제1조(목적) 이 조례는 「국가경찰과 자치경찰의 조직 및 운영에 관한 법률」과 「자치경찰사무와 시·도자치경찰위원회의 조직 및 운영 등에 관한 규정」에서 위임된 사항과 그 시행에 필요한 사항을 규정함을 목적으로 한다.

제2조(도지사의 책무 등) ① 경기도지사(이하 "도지사"라 한다)는 도민의 생명·신체 및 재산을 보호하고 공공의 안녕과 질서유지에 필요한 시책을 수립·시행하여야 한다.

② 경기도자치경찰위원회는 자치경찰사무가 국가경찰사무와 유기적으로 연계되고 다른 지방자치단체의 자치경찰사무와 균형이 이루어지도록 노력하여야 한다.

③ 자치경찰사무 담당 공무원은 그 직무를 수행할 때 헌법과 법률에 따라 도민의 자유와 권리 및 모든 개인이 가지는 불가침의 기본적 인권을 보호하고, 도민 전체에 대한 봉사자로서 공정·중립을 지켜야 하며, 부여된 권한을 남용하여서는 아니 된다.

제3조(자치경찰사무의 범위 등) ① 「국가경찰과 자치경찰의 조직 및 운영에 관한 법률」(이하 "법"이라 한다) 제4조제2항 및 「자치경찰사무와 시·도자치경찰위원회의 조직 및 운영 등에 관한 규정」(이하 "영"이라 한다) 제2조에 따른 생활안전·교통·경비 관련 자치경찰사무의 구체적 사항과 범위는 별표1과 같다.

② 제1항에 따른 별표1을 정하는 경우 영 제2조제2호에 따라 자치경찰사무가 적정한 규모로 정해지도록 미리 경기남·북부경찰청장의 의견을 들어야 한다.

제4조(경기도자치경찰위원회 설치) 경기도 자치경찰사무를 관장하고 위원회의 소관사무를 심의·의결하기 위하여 도지사 소속으로 경기도남부자치경찰위원회 및 경기도북부자치경찰위원회(이하 "위원회"라 한다)를 각각 둔다.

제5조(위원의 추천) ① 도지사는 법 제20조제1항제1호부터 제4호까지에 따른 사람을 위원회의 위원(이하 "위원"이라 한다)으로 임명하려는 경우 같은 규정에 따른 위원 추천권자(이하 "추천권자"라 한다)에게 추천받은 사람과 관련된 필요한 자료를 요구할 수 있다.

② 도지사는 제1항에 따라 제출받은 자료를 검토한 결과 추천받은 사람이 법 제20조제2항의 자격요건을 갖추지 못하였거나 같은 조 제7항의 결격사유에 해당할 경우 그 사실을 추천권자에게 통보하고 다시 추천할 것을 요청할 수 있다.

제6조(위원장 및 위원의 임명) ① 도지사는 법 제20조제1항에 따라 임명한 위원 중 2명을 위원회의 위원장(이하 "위원장"이라 한다)으로 각각 임명한다.

② 위원장은 임명된 날부터 7일 이내에 위원회 회의를 개최하여 상임위원 선정에 관한 사항을 의결한다.

③ 제2항에 따라 선정된 상임위원은 위원장의 제청으로 도지사가 임명한다.

④ 위원은 특정 성(性)이 10분의 6을 초과하지 아니하도록 노력하여야 한다.

제7조(위원회의 운영 등) ① 위원은 재적위원 2인 이상의 찬성으로 의안을 발의할 수 있다. 다만, 위원장과 상임위원은 단독으로 의안을 발의할 수 있다.

② 도지사 및 경기남·북부경찰청장은 자치경찰사무와 관련하여 중요하다고 인정하는 사항은 회의에 부칠 수 있다.

③ 위원장은 제1항 및 제2항에 따른 의안을 정기회의 또는 임시회의에 상정하여야 한다.

④ 위원회는 법 제24조제1항 각 호의 사항을 심의·의결한 경우에는 그 결과를 도지사에게 통보하여야 한다.

⑤ 위원회는 법 제28조제2항에 따른 협의 시 경찰사무의 민주적인 관리운영과 효율적인 임무수행을 위한 적임자가 경기남·북부경찰청장에 임명될 수 있도록 노력하여야 한다.

제8조(재의요구) ① 도지사는 법 제24조에 대한 위원회의 의결이 적정하지 아니하다고 판단한 때에는 재의를 요구할 수 있다.

② 제1항에 따른 재의요구를 하는 경우 도지사는 재의요구서를 위원회에 제출하여야 한다.

③ 위원장은 제1항에 따른 재의요구를 받은 날로부터 7일 이내에 회의를 소집하여 다시 의결하여야 한다.

제9조(회의) ① 위원회의 회의는 정기회의와 임시회의로 구분한다.

② 정기회의는 특별한 사유가 있는 경우를 제외하고는 매월 1회 이상 위원장이

소집한다.

③ 위원장은 필요한 경우 임시회의를 소집할 수 있으며, 위원 2인 이상 또는 도지사는 위원장에게 임시회의 소집을 요구할 수 있다.

④ 제3항의 규정에 따른 임시회의 소집 요구가 있는 경우에는 위원장은 특별한 사유가 없을 때에는 회의를 소집하여야 한다.

제10조(위원회의 간사) ① 위원회에 간사 1인을 두되, 간사는 사무국의 위원회 업무 담당 과장으로 한다.

② 간사는 위원장의 명을 받아 다음 사항을 처리한다.

1. 의안의 작성
2. 회의진행에 필요한 준비
3. 회의록 작성과 보관
4. 그 밖에 위원회의 운영과 관련한 사무

제11조(사무국의 설치 등) ① 위원회의 사무를 처리하기 위하여 각각 사무국을 두며, 사무국에는 사무국장과 직원을 둔다.

② 위원회에 두는 사무직원의 수는 「경기도 행정기구 및 정원 조례」로 정한다.

③ 위원장은 위원회의 사무직원을 지휘·감독하고 사무국장은 위원장의 명을 받아 위원회의 사무를 처리한다.

제12조(자치경찰사무 담당 공무원의 임용) ① 도지사는 「경찰공무원 임용령」 제4조제1항 및 제4항에 따라 자치경찰사무를 담당하는 경찰공무원 중 경감 또는 경위로의 승진임용권을 가진다.

② 위원회는 「경찰공무원 임용령」 제4조제5항에 따라 도지사로부터 위임받은 임용권을 경기남·북부경찰청장에게 다시 위임하려는 경우에는 미리 도지사의 의견을 들어야 한다.

③ 도지사는 위원회의 자치경찰사무에 관한 인사 주요정책의 수립 및 운영지원에 관하여 회의에 부치거나 필요한 의견을 제시할 수 있다.

④ 위원회는 도지사에게 자치경찰사무 담당 공무원의 임용, 평가 및 인사위원회 운영에 필요한 지원을 요청할 수 있다.

제13조(자치경찰사무의 감사) ① 위원회는 자치경찰사무에 대한 중복감사를 방지하기 위해 경찰청장과 협의하여 자치경찰사무에 대한 감사계획을 수립·실시할 수 있다.

② 위원회는 전문지식이나 실무경험 등이 요구되는 분야를 감사할 때에는 외부 전문가, 경기도 감사관 또는 경찰청장에게 자문할 수 있으며 필요한 경우 외부전

문가를 감사에 참여시킬 수 있다.

③ 제1항에 따른 자치경찰사무에 대한 감사 절차와 방법은 위원회의 의결을 거쳐 위원장이 정한다.

제14조(수당 등) ① 영 제16조제2항에 따라 위원회에 출석하는 위원에게 지급하는 수당의 지급기준은 별표2와 같다. 다만, 공무원인 위원이 그 소관 업무와 관련하여 출석하는 경우에는 그러하지 아니한다.

② 위원회의 위원 중 공무원이 아닌 위원이 위원회의 의결 또는 위원장의 명에 따라 공무로 출장할 때에는 각 위원회의 상임위원에 준하여 여비를 지급할 수 있다.

③ 위원회에 참석하는 관계 전문가에게는 예산의 범위에서 수당과 여비를 지급할 수 있다.

제15조(실무협의회 구성·운영 등) ① 위원회는 영 제15조제1항에 따라 상임위원, 경찰청 등 관계기관의 소속 공무원 등으로 구성되는 실무협의회를 각각 운영할 수 있다.

② 실무협의회는 회의 운영에 필요한 경우 관계공무원 및 관계전문가 등에게 회의에 출석하여 발언하게 하거나 자료의 제출을 요청할 수 있다.

③ 간사는 사무국의 위원회 업무 담당 팀장으로 한다.

④ 이 조례에서 규정한 사항 외에 실무협의회의 운영 등에 필요한 사항은 위원회의 의결을 거쳐 위원장이 정한다.

제16조(예산) 위원회는 회계연도 시작 80일 전까지 자치경찰사무의 수행에 필요한 예산안을 심의·의결하고 도지사에게 제출하여야 한다.

제17조(자치경찰사무 담당 공무원 등에 대한 지원) ① 도지사는 법 제35조제2항에 따라 자치경찰사무를 수행하는 공무원에게 예산의 범위에서 복지, 처우 개선 등을 지원할 수 있다.

② 도지사는 자치경찰사무를 수행하는 공무원이 아닌 직원에게도 공무원에 준하여 제1항에 따른 지원을 할 수 있다.

제18조(자문기구 설치 등) ① 도지사는 경기도 자치경찰의 정책·제도에 관한 전반적인 사항을 자문하기 위한 자문기구를 설치할 수 있다.

② 제1항에 따른 자문기구를 설치할 때에는 자치경찰정책·제도 관련 전문가로 구성될 수 있도록 하여야 한다.

제19조(행정적 지원 요청) 위원회는 자치경찰사무의 효율적 수행을 위하여 필요한

경우 관계 기관에 행정적 지원을 요청할 수 있다.

제20조(도민 의견수렴 등) 위원회는 지역특성에 적합한 치안서비스 제공을 위하여 도민이 참여할 수 있는 정책제안, 의견수렴 등을 위한 노력을 하여야 한다.

제21조(자치경찰정책에 관한 연구 등) 도지사는 지방행정과 치안행정의 연계성 확보 및 자치경찰 선진화를 위한 연구·조사·기술개발 및 국제협력 등에 필요한 시책을 수립할 수 있다.

제22조(위원장의 의회 출석·답변) 위원장은 「지방자치법」 제42조제2항에 따라 도의회가 요구하면 출석·답변하여야 한다.

부칙 〈2021.5.20.〉

제1조(시행일) 이 조례는 공포한 날부터 시행한다.

제2조(위원장과 위원의 임기 기산일에 관한 특례) 이 조례 시행 후 최초로 임명된 위원장과 위원의 임기 기산일은 2021년 7월 1일부터 시작하는 것으로 본다.

경상남도 자치경찰사무와 자치경찰위원회의 조직 및 운영 등에 관한 조례

[시행 2021. 5. 3.] [경상남도조례 제4955호, 2021. 5. 3., 제정]

경상남도(자치경찰위원회 자치경찰총괄과), 055-211-0924

제1조(목적) 이 조례는 「국가경찰과 자치경찰의 조직 및 운영에 관한 법률」과 「자치경찰사무와 시·도자치경찰위원회의 조직 및 운영 등에 관한 규정」에서 위임된 사항과 그 시행에 필요한 사항을 규정함을 목적으로 한다.

제2조(생활안전·교통·경비 관련 자치경찰사무의 범위 등) ① 「국가경찰과 자치경찰의 조직 및 운영에 관한 법률」(이하 "법"이라 한다) 제4조제2항 및 「자치경찰사무와 시·도자치경찰위원회의 조직 및 운영 등에 관한 규정」(이하 "영"이라 한다) 제2조에 따른 자치경찰사무의 구체적인 사항 및 범위는 별표 1과 같다.

② 경상남도자치경찰위원회(이하 "위원회"라 한다)는 제1항에 따른 별표1을 개정할 필요가 있는 경우, 영 제2조제2호에 따라 자치경찰사무가 적정한 규모로 정해지도록 미리 경상남도지사(이하 "도지사"라 한다)와 경상남도경찰청장의 의견을 들어야 한다.

③ 위원회는 영 제2조제3호에 따라 자치경찰사무가 국가경찰사무와 유기적으로 연계되고 다른 특별시·광역시·특별자치시·도·특별자치도의 자치경찰사무와 균형이 이루어지도록 노력하여야 하며, 필요한 경우 경찰청장의 의견을 들을 수 있다.

제3조(위원회 위원의 임명방법) ① 도지사는 법 제20조제1항제1호부터 제4호까지의 규정에 따른 위원 추천권자(이하 이 조에서 "추천권자"라 한다)에게 위원으로 추천받은 사람의 자격요건 충족 여부 및 결격사유 유무 등을 확인할 수 있는 자료를 요구할 수 있다.

② 도지사는 위원으로 추천받은 사람이 법 제20조제2항의 자격요건을 갖추지 못하였거나 같은 조 제7항의 결격사유에 해당할 경우 해당 사실을 추천권자에게

통보하고 재추천을 요청하여야 한다.

제4조(위원회 위원장 및 상임위원의 임명방법) ① 도지사는 법 제20조제1항에 따라 위원을 임명하고, 위원 중 1명을 위원회의 위원장(이하 "위원장"이라 한다)으로 임명한다.

② 제1항에 따라 임명된 위원장은 임명일로부터 14일 이내에 회의를 개최하고, 위원회는 해당회의에서 상임위원 선정을 의결한다.

제5조(의안의 발의 및 상정) ① 위원은 재적위원 2인 이상의 찬성으로 법 제24조에 따른 위원회 소관 사무 범위 안에서 위원회에 상정할 의안을 발의할 수 있다. 다만, 위원장과 상임위원은 단독으로 의안을 발의할 수 있다.

② 위원장은 발의된 의안을 법 제26조제1항에 따른 정기회의 또는 임시회의에 상정한다.

제6조(위원의 수당) 위원회의 위원 중 공무원이 아닌 위원에게는「경상남도 위원회 실비변상 조례」에 따라 수당과 여비를 지급할 수 있다. 단, 위원회의 위원 중 공무원이 아닌 위원이 위원회의 의결 또는 위원장의 명에 따라 공무로 출장할 때에는 3급 공무원에 상당하는 여비를 지급할 수 있다.

제7조(실무협의회 구성 및 운영 등) ① 위원회는 영 제15조제1항에 따라 실무협의회를 운영할 수 있다.

② 실무협의회는 위원회, 경상남도, 경찰청, 경상남도경찰청 등 관계기관의 소속 공무원 등으로 구성한다.

③ 실무협의회는 회의 운영에 필요한 경우 관계전문가에게 회의에 출석하여 발언하게 하거나 자료의 제출을 요청할 수 있다.

제8조(실무협의회 간사) ① 실무협의회에 실무협의회의 사무를 처리할 간사 1명을 둔다.

② 간사는 위원회 사무기구의 실무협의회의 운영을 담당하는 부서장으로 한다.

제9조(실무협의회 운영세칙) 이 조례에서 규정한 사항 외에 실무협의회의 운영 등에 필요한 사항은 실무협의회의 회의를 거쳐 위원회가 정한다.

제10조(감사의 절차와 방법 등) ① 위원회는 법 제24조제1항제7호에 따라 자치경찰사무에 대한 감사계획을 수립·실시하여야 하며, 이 때 중복감사 방지를 위해 경찰청장과 협의할 수 있다.

② 제1항에 따른 자치경찰사무에 대한 감사 절차와 방법 등은 위원회의 의결을 거쳐 위원장이 따로 정한다.

제11조(자치경찰사무 담당 공무원에 대한 지원) 도지사는 법 제35조제2항에 따라 자치경찰사무를 수행하는 공무원에게 「경상남도 공무원 후생복지에 관한 조례」에 따라 경상남도 소속 공무원이 적용받는 후생복지에 관한 사항을 예산의 범위에서 지원할 수 있다.

제12조(위원회의 운영규정) 이 조례에서 규정한 사항 외에 위원회의 운영 등에 필요한 사항은 위원회의 의결을 거쳐 위원장이 따로 정할 수 있다.

부칙

이 조례는 2021년 5월 3일부터 시행한다.

경상북도 자치경찰사무와 자치경찰위원회의 조직 및 운영 등에 관한 조례

[시행 2021. 5. 20.] [경상북도조례 제4493호, 2021. 5. 20., 제정]

경상북도

제1조(목적) 이 조례는 「국가경찰과 자치경찰의 조직 및 운영에 관한 법률」과 「자치경찰사무와 시·도자치경찰위원회의 조직 및 운영 등에 관한 규정」에서 위임된 사항과 그 시행에 필요한 사항을 규정함을 목적으로 한다.

제2조(생활안전·교통·경비 관련 자치경찰사무의 범위 등) ① 「국가경찰과 자치경찰의 조직 및 운영에 관한 법률」(이하 "법"이라 한다) 제4조제2항 및 「자치경찰사무와 시·도자치경찰위원회의 조직 및 운영 등에 관한 규정」(이하 "영"이라 한다) 제2조에 따른 자치경찰사무의 구체적 사항과 범위는 별표 1과 같다.

② 경상북도지사(이하 "도지사"라 한다)는 제1항에 따른 별표 1을 개정할 필요가 있을 경우 영 제2조제2호에 따라 자치경찰사무가 적정한 규모로 정해지도록 미리 경상북도경찰청장의 의견을 청취한다.

③ 법 제18조에 따른 경상북도자치경찰위원회(이하 "위원회"라 한다)는 영 제2조제3호에 따라 자치경찰사무가 국가경찰사무와 유기적으로 연계되도록 노력하여야 하며, 필요한 경우 경찰청장의 의견을 들을 수 있다.

제3조(중복감사의 방지) ① 위원회는 영 제2조제3호에 따라 중복감사를 방지하기 위해 경찰청장과 협의하여 자치경찰사무에 대한 감사계획을 수립·실시할 수 있다.

② 제1항에 따른 자치경찰사무에 대한 감사 절차와 방법 등은 규칙으로 정한다.

제4조(위원회 위원의 임명방법) ① 도지사는 법 제20조제1항제1호부터 제4호까지의 규정에 따른 위원 추천권자(이하 이 조에서 "추천권자"라 한다)로부터 위원으로 임명할 사람을 추천받은 경우 추천권자에게 위원으로 추천받은 사람의 자격요건 충족 여부 및 결격사유 유무 등을 확인할 수 있는 자료를 요구할 수 있다.

② 도지사는 위원으로 추천받은 사람이 법 제20조제2항의 자격요건을 갖추지 못하였거나 같은 조 제7항의 결격사유에 해당할 경우 해당 사실을 추천권자에게 통보하여야 한다.

제5조(위원장 및 상임위원의 임명방법) ① 도지사는 법 제20조제1항에 따른 위원 임명과 동시에 위원 중 1명을 위원장으로 임명한다.

② 제1항에 따라 임명된 위원장은 임명일로부터 7일 이내에 회의를 개최하고, 위원회는 해당 회의에서 상임위원 선정에 관한 사항을 의결한다.

제6조(의안의 발의 및 상정) ① 위원은 2인 이상의 찬성으로 법 제24조에 따른 위원회 소관 사무 범위에서 위원회에 상정할 의안을 발의할 수 있다. 다만, 위원장과 상임위원은 단독으로 의안을 발의할 수 있다.

② 위원장은 발의된 의안을 법 제26조제1항에 따른 정기회의 또는 임시회의에 상정한다.

제7조(위원의 제척 · 기피 · 회피) ① 위원이 다음 각 호의 어느 하나에 해당하는 경우에는 위원회의 심의·의결에서 제척된다.

1. 위원 또는 그 배우자나 배우자였던 사람이 해당 안건의 당사자(당사자가 법인·단체 등인 경우에는 그 임원을 포함한다. 이하 같다)가 되거나 해당 안건의 당사자와 공동권리자 또는 공동의무자인 경우
2. 위원이 해당 안건의 당사자와 친족이거나 친족이었던 경우
3. 위원이 해당 안건에 관하여 용역, 자문, 감정 또는 조사를 한 경우
4. 위원이나 위원이 속한 법인이 해당 안건의 당사자의 대리인이거나 대리인이었던 경우

② 해당 안건의 당사자는 제1항 각 호에 따른 제척 사유가 있거나 위원에게 공정한 심의·의결을 기대하기 어려운 사정이 있는 경우에는 기피 신청을 할 수 있고, 위원회는 의결로 이를 결정한다. 이 경우 기피 신청의 대상인 위원은 그 의결에 참여하지 못한다.

③ 위원이 제1항 각 호에 따른 제척 사유에 해당하는 경우에는 스스로 해당 안건의 심의·의결에서 회피하여야 한다.

제8조(실무협의회 구성 등) ① 위원회는 영 제15조제1항에 따라 경찰청 등과 실무협의회를 운영할 수 있다.

② 실무협의회는 경상북도, 위원회, 경상북도경찰청 등 관계 기관의 소속 공무원 등으로 구성한다.

③ 실무협의회는 회의 운영에 필요한 경우 관계 전문가에게 회의에 출석하여 발

언하게 하거나 자료의 제출을 요청할 수 있다

제9조(간사) ① 실무협의회에 실무협의회의 사무를 처리할 간사 1명을 둔다.
② 간사는 위원회 사무기구 소속으로 실무협의회를 담당하는 부서장이 된다.

제10조(운영세칙) 이 조례에서 규정한 사항 외에 실무협의회의 구성, 회의개최, 운영 등에 필요한 사항은 위원회가 경찰청 등 관계 기관과 협의하여 정한다.

제11조(위원의 수당) ① 위원회의 위원 중 공무원이 아닌 위원에게 지급하는 수당의 종류는 다음 각 호와 같고, 수당의 지급기준은 별표 2와 같다.
1. 참석수당 : 위원회에 위원이 출석하여 심의·의결·자문 등을 하는 경우에 지급하는 수당
2. 심사수당 : 위원회 의결을 거쳐 위원장으로부터 의뢰를 받아 미리 자료를 수집하거나 회의 안건을 검토하여 위원회에 보고하는 경우에 지급하는 수당
3. 그 밖에 운영에 필요한 수당

② 원거리에 거주하는 등 특별한 사유가 있는 경우 제1항제1호에 따른 참석수당 지급 시 교통비, 식비(급량비 기준 단가를 적용한다), 숙박비를 실비의 범위에서 별도 지급할 수 있다.

제12조(위원의 여비) 위원회의 위원 중 공무원이 아닌 위원에게 위원회의 의결에 따라 출장할 때에는 3급 지방공무원에 상당하는 여비를 지급할 수 있다.

제13조(지급 절차 등) 이 조례에서 정한 사항 외에 위원회 위원의 수당 및 여비 등 지급에 필요한 사항은 「경상북도 위원회 실비변상 조례」에 따른다.

제14조(예산) ① 위원회는 법 제35조제1항에 따라 「지방자치법」 제127조제1항에서 도지사가 의회에 예산안을 제출하도록 정한 기한의 30일 전까지 자치경찰사무 수행에 필요한 예산안을 심의·의결하여 도지사에게 제출한다.
② 위원회는 제1항에 따라 예산안을 심의·의결하기 전에 예산안을 경찰청장에게 통보하고 의견을 들어야 한다.

제15조(자치경찰사무 담당 공무원 등에 대한 지원) 도지사는 법 제35조제2항에 따라 자치경찰사무를 수행하는 공무원에게 「경상북도 공무원 후생복지에 관한 조례」에 따른 경상북도 소속 공무원이 적용받는 후생복지에 관한 사항 등 예산의 범위에서 복지, 처우 등의 지원을 할 수 있다.

부칙

이 조례는 공포한 날부터 시행한다.

광주광역시 자치경찰사무와 자치경찰위원회의 조직 및 운영 등에 관한 조례

[시행 2022. 1. 13.] [광주광역시조례 제5840호, 2021. 12. 15., 일부개정]

광주광역시

제1조(목적) 이 조례는 「국가경찰과 자치경찰의 조직 및 운영에 관한 법률」과 「자치경찰사무와 시ㆍ도자치경찰위원회의 조직 및 운영 등에 관한 규정」에서 위임된 사항과 그 시행에 필요한 사항을 규정함을 목적으로 한다.

제2조(생활안전ㆍ교통ㆍ경비 관련 자치경찰사무의 범위 등) ① 「국가경찰과 자치경찰의 조직 및 운영에 관한 법률」(이하 "법"이라 한다) 제4조제2항 및 「자치경찰사무와 시ㆍ도자치경찰위원회의 조직 및 운영 등에 관한 규정」(이하 "영"이라 한다) 제2조에 따른 자치경찰사무의 구체적 사항과 범위는 별표1과 같다.

② 광주광역시장(이하 "시장"이라 한다)은 제1항에 따른 별표1을 개정할 필요가 있을 경우 영 제2조제2호에 따라 자치경찰사무가 적정한 규모로 정해지도록 미리 광주광역시경찰청장의 의견을 청취한다.

③ 광주광역시자치경찰위원회(이하 "위원회"라 한다)는 영 제2조제3호에 따라 자치경찰사무가 국가경찰사무와 유기적으로 연계되고 다른 특별시ㆍ광역시ㆍ특별자치시ㆍ도ㆍ특별자치도의 자치경찰사무와 균형이 이루어지도록 노력하여야 하며, 필요한 경우 경찰청장의 의견을 들을 수 있다.

제3조(중복감사의 방지) ① 위원회는 영 제2조제3호에 따라 중복감사를 방지하기 위해 경찰청장과 협의하여 자치경찰사무에 대한 감사계획을 수립ㆍ실시할 수 있다.

② 제1항에 따른 자치경찰사무에 대한 감사 절차와 방법 등은 법 제24조제1항제12호에 따른 위원회규칙(이하 "위원회규칙"이라 한다)으로 정한다.

제4조(위원회 위원의 임명방법) ① 시장은 법 제20조제1항제1호부터 제4호까지의 규정에 따른 위원 추천권자(이하 이 조에서 "추천권자"라 한다)로부터 위원으로

임명할 사람을 추천받은 경우 추천권자에게 위원으로 추천받은 사람의 자격요건 충족 여부 및 결격사유 유무 등을 확인할 수 있는 자료를 요구할 수 있다.

② 시장은 위원으로 추천받은 사람이 법 제20조제2항의 자격요건을 갖추지 못하였거나 같은 조 제7항의 결격사유에 해당할 경우 해당 사실을 추천권자에게 통보하여야 한다.

제5조(위원장 및 상임위원의 임명방법) ① 시장은 법 제20조제1항에 따른 위원 임명과 동시에 위원 중 1명을 위원장으로 임명한다.

② 제1항에 따라 임명된 위원장은 임명일로부터 7일 이내에 회의를 개최하고, 위원회는 해당 회의에서 상임위원 선정을 의결한다.

제6조(의안의 발의 및 상정) ① 위원은 재적위원 2인 이상의 찬성으로 법 제24조에 따른 위원회 소관 사무 범위 안에서 위원회에 상정할 의안을 발의할 수 있다. 다만, 위원장과 상임위원은 단독으로 의안을 발의할 수 있다.

② 위원장은 발의된 의안을 법 제26조제1항에 따른 정기회의 또는 임시회의에 상정한다.

제7조(위원의 제척 · 기피 · 회피) ① 위원회의 위원은 다음 각 호의 어느 하나에 해당하는 사항에 대한 심의 · 의결에서 제척된다.

1. 위원과 직접적인 이해관계가 있는 사항
2. 위원의 배우자, 4촌 이내의 혈족, 2촌 이내의 인척 또는 위원이 속한 기관과 이해관계가 있는 사항
3. 위원 또는 위원이 속한 기관이 자문 · 고문 등을 하고 있는 자와 이해관계가 있는 사항

② 해당 안건의 당사자는 위원에게 공정한 심의 · 의결을 기대하기 어려운 사정이 있는 경우에는 위원회에 기피 신청을 할 수 있고, 위원회는 의결로 이를 결정한다. 이 경우 기피 신청의 대상인 위원은 그 의결에 참여하지 못한다.

③ 위원이 제1항 각 호에 따른 제척 사유에 해당하는 경우에는 스스로 해당 안건의 심의 · 의결에서 회피하여야 한다.

제8조(위원의 수당) ① 위원회의 위원 중 공무원이 아닌 위원에게 지급하는 수당의 종류는 다음 각 호와 같고 수당의 지급기준은 별표2와 같다.

1. 참석수당: 위원회에 위원이 출석하여 심의 · 의결 · 자문 등을 하는 경우에 지급하는 수당
2. 심사수당: 위원회 의결을 거쳐 위원장으로부터 의뢰를 받아 미리 자료를 수집하거나 회의 안건을 검토하여 위원회에 보고하는 경우에 지급하는 수당

3. 그 밖에 운영에 필요한 수당

② 원거리에 거주하는 등 특별한 사유가 있는 경우 제1항제1호에 따른 참석수당 지급 시 교통비, 식비(급량비 기준 단가 적용), 숙박비를 실비의 범위에서 별도 지급할 수 있다.

제9조(위원의 여비) 위원회의 위원 중 공무원이 아닌 위원에게 위원회의 의결에 따라 출장할 때에는 3급 지방공무원에 상당하는 여비를 지급할 수 있다.

제10조(지급 절차 등) 이 조례에서 정한 사항 외에 위원회 위원의 수당 및 여비 등 지급에 필요한 사항은 위원회규칙으로 정한다.

제11조(실무협의회 구성 등) ① 위원회는 영 제15조제1항에 따라 경찰청 등과 실무협의회를 운영할 수 있다.

② 실무협의회는 위원회, 경찰청 등 관계기관의 소속 공무원 등으로 구성한다.

③ 실무협의회는 회의 운영에 필요한 경우 관계전문가에게 회의에 출석하여 발언하게 하거나 자료의 제출을 요청할 수 있다.

제12조(간사) ① 실무협의회에 실무협의회의 사무를 처리할 간사 1명을 둔다.

② 간사는 위원회 사무기구 소속 과장이 된다.

제13조(운영세칙) 이 조례에서 규정한 사항 외에 실무협의회의 구성, 회의개최, 운영 등에 필요한 사항은 위원회가 경찰청 등 관계기관과 협의하여 정한다.

제14조(예산) ① 위원회는 법 제35조제1항에 따라 「지방자치법」 제142조제1항에서 시장이 의회에 예산안을 제출하도록 정한 기한의 30일 전까지 자치경찰사무 수행에 필요한 예산안을 심의·의결하여 시장에게 제출한다.〈개정 2021.12.15.〉

② 위원회는 제1항에 따라 예산안을 심의·의결하기 전에 예산안을 경찰청장에게 통보하고 의견을 들어야 한다.

제15조(자치경찰사무 담당 공무원 등에 대한 지원) ① 시장은 법 제35조제2항에 따라 자치경찰사무를 수행하는 공무원에게 「광주광역시 공무원 후생복지에 관한 조례」에 따라 광주광역시 소속 공무원이 적용받는 후생복지에 관한 사항 등 예산의 범위에서 복지, 처우 등의 지원을 할 수 있다.

② 시장은 자치경찰사무를 수행하는 공무원이 아닌 직원에게도 공무원에 준하여 제1항에 따른 지원을 할 수 있다.

제16조(위원장의 의회 출석·답변) 위원장은 「지방자치법」 제51조제2항에 따라 시의회가 요구하면 출석·답변하여야 한다. 다만, 특별한 이유가 있으면 위원장은 상임위원 또는 위원회 소속 공무원에게 출석·답변하게 할 수 있다.〈개정

2021.12.15.〉

부칙

이 조례는 2021년 5월 10일부터 시행한다.

부칙 〈2021.12.15.〉

이 조례는 2022년 1월 13일부터 시행한다.

대구광역시 자치경찰사무와 자치경찰위원회 조직 및 운영 등에 관한 조례

[시행 2021. 5. 10.] [대구광역시조례 제5582호, 2021. 5. 10., 제정]

대구광역시

제1조(목적) 이 조례는 「국가경찰과 자치경찰의 조직 및 운영에 관한 법률」과 「자치경찰사무와 시도자치경찰위원회의 조직 및 운영 등에 관한 규정」에서 위임된 사항과 그 시행에 필요한 사항을 규정함을 목적으로 한다.

제2조(생활안전 · 교통 · 경비 관련 자치경찰사무의 범위 등) ① 「국가경찰과 자치경찰의 조직 및 운영에 관한 법률」(이하 "법"이라 한다) 제4조제2항 및 「자치경찰사무와 시도자치경찰위원회의 조직 및 운영 등에 관한 규정」(이하 "영"이라 한다) 제2조에 따른 자치경찰사무의 구체적 사항과 범위는 별표 1과 같다.

② 대구광역시장(이하 "시장"이라 한다)은 제1항에 따른 별표 1을 개정할 필요가 있을 경우 영 제2조제2호에 따라 자치경찰사무를 적정한 규모로 정하기 위해 미리 대구광역시경찰청장의 의견을 청취한다.

③ 대구광역시자치경찰위원회(이하 "위원회"라 한다)는 영 제2조제3호에 따라 자치경찰사무가 국가경찰사무와 유기적으로 연계되고 다른 특별시 · 광역시 · 특별자치시 · 도 · 특별자치도의 자치경찰사무와 균형이 이루어지도록 노력하여야 하며, 필요한 경우 경찰청장의 의견을 들을 수 있다.

제3조(자치경찰사무의 감사) ① 위원회는 영 제2조제3호에 따라 중복감사를 방지하기 위해 경찰청장과 협의하여 자치경찰사무에 대한 감사계획을 수립 · 실시할 수 있다.

② 위원회는 전문지식이나 실무경험 등이 요구되는 분야를 감사할 때에는 외부전문가, 대구광역시 감사관 또는 대구광역시경찰청장의 자문을 받을 수 있으며 필요한 경우 외부전문가를 감사에 참여시킬 수 있다.

③ 제1항에 따른 자치경찰사무에 대한 감사 절차와 방법 등은 법 제24조제1항제

12호에 따른 위원회 규칙(이하 "위원회 규칙"이라 한다)으로 정한다.

제4조(위원회 위원의 임명방법) ① 시장은 법 제20조제1항제1호부터 제4호까지의 규정에 따른 위원 추천권자(이하 이 조에서 "추천권자"라 한다)로부터 위원으로 임명할 사람을 추천받은 경우 추천권자에게 위원으로 추천받은 사람의 자격요건 충족 여부 및 결격사유 유무 등을 확인할 수 있는 자료를 요구할 수 있다.

② 시장은 위원으로 추천받은 사람이 법 제20조제2항의 자격요건을 갖추지 못하였거나 같은 조 제7항의 결격사유에 해당할 경우 해당 사실을 추천권자에게 통보하고, 재추천을 요청하여야 한다.

제5조(위원장 및 상임위원의 임명방법) ① 시장은 법 제20조제1항에 따라 위원을 임명하고, 위원 중에서 1명을 위원장으로 임명한다.

② 제1항에 따라 임명된 위원장은 빠른 시일 내에 회의를 개최하고, 위원회는 해당 회의에서 상임위원 선정을 의결한다.

제6조(의안의 발의 및 상정) ① 위원은 재적위원 2명 이상의 찬성으로 법 제24조에 따른 위원회 소관 사무 범위에서 위원회에 상정할 의안을 발의할 수 있다. 다만, 위원장과 상임위원은 단독으로 의안을 발의할 수 있다.

② 위원장은 발의된 의안을 법 제26조제1항에 따른 정기회의 또는 임시회의에 상정한다.

제7조(위원의 수당) ① 위원회의 위원 중 공무원이 아닌 위원에게 지급하는 수당의 종류는 다음 각 호와 같고, 수당의 지급 기준은 별표 2와 같다.

1. 참석수당: 위원이 위원회의 회의에 출석하여 심의·의결·자문 등을 하는 경우에 지급하는 수당
2. 심사수당: 위원회의 의결을 거쳐 위원장의 요청으로 미리 자료를 수집하거나 회의 안건을 검토하여 위원회에 보고하는 경우에 지급하는 수당
3. 그 밖에 위원회 운영에 필요한 수당

② 원거리에 거주하는 등 특별한 사유가 있는 경우에는 제1항제1호에 따른 참석수당 이외에 교통비, 식비, 숙박비 등 여비를 별도로 지급할 수 있다.

제8조(위원의 여비) 위원회의 위원 중 공무원이 아닌 위원이 위원회의 의결에 따라 출장할 경우나 제7조제2항의 경우에는 위원에게 3급 지방공무원에 상당하는 여비를 지급할 수 있다.

제9조(지급 절차 등) 이 조례에서 정한 사항 외에 위원회 위원의 수당 및 여비 등의 지급에 필요한 사항은 위원회 규칙으로 정한다.

제10조(실무협의회 구성 등) ① 위원회는 영 제15조제1항에 따라 경찰청 등과 실무협의회를 운영할 수 있다.

② 실무협의회는 위원회, 경찰청 등 관계기관의 소속 공무원 등으로 구성한다.

③ 실무협의회는 회의 운영에 필요한 경우 관계전문가에게 회의에 출석하여 발언하게 하거나 자료의 제출을 요청할 수 있다.

제11조(간사) ① 실무협의회에 실무협의회의 사무를 처리할 간사 1명을 둔다.

② 간사는 위원회 사무기구 소속 과장이 된다.

제12조(운영세칙) 이 조례에서 규정한 사항 외에 실무협의회의 운영 등에 필요한 사항은 위원회가 경찰청 등 관계기관과 협의하여 정한다.

제13조(예산) ① 위원회는 법 제35조제1항에 따라 「지방자치법」 제127조제1항에서 시장이 대구광역시의회에 예산안을 제출하도록 정한 기한의 30일 전까지 자치경찰사무 수행에 필요한 예산안을 심의·의결하여 시장에게 제출한다.

② 위원회는 제1항에 따라 예산안을 심의·의결하기 전에 예산안을 경찰청장에게 통보하고 의견을 들어야 한다.

제14조(자치경찰사무 담당 공무원 등에 대한 지원) ① 시장은 법 제35조제2항에 따라 자치경찰사무를 수행하는 공무원에게 「대구광역시 공무원 후생복지제도에 관한 조례」에 따라 대구광역시 소속 공무원이 적용받는 후생복지에 관한 사항 등 예산의 범위에서 복지, 처우 등의 지원을 할 수 있다.

② 시장은 자치경찰사무를 수행하는 공무원이 아닌 직원에게도 공무원에 준하여 제1항에 따른 지원을 할 수 있다.

제15조(위원장의 의회 출석·답변) 위원장은 「지방자치법」 제42조제2항에 따라 대구광역시의회가 요구하면 출석·답변하여야 한다. 다만, 특별한 이유가 있으면 위원장은 상임위원 또는 위원회 소속 공무원에게 출석·답변하게 할 수 있다.

부칙 〈조례 제5582호, 2021.5.10〉

이 조례는 공포한 날부터 시행한다.

대전광역시 자치경찰사무와 자치경찰위원회의 조직 및 운영 등에 관한 조례

[시행 2021. 10. 1.] [대전광역시조례 제5724호, 2021. 10. 1., 일부개정]

대전광역시

제1조(목적) 이 조례는 「국가경찰과 자치경찰의 조직 및 운영에 관한 법률」과 「자치경찰사무와 시·도자치경찰위원회의 조직 및 운영 등에 관한 규정」에서 위임된 사항과 그 시행에 필요한 사항을 규정함을 목적으로 한다.

제2조(생활안전, 교통, 경비 관련 자치경찰사무의 범위 등) ① 「국가경찰과 자치경찰의 조직 및 운영에 관한 법률」(이하 "법"이라 한다) 제4조제2항 및 「자치경찰사무와 시·도자치경찰위원회의 조직 및 운영 등에 관한 규정」(이하 "영"이라 한다) 제2조에 따른 자치경찰사무의 구체적 사항 및 범위는 별표 1과 같다.

② 별표 1을 개정할 필요가 있을 경우 영 제2조제2호에 따라 자치경찰사무가 적정한 규모로 정해지도록 미리 대전광역시경찰청장의 의견을 들어야 한다.

③ 대전광역시자치경찰위원회(이하 "위원회"라 한다)는 영 제2조제3호에 따라 자치경찰사무가 국가경찰사무와 유기적으로 연계되고 다른 지방자치단체의 자치경찰사무와 균형이 이루어지도록 노력하여야 한다. 이 경우 필요하면 경찰청장의 의견을 들을 수 있다.

제3조(중복감사의 방지) ① 위원회는 영 제2조제3호에 따라 중복감사를 방지하기 위하여 경찰청장과 협의하여 자치경찰사무에 대한 감사계획을 수립·실시할 수 있다.

② 제1항에 따른 자치경찰사무에 대한 감사 절차와 방법 등은 법 제24조제1항제12호에 따른 위원회규칙(이하 "위원회규칙"이라 한다)으로 정한다.

제4조(위원회 위원의 임명방법) ① 대전광역시장(이하 "시장"이라 한다)은 법 제20조제1항제1호부터 제4호까지에 따른 위원 추천권자(이하 이 조에서 "추천권자"라 한다)로부터 위원으로 임명할 사람을 추천받은 경우 추천권자에게 위원으로

추천받은 사람의 자격요건 충족 여부 및 결격사유 유무 등을 확인할 수 있는 자료를 요구할 수 있다.

② 시장은 위원으로 추천받은 사람이 법 제20조제2항의 자격요건을 갖추지 못하였거나 같은 조 제7항의 결격사유에 해당할 경우 해당 사실을 추천권자에게 통보하여야 한다.

제5조(위원장 및 상임위원의 임명방법) ① 시장은 법 제20조제1항에 따른 위원 임명과 동시에 위원 중 1명을 위원장으로 임명한다.

② 제1항에 따라 임명된 위원장은 임명일부터 7일 이내에 회의를 개최하여, 상임위원 선정을 의결한다.

③ 부득이한 사유가 있는 경우에는 제1항 및 제2항의 규정을 적용하지 아니한다.

제6조(의안의 발의 및 상정) ① 위원은 재적위원 2명 이상의 찬성으로 법 제24조에 따른 위원회 소관 사무 범위에서 위원회에 상정할 의안을 발의할 수 있다. 다만, 위원장과 상임위원은 단독으로 의안을 발의할 수 있다.

② 위원장은 발의된 의안을 법 제26조제1항에 따른 정기회의 또는 임시회의에 상정한다.

제7조(위원의 수당) ① 위원회의 위원 중 공무원이 아닌 위원에게 지급하는 수당의 종류는 다음 각 호와 같고 수당의 지급기준은 별표 2와 같다.

1. 참석수당: 위원회에 위원이 출석하여 심의 · 의결 · 자문 등을 하는 경우에 지급하는 수당
2. 심사수당: 위원회 의결을 거쳐 위원장으로부터 의뢰를 받아 미리 자료를 수집하거나 회의 안건을 검토하여 위원회에 보고하는 경우에 지급하는 수당
3. 그 밖에 운영에 필요한 수당

② 원거리에 거주하는 등 특별한 사유가 있는 경우 제1항제1호에 따른 참석수당 지급 시 교통비, 식비(급량비 기준 단가 적용), 숙박비를 실비의 범위에서 별도 지급할 수 있다.

제8조(위원의 여비) 위원회의 위원 중 공무원이 아닌 위원에게 위원회의 의결에 따라 출장할 때에는 3급 지방공무원에 상당하는 여비를 지급할 수 있다.

제9조(지급 절차 등) 이 조례에서 정한 사항 외에 위원회 위원의 수당 및 여비 등 지급에 필요한 사항은 위원회규칙으로 정한다.

제10조(실무협의회 구성 등) ① 위원회는 영 제15조제1항에 따라 경찰청 등과 실무협의회를 운영할 수 있다.

② 실무협의회는 위원회, 경찰청 등 관계기관의 소속 공무원 등으로 구성한다.
③ 실무협의회는 회의 운영에 필요한 경우 관계전문가에게 회의에 출석하여 발언하게 하거나 자료의 제출을 요청할 수 있다

제11조(간사) ① 실무협의회에 실무협의회의 사무를 처리할 간사 1명을 둔다.
② 간사는 위원회 사무기구 소속 과장이 된다.

제12조(운영세칙) 이 조례에서 규정한 사항 외에 실무협의회의 구성, 회의개최, 운영 등에 필요한 사항은 위원회가 경찰청 등 관계기관과 협의하여 정한다.

제13조(예산) ① 위원회는 법 제35조제1항에 따라 「지방자치법」 제127조제1항에서 시장이 대전광역시의회에 예산안을 제출하도록 정한 기한의 30일 전까지 자치경찰사무 수행에 필요한 예산안을 심의 · 의결하여 시장에게 제출한다.
② 위원회는 제1항에 따라 예산안을 심의 · 의결하기 전에 예산안을 경찰청장에게 통보하고 의견을 들어야 한다.

제14조(자치경찰사무 담당 공무원 등에 대한 지원) ① 시장은 법 제35조제2항에 따라 자치경찰사무를 수행하는 공무원에게 「대전광역시 공무원 후생복지 조례」에 따라 대전광역시 소속 공무원이 적용받는 후생복지에 관한 사항 등 예산의 범위에서 복지, 처우 등의 지원을 할 수 있다.
② 제1항에 따른 조례 등을 제정 · 개정 또는 폐지하는 경우에는 미리 위원회의 의견을 들어야 한다.
③ 시장은 자치경찰사무를 수행하는 공무원이 아닌 직원에게도 공무원에 준하여 제1항에 따른 지원을 할 수 있다.〈신설 2021.10.1.〉

제15조(위원장의 의회 출석 · 답변) 위원장은 「지방자치법」제42조제2항에 따라 대전광역시의회가 요구하면 출석 · 답변하여야 한다. 다만, 특별한 이유가 있으면 위원장은 상임위원 또는 위원회 소속 공무원에게 출석 · 답변하게 할 수 있다.

부칙 〈조례 제5602호, 2021.4.9.〉

이 조례는 공포한 날부터 시행한다.

부칙 〈조례 제5724호, 2021.10.1.〉

이 조례는 공포한 날부터 시행한다.

부산광역시 자치경찰사무와 자치경찰위원회의 조직 및 운영 등에 관한 조례

[시행 2021. 4. 7.] [부산광역시조례 제6366호, 2021. 4. 7., 제정]

부산광역시

제1조(목적) 이 조례는 「국가경찰과 자치경찰의 조직 및 운영에 관한 법률」 및 「자치경찰사무와 시·도자치경찰위원회의 조직 및 운영 등에 관한 규정」에서 위임된 사항과 그 시행에 필요한 사항을 규정함을 목적으로 한다.

제2조(자치경찰사무의 범위 등) ① 「국가경찰과 자치경찰의 조직 및 운영에 관한 법률」(이하 "법"이라 한다) 제4조제2항 및 「자치경찰사무와 시·도자치경찰위원회의 조직 및 운영 등에 관한 규정」(이하 "영"이라 한다) 제2조에 따른 자치경찰사무의 구체적인 사항과 범위는 별표와 같다.

② 부산광역시장(이하 "시장"이라 한다)은 별표를 개정할 필요가 있을 경우 영 제2조제2호에 따라 자치경찰사무가 적정한 규모로 정해지도록 미리 부산광역시경찰청장의 의견을 들어야 한다.

③ 법 제18조제1항에 따른 부산광역시자치경찰위원회(이하 "위원회"라 한다)는 영 제2조제3호에 따라 자치경찰사무가 국가경찰사무와 유기적으로 연계되고 다른 특별시·광역시·특별자치시·도·특별자치도의 자치경찰사무와 균형이 이루어지도록 노력하여야 하며, 필요한 경우 경찰청장의 의견을 들을 수 있다.

제3조(중복감사의 방지) ① 위원회는 영 제2조제3호에 따라 중복감사를 방지하기 위해 법 제14조제1항의 경찰청장과 협의하여 자치경찰사무에 대한 감사계획을 수립할 수 있다.

② 제1항에 따른 자치경찰사무에 대한 감사 절차와 방법 등은 위원회에서 별도로 정한다.

제4조(위원회 위원의 임명방법) ① 시장은 영 제4조제1항에 따른 추천권자에게 위원으로 추천받은 사람의 자격요건 충족 여부 및 결격사유 유무 등을 확인할 수

있는 자료를 요구할 수 있다.

② 시장은 위원으로 추천받은 사람이 법 제20조제2항의 자격요건을 갖추지 못하였거나 같은 조 제7항의 결격사유에 해당할 경우 해당 사실을 추천권자에게 통보하여야 한다.

제5조(위원장 및 상임위원의 임명방법) ① 시장은 법 제20조제1항에 따라 위원을 임명하고 위원 중 1명을 위원장으로 임명한다.

② 제1항에 따라 임명된 위원장은 회의를 개최하고, 상임위원은 위원회의 의결을 거쳐 위원 중에서 위원장의 제청으로 시장이 임명한다.

제6조(의안의 발의 및 상정) ① 위원은 2명 이상의 찬성으로 법 제24조에 따른 위원회 소관 사무 범위에서 위원회에 상정할 의안을 발의할 수 있다. 다만, 위원장과 상임위원은 단독으로 의안을 발의할 수 있다.

② 위원장은 발의된 의안을 법 제26조제1항에 따른 정기회의 또는 임시회의에 상정한다.

제7조(위원회 회의 운영) ① 법 제26조제1항에 따른 정기회의 및 임시회의는 재적위원 과반수의 출석으로 개의한다.

② 위원회의 사무를 처리하기 위하여 법 제27조에 따라 사무기구 소속 간사 1명을 두며 간사는 위원회 업무를 담당하는 부서의 장으로 한다.

제8조(위원의 제척·기피·회피) ① 위원이 다음 각 호의 어느 하나에 해당하는 경우에는 위원회의 심의·의결에서 제척된다.

1. 위원 또는 그 배우자나 배우자였던 사람이 해당 안건의 당사자(당사자가 법인·단체 등인 경우에는 그 임원을 포함한다. 이하 같다)가 되거나 해당 안건의 당사자와 공동권리자 또는 공동의무자인 경우
2. 위원이 해당 안건의 당사자와 친족이거나 친족이었던 경우
3. 위원이 해당 안건에 관하여 용역, 자문, 감정 또는 조사를 한 경우
4. 위원이나 위원이 속한 법인이 해당 안건의 당사자의 대리인이거나 대리인이었던 경우

② 해당 안건의 당사자는 제1항 각 호에 따른 제척 사유가 있거나 위원에게 공정한 심의·의결을 기대하기 어려운 사정이 있는 경우에는 기피 신청을 할 수 있고, 위원회는 의결로 이를 결정한다. 이 경우 기피 신청의 대상인 위원은 그 의결에 참여하지 못한다.

③ 위원이 제1항 각 호에 따른 제척 사유에 해당하는 경우에는 스스로 해당 안건의 심의·의결에서 회피하여야 한다.

제9조(위원의 수당 등) 위원회의 위원 중 공무원이 아닌 위원에게 지급하는 수당은 「부산광역시 소속 위원회 위원 수당 및 여비 지급에 관한 조례」에 따르고, 공무원이 아닌 위원이 위원회의 의결에 따라 출장할 때에는 상임위원에 준하여 「부산광역시 공무원 여비 조례」에 따라 여비를 지급할 수 있다.

제10조(실무협의회 구성 등) ① 위원회는 영 제15조제1항에 따라 경찰청 등과 실무협의회를 구성·운영할 수 있다.

② 실무협의회는 위원회, 경찰청 등 관계기관의 소속 공무원 등으로 구성한다.

③ 실무협의회는 필요한 경우 관계전문가에게 회의에 출석하여 발언하게 하거나 자료의 제출을 요청할 수 있다.

④ 실무협의회의 사무를 처리하기 위하여 간사 1명을 두며, 간사는 실무협의회 업무를 담당하는 부서의 장이 된다.

⑤ 이 조례에서 규정한 사항 외에 실무협의회의 구성, 회의개최, 운영 등에 필요한 사항은 경찰청 등 관계기관과 협의하여 정한다.

제11조(자치경찰사무 담당 공무원 등에 대한 지원) ① 시장은 법 제35조제2항에 따라 자치경찰사무를 수행하는 공무원에게 「부산광역시 공무원 후생복지에 관한 조례」에 따라 예산의 범위에서 복지, 처우 등의 지원을 할 수 있다. 다만, 「경찰공무원 보건안전 및 복지 기본법」 및 「공무원 후생복지에 관한 규정」에 따른 지원과 중복하여 지급하지 아니한다.

② 시장은 자치경찰사무를 수행하는 직원 중 공무원이 아닌 직원에게도 공무원에 준하여 제1항에 따른 지원을 할 수 있다.

부칙

이 조례는 공포한 날부터 시행한다.

서울특별시 자치경찰사무담당 경찰공무원 인사 등에 관한 규칙

[시행 2021. 7. 1.] [서울특별시규칙 제4421호, 2021. 6. 3., 제정]

서울특별시(자치경찰총괄과), 02-2133-9810

제1조(목적) 이 규칙은 「국가경찰과 자치경찰의 조직 및 운영에 관한 법률」과 「경찰공무원법」, 「경찰공무원 임용령」에 따라 서울특별시장과 서울특별시 자치경찰위원회에게 위임된 서울특별시 자치경찰사무담당 경찰공무원의 임용 등에 관하여 필요한 사항을 정함을 목적으로 한다.

제2조(적용범위) ① 이 규칙은 서울특별시장(이하 "시장"이라 한다) 및 서울특별시 자치경찰위원회(이하 "자치경찰위원회"라 한다)의 서울특별시 자치경찰사무담당 경찰공무원[자치경찰위원회, 서울특별시경찰청 및 그 소속 경찰서(지구대 및 파출소는 제외한다)에서 근무하는 경찰공무원을 말하며 이하 "자치경찰사무담당 공무원"이라 한다]에 대한 다음 각 호의 임용권 행사에 적용한다.

1. 시장의 경감, 경위로의 승진 임용권 행사
2. 자치경찰위원회의 경정 이하에 대한 전보, 파견, 휴직, 복직, 직위해제 임용권 행사
3. 자치경찰위원회의 경감 이하에 대한 정직, 강등, 해임, 파면(이하 "중징계"라고 한다) 임용권 행사
4. 자치경찰위원회의 경사 이하로의 승진 임용권 행사

② 이 규칙은 국가공무원 관계법규에 저촉되지 아니하는 범위 내에서 적용한다.

제3조(인사위원회의 설치) 시장 및 자치경찰위원회의 자치경찰사무담당 공무원 임용을 위하여 자치경찰위원회에 서울특별시 자치경찰사무담당 경찰공무원 인사위원회(이하 "자치경찰인사위원회"라 한다)를 둔다.

제4조(인사위원회의 기능) 인사위원회는 다음 각 호의 사항을 심의한다.

1. 자치경찰사무담당 공무원의 인사행정에 관한 방침과 기준 및 기본계획의 사전 의결

2. 그밖에 시장, 자치경찰위원회 위원장 및 인사위원회 위원장이 회의에 부치는 사항

제5조(인사위원회의 구성) ① 인사위원회는 위원장 1명을 포함하여 5명 이상 7명 이내의 위원으로 성별을 고려하여 구성한다.

② 인사위원회 위원장은 자치경찰위원회 사무국장이 되며, 인사위원회를 대표하고 인사위원회의 사무를 총괄한다.

③ 인사위원회 위원장을 제외한 위원에 자치경찰위원회 위원장이 지명하는 자치경찰위원회 사무국 소속 4급 이상 공무원 1명 이상, 자치경찰위원회 위원장이 위촉하는 경찰인사행정에 학식과 경험이 풍부한 다음 각 호의 하나에 해당하는 사람 1명 이상을 포함하여야 한다.

1. 법관, 검사 또는 변호사 자격이 있는 사람
2. 대학이나 공인된 연구기관에서 조교수 이상의 직이나 이에 상당하는 직에 있는 사람
3. 공무원(국가공무원을 포함한다)으로서 20년 이상 근속하고 퇴직한 사람

④ 제2항과 제3항의 인사위원회 위원을 제외한 나머지 위원은 총경 이상 경찰공무원 중 서울특별시경찰청장의 추천을 받아 자치경찰위원회 위원장이 임명한다.

⑤ 인사위원회 위원장과 민간위원의 임기는 3년으로 하되 인사위원회 위원장과 민간위원을 제외한 나머지 위원은 회의마다 지정한다.

제6조(인사위원회의 회의) ① 인사위원회 회의는 시장 또는 자치경찰위원회 위원장의 요청이 있을 때, 인사위원회 위원장이 필요하다고 인정할 때에 인사위원회 위원장이 소집하고 그 의장이 된다.

② 회의는 구성원 3분의 2 이상의 출석과 출석위원 과반수의 찬성으로 의결한다.

제7조(전보) ① 자치경찰위원회는 자치경찰사무담당 공무원의 전보 임용권 행사 시 서울특별시경찰청장과 협의한다.

② 자치경찰위원회는 전보 임용권 행사를 위하여 서울특별시경찰청장에게 자치경찰사무담당 공무원의 전보와 관련된 경찰공무원 인사위원회 심의 자료, 자치경찰위원회가 지정하는 자치경찰사무담당 또는 담당 예정 공무원에 대한 성명, 연령, 성별, 주소, 주요경력 등 관련 인사자료를 요청한다.

제8조(승진후보자 명부의 작성) 시장은 서울특별시경찰청 및 그 소속 경찰서에 두는 보통승진심사위원회(이하 "보통승진심사위원회"라 한다)에서 경감·경위로의 승진임용예정자로 선발된 사람 중 자치경찰사무담당 공무원에 대하여, 자치경찰위원회는 보통승진심사위원회에서 경사 이하로의 승진임용예정자로 선발된 사람 중

자치경찰사무담당 공무원에 대하여 승진후보자 명부를 작성하여야 한다.

제9조(승진심사 결과 등의 요청) 시장 및 자치경찰위원회는 자치경찰사무담당 공무원에 대한 승진임용권 행사를 위하여 보통승진심사위원회의 심사 결과, 「경찰공무원 승진임용 규정 시행규칙」 별지 제11호 서식에 따른 승진심사대상자 및 승진임용예정자 선발 통계표, 승진임용예정자의 성명, 연령, 성별, 주소 및 주요경력 등 관련 인사자료를 요청한다.

제10조(직위해제사유의 요청) 자치경찰위원회는 필요한 경우 서울특별시경찰청장에게 서울특별시경찰청 및 그 소속 경찰서 경정 이하 자치경찰사무담당 공무원의 「국가공무원법」 제73조의3제1항 각 호에 해당하는 직위해제의 근거가 될 사실관계에 대한 자료를 요청한다.

제11조(징계사유의 요청) 자치경찰위원회는 필요한 경우 서울특별시경찰청장에게 서울특별시경찰청 및 그 소속 경찰서 경감 이하 자치경찰사무담당 공무원의 「국가공무원법」 제78조제1항제1호부터 제3호까지의 어느 하나에 해당하는 징계의 근거가 될 사실관계에 대한 자료를 요청한다.

제12조(징계요구 등의 절차) ① 자치경찰위원회는 자치경찰사무담당 공무원 중 경정 이하의 직위해제 또는 경감 이하의 징계 사유가 발견된 경우 해당 자치경찰사무담당 공무원에 대한 직위해제 또는 징계 요구에 관하여 심의·의결한다.

② 자치경찰위원회는 징계 요구 의결 시, 해당 경찰공무원의 직위해제도 함께 의결할 수 있다.

③ 자치경찰위원회는 징계 요구 의결을 한 경우 서울특별시경찰청장에게 징계절차 진행을 요구한다.

④ 그밖에 징계 등의 절차에 관하여는 「경찰공무원 징계령」을 준용한다.

제13조(고충심사위원회) ① 경감 이하 자치경찰사무담당 공무원의 인사 상담 및 고충을 심사하기 위하여 자치경찰위원회에 자치경찰 고충심사위원회를 둔다.

② 고충심사위원회 구성 및 운영에 필요한 사항은 「공무원고충처리규정」에 따르며, 세부사항은 서울특별시경찰청장과 협의할 수 있다.

제14조(서울특별시경찰청장 임용 협의) ① 「국가경찰과 자치경찰의 조직 및 운영에 관한 법률」 제28조제2항에 따라 자치경찰위원회는 경찰청장의 서울특별시경찰청장 임용 추천을 위해 경찰청장과 사전에 협의한다.

② 자치경찰위원회는 협의를 위하여 자치경찰위원회가 지정한 경찰공무원에 대한 성명, 연령, 성별, 주소, 주요경력 등 관련 인사자료를 경찰청장에게 요청한다.

제15조(경찰서장의 평가) ① 「국가경찰과 자치경찰의 조직 및 운영에 관한 법률」 제30조제4항에 따라 자치경찰위원회는 연 1회 서울특별시경찰청 소속 경찰서장의 자치경찰사무 수행에 관한 평가결과를 경찰청장에게 알려야 하며 경찰청장은 이를 반영하여야 한다.

② 자치경찰위원회는 경찰서장 평가방식에 관하여 경찰청장과 협의하여 정한다.

제16조(지구대장 및 파출소장 보직) ① 「경찰공무원 임용령」 제4조제9항에 따라 자치경찰위원회는 서울지역 지구대장 및 파출소장 보직에 대하여 서울특별시경찰청장과 경찰서장에게 의견을 제출한다.

② 자치경찰위원회는 의견제출을 위하여 필요한 지구대장 및 파출소장 보직 관련 요청자료의 범위, 절차 등에 관하여 서울특별시경찰청장과 협의하여 정한다.

제17조(보통승진심사위원회 위원 추천 등) ① 「경찰공무원 승진임용 규정」 제16조제4항에 따라 자치경찰위원회는 보통승진심사위원회 위원 중 2명에 대하여 보통승진심사위원회가 설치된 경찰기관 소속 경찰공무원 중 승진심사대상자보다 상위계급인 경위 이상 경찰공무원 중에서 추천한다.

② 자치경찰위원회는 보통승진심사위원회 위원 추천에 앞서 서울특별시경찰청장 및 경찰서장의 의견을 들을 수 있다.

제18조(운영세칙) 이 규칙에 규정된 사항 외에 시장 및 자치경찰위원회의 자치경찰사무담당 공무원 임용에 필요한 사항은 자치경찰위원회 심의·의결로 정한다.

부칙 〈제4421호, 2021.6.3〉

이 규칙은 2021년 7월 1일부터 시행한다.

[저자 약력]

• 이 건 수

〈교수 소개〉
현재: 백석대학교 경찰학부 전임교수
담당과목: 수사, 과학수사실무, 경찰행정법, 현장경찰운용론,
신변보호, 범죄학개론, 형법, 형소법, 드론범죄수사론, 사이버범죄

〈학력사항〉
고려대학교 경찰법학과 졸업(경찰법 석사, 수석졸업)
동국대학교 경찰행정학과 졸업(범죄학 박사)

〈경력사항〉
○ 경찰청 실종수사지도팀장 (경정으로 퇴직, 20년 7월 경찰근무)
○ 경찰교육원, 수사연수원, 중앙경찰학교 강사
○ 경찰청 182센터장,장기실종추적팀장
○ 실종자 등 이산가족 5,600명 상봉 등 사건처리
○ KBS, MBC, SBS, MBN, OBS 등 10년간 매주 생방송 TV 출연, 방송인
○ 03년도 모범공무원수상
○ 10년도 청룡봉사상 수상
○ 12년도 KBS 감동대상 수상
※KBS-1TV 매주 금요일 생방송 "그 사람이 보고싶다" 프로 고정출연
(07년도부터 ~), 현재 KBS2 TV 제보자들 MC, 법률방송 고정출연 중
○ 13년도 미국월드레코드아카데미 실종자찾기 세계공식기록등재
○ 13년도 "참나눔 실천인"으로 선발되어 청와대 방문(복지부 추천)
○ 14년도 "올해의 경찰관"으로 선정

〈연구실적〉
- 한국경찰의 실종사건 수사활동의 개선방안, - 실종자문제에 관한 법적고찰
- 실종추적팀을 활용한 실종자 수사에 관한 연구, - 프로파일링 시스템을 활용한 국제인신매매 수사에 관한 연구, - 실종치매환자 수사에 대한 개선방안
- 경찰운영 빅데이터를 통한 실종자 찾기 프로세스에 관한 연구, - 사전지문등록 의무화 방안에 관한 연구, - 민간조사제도 도입 및 관리에 관한 법률연구, -휴대폰을 활용한 실종수사에 관한 연구
- 복합인지개발기술 연구(6억원 수주)

〈출판서적〉
수사학, 행정법, 눈부신희망, 탐정학, 사이버범죄, 범죄수사학 등

• 박 종 선

〈학력〉
중앙대학교 대학원 법학박사
중앙대학교 대학원 법학석사
건국대학교 법학사

〈경력〉
2021 ~ 현재 백석대학교 경찰학부교수
2018 ~ 현재 백석대학교 유관순연구소 소장
2018 ~ 2021 백석문화대학교 경찰경호학부 교수
2008 ~ 2018 백석대학교 경찰학부 교수
2021 ~ 현재 법무부 남북법려연구 특별분과위원회 북한 형사소송법 주석 소위원회 위원
2020 ~ 현재 충남연구원 인권경영위원회 위원장
2018 ~ 현재 검찰청 전문수사자문위원회 위원
2017 ~ 현재 충청남도 행정심판위원회 위원
2017 ~ 2019 대전고등검찰청 형사상고심의위원회 위원
전) 국가기록원 자문위원
전) 법무부 교정위원(충주구치소)
전) 충주경찰서 발전위원회 위원
전) 충주성심맹아원 인권지킴이단장

[저서 및 논문]

〈논문〉
- 북한 형사소송법상 예심제도와 인권
- 「진술분석」 10년의 성과와 개선방향 - 대검예규 '진술분석 규정'을 중심으로 -
- 대중매체속 프로파일링의 인기도 상승이 미치는 영향
- Legal limits of search and seizure for digital forensic in Korea
- 목격자진술에 의한 범인식별의 신용성 평가
- 형사법상 아동보호 법제에 관한 연구
- 형사절차상 아동증인에 대한 조사방법
- 형사절차상 2차 피해자보호의 새로운 과제
- 신뢰성 판단을 위한 아동의 진술분석
- 폭력행위등처벌에관한법률 제3조 제4항의 위헌성
  외 다수

〈저서〉
- 법학개론(박영사, 공저, 2020)
- 탐정사의 이론과 실제(도서출판 한수, 공저, 2020)
- 형법총론(도서출판 삼진, 2017)
- 형법각론(도서출판 삼진, 2017)
- 증명력 판단기준((주)한국학술정보, 2008)

스마트 자치경찰론

2022년 2월 20일 초판인쇄
2022년 2월 25일 초판발행

저 자 이건수 · 박종선
발행인 유 성 열
발행처 청목출판사
서울특별시 영등포구 신길로 40길 20
전화 (02) 849-6157(代) · 2820 / 833-6091
FAX (02) 849-0817
등록 제318-1994-000090호

파본은 바꾸어 드립니다. 값 20,000원

http : //www.chongmok.co.kr

ISBN 978-89-5565-805-7(93350)